DACTYLOGRAPHIE USAGE COMMERCIAL

Geraldine M. Farmer

Elizabeth J. Graham

Lois M. Jenkins

Edition française préparée par

Hélène Beauparlant

COPYRIGHT © LES EDITIONS GAGE LIMITEE 1980

ISBN 0-7715-2392-0

3 4 5 6 7 BP 88 87 86 85 84

Imprimé et relié au Canada

EDITIONS *gage* LIMITEE

Centrage de la mise en colonnes: méthode dactylographique (reculer du centre)

1. Positionner le point d'impression au centre de la feuille.
2. Décider du nombre d'espaces à laisser entre les colonnes.
3. Du centre, reculer une fois pour chaque deux frappes (lettres, chiffres, symboles, ponctuation et espaces) de la ligne la plus longue de chaque colonne ou tête de colonne. Reculer une fois pour chaque deux espaces entre les colonnes. Ignorer les fractions.
4. Régler le margeur gauche à cet endroit.

Centrage de la mise en colonnes: méthode arithmétique

1. Compter le nombre de frappes de la ligne la plus longue de chaque colonne ou tête de colonne. Additionner ces nombres.
2. Soustraire ce résultat du nombre possible de frappes horizontales sur la feuille utilisée.
3. Diviser le résultat de cette soustraction par le nombre de colonnes plus un, pour déterminer le nombre d'espaces à laisser entre les colonnes et pour les marges gauche et droite. Les frappes qui restent en plus, s'il y en a, doivent être distribuées également aux deux marges.
4. Régler les marges et poser les taquets.

Exemple: Le centrage horizontal sur une feuille P4 d'un tableau à quatre colonnes

Etape 1: La ligne la plus longue de la première colonne a 12 frappes; de la deuxième, 14; de la troisième, 16; de la quatrième, 18

Etape 2: Le nombre total de frappes = 60

Etape 3: Caractère Elite: 102 − 60 = 42
Caractère Pica: 85 − 60 = 25

Etape 4: Elite: 42 ÷ (4 + 1) = 8 et 2 frappes de plus. Ajouter 1 frappe à chaque marge (2 ÷ 2)
Pica: 25 ÷ (4 + 1) = 5

Etape 5: Insérer la feuille et régler les margeurs et taquets comme suit:
Elite: le margeur gauche à 9 (8 + 1); la deuxième colonne à 29 (9 + 12 + 8); la troisième colonne à 51; la quatrième colonne à 75
Pica: le margeur gauche à 5; la deuxième colonne à 22; la troisième colonne à 41; la quatrième colonne à 62.

CARACTERE ELITE

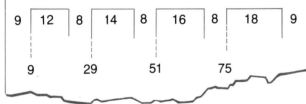

CARACTERE PICA

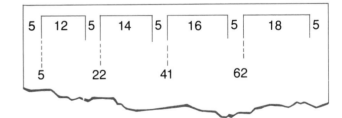

AVANT-PROPOS

DACTYLOGRAPHIE—USAGE COMMERCIAL est un manuel conçu pour permettre aux dactylographes débutants d'apprendre à se servir de la machine à écrire avec compétence. La méthode d'apprentissage a été développée suite à une longue recherche menée auprès de divers groupes d'étudiants de niveaux différents. Les textes et les exercices ont été choisis pour correspondre à toute une gamme d'intérêts et de goûts et ainsi proviennent de milieux physiques, sociaux et économiques variés.

Le Module I fait découvrir le clavier alphabétique par la méthode visuelle. Il est à noter que l'organigramme suggère à l'étudiant de regarder le clavier pour découvrir où se trouve la touche à maîtriser; de faire le parcours de la touche de base jusqu'à cette nouvelle touche; de nommer la lettre en dactylographiant; d'utiliser cette lettre aussitôt que possible dans des mots et des phrases. Par cette méthode, le clavier est rapidement maîtrisé, la vitesse de frappe développée et les lettres immédiatement insérées dans des mots et des phrases. Dans ce module, les mots ont été choisis avec soin, de sorte que la lettre à maîtriser y apparaisse dans des séquences différentes à chaque fois.

Le Module II permet à l'étudiant de développer la dextérité et de mettre en pratique les habiletés acquises au Module I. Il contient des phrases et des paragraphes de différents niveaux de difficulté et en provenance de divers textes canadiens.

Le Module III présente le clavier non-alphabétique, soit celui des chiffres et des symboles. Encore une fois, on emploie la méthode visuelle: les organigrammes que l'on retrouve dans ce module suivent le même principe que ceux du Module I.

Les Modules IV à IX offrent une variété d'exercices adaptés aux étudiants à ce niveau. Le cheminement a été judicieusement pensé afin de développer la vitesse, la précision et la dextérité et permet le transfert des habiletés acquises d'un exercice à l'autre.

Des exercices d'Application Individuelle de Dactylographie (AID) font partie de tous les modules sauf les Modules I et II. Ces exercices ont pour but de donner à l'étudiant l'occasion de parfaire ce qu'il a appris et de développer de l'initiative et de la créativité.

Il y a deux appendices: *Tests de vitesse* et *Points de repère*. Le vocabulaire des tests de vitesse est extensif. Ces textes sont complémentaires aux paragraphes du Module II et servent d'exercices individuels de vitesse et de précision. Dans *Points de repère* sont regroupées les règles et techniques dactylographiques auxquelles on peut se référer au besoin.

DACTYLOGRAPHIE—USAGE COMMERCIAL peut servir dans toutes les écoles, quel que soit l'horaire suivi: les modules ne sont pas divisés pour correspondre à des leçons d'une période ou d'un jour donné. Ainsi le matériel convient aux cours réguliers, accélérés ou intensifs aussi bien qu'aux études individualisées.

On indique les corrections devant être apportées à un texte par l'emploi de signes conventionnels. En voici les principaux:

Signe	Signification	Signe	Signification
⌒	rapprocher	⊐	rentrer
⅋	supprimer	⊏	sortir
∧	à ajouter	⊔	descendre
∧#	laisser un espace	⊓	monter
∧̂	ajouter une virgule	*l.c.*	minuscule
∨̂	ajouter un apostrophe	*cap ou* ≡	majuscule
ᵛᵛ	ajouter les guillemets	∼	transposer
⊙	insérer un point	⌗	paragraphe
—	souligner	*stet ou* ⋯	ne pas omettre

MISE EN COLONNES
(Tableaux)

1. Centrer la mise en colonnes verticalement: compter le nombre de lignes requises (inclure les interlignes), soustraire ce nombre du nombre possible de lignes selon le format de papier utilisé et diviser ce résultat par deux. Laisser ce nombre de lignes comme marge au haut de la feuille.
2. Centrer horizontalement et dactylographier le titre TOUT EN LETTRES MAJUSCULES. S'il n'y a pas de sous-titre, laisser trois interlignes. S'il y a un sous-titre, laisser deux interlignes après le titre, centrer et dactylographier le sous-titre et faire suivre de trois interlignes.
3. Eliminer les marges et tous les taquets.
4. Centrer la mise en colonnes horizontalement: employer soit la méthode dactylographique soit la méthode arithmétique (voir ci-après). Régler le margeur gauche.
5. Poser un taquet au début de chaque colonne en commençant à la marge gauche: faire avancer le chariot ou la tête d'impression une fois pour chaque frappe ou espace de la ligne la plus longue de la première colonne et pour chaque espace entre les colonnes. Poser un taquet. Répéter pour chaque colonne.
6. Centrer horizontalement les têtes de colonnes en partant de celle de gauche: avancer une fois pour chaque deux frappes de la ligne la plus longue de la colonne. De ce point, reculer une fois pour chaque deux frappes de la tête de colonne. Dactylographier et souligner. En se servant du tabulateur, avancer jusqu'au taquet de la colonne suivante et répéter le procédé jusqu'à ce que toutes les têtes de colonne soient dactylographiées. Laisser deux interlignes.
   Si la tête de colonne est plus longue que la largeur de la colonne qu'elle surmonte, réajuster les taquets de sorte que la colonne soit centrée sous la tête de colonne.
7. Dactylographier les colonnes, ligne par ligne.

REMERCIEMENTS

A tous ceux qui, de près ou de loin, m'ont aidée dans la réalisation de ce livre et plus particulièrement—

A l'Association des Consommateurs du Canada, qui a autorisé la reproduction des extraits de sa publication *Le Consommateur canadien*;

A la Banque canadienne nationale, qui a autorisé la reproduction des extraits de son Bulletin mensuel;

A la Banque royale du Canada, qui a autorisé la reproduction des extraits de son Bulletin mensuel;

Aux auteurs et aux maisons d'édition suivants, qui ont autorisé la reproduction des extraits de leurs livres:

Connaissons-nous le Québec? , Frère Jean-Ferdinand. Montréal: Editions des Frères maristes, 1955.

Le Québec, de la série "Perspectives d'outre mer," Maxime du Crest. Monaco: Editions Paul Bory, 1964.

L'Histoire du Nouveau-Brunswick, Emery Le Blanc, Jean Daigle, Père Anselme Chiasson. Toronto: Editions éducatives Gage Limitée, 1971.

Hélène Beauparlant

			66
			65
Titre, deuxième page et		Page	64
pages subséquentes			63
Première ligne, deuxième page			62
			61
Marge gauche, rapport non broché		Marge droite	60
			59
Marge gauche, rapport broché			58
			57
			56
TITRE DU RAPPORT, PREMIERE PAGE			55
			54
			53
			52
			51
Centre, rapport non broché			50
			49
Centre, rapport broché			48
			47

(Feuille guide avec numérotation de lignes de 1 à 66, repères : Ligne d'avertissement — possibilité de 3 autres lignes (ligne 10), Dernière ligne de la page (ligne 7))

FEUILLE GUIDE

Une feuille sur laquelle on trace des lignes indiquant les marges, le centre et la fin de page peut être placée sous la feuille sur laquelle on dactylographie un texte et ainsi servir de guide.

L'illustration à gauche démontre comment préparer une telle feuille guide.

De guides semblables peuvent être préparés pour aider dans la disposition des lettres d'affaires.

ASSEMBLAGE
DES CARBONES ET DES DOUBLES

1. Mettre le papier pelure (ou feuille pour double) sur le pupitre.
2. Déposer le papier carbone (partie carbonée) sur cette feuille.
3. Ajouter un papier pelure et une autre feuille carbone pour chaque copie supplémentaire.
4. Finalement, déposer la feuille originale qui doit recevoir le texte sur le dessus.
5. Insérer le tout dans la machine à écrire de sorte que cette dernière feuille soit en position pour recevoir le texte. En insérant, tenir toutes les feuilles d'une main pour empêcher qu'elles ne glissent; tourner le cylindre de l'autre main, doucement.

TABLE DES MATIERES

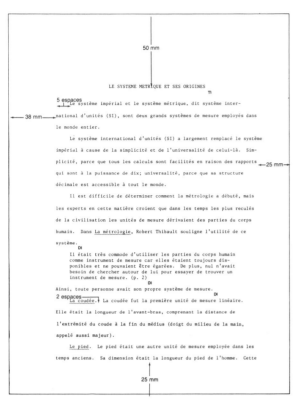

PREMIERE PAGE (brochée)
Références entre parenthèses

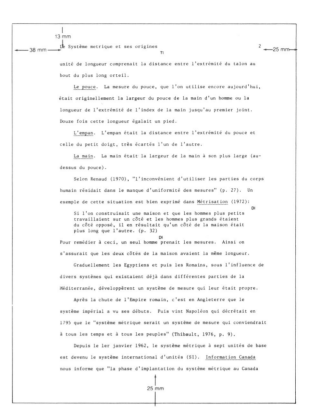

PAGES SUBSEQUENTES (brochées)
Références entre parenthèses

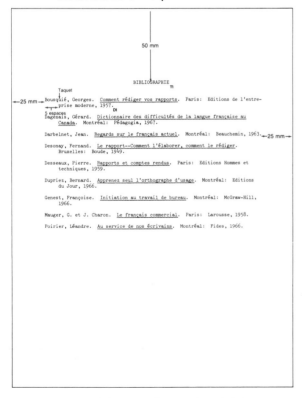

BIBLIOGRAPHIE (non brochée)

PLAN OU ESQUISSE

PARTIES DE LA MACHINE A ECRIRE

Les parties essentielles d'une machine à écrire sont les mêmes pour toutes les machines quel que soit le manufacturier; ces parties sont identifiées dans les illustrations qui suivent. Les noms de ces parties peuvent cependant varier d'une compagnie à une autre. Pour les connaître ainsi que pour d'autres détails pertinents à une machine en particulier, se référer au guide d'utilisation de la machine en question.

Partie *gauche* du chariot

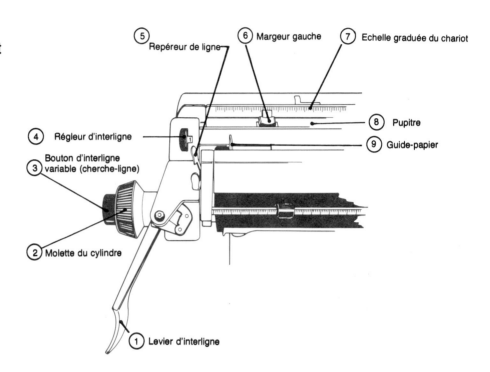

- (5) Repéreur de ligne
- (6) Margeur gauche
- (7) Echelle graduée du chariot
- (8) Pupitre
- (9) Guide-papier
- (4) Régleur d'interligne
- (3) Bouton d'interligne variable (cherche-ligne)
- (2) Molette du cylindre
- (1) Levier d'interligne

Partie *droite* du chariot

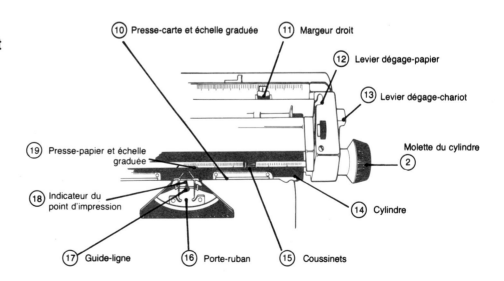

- (10) Presse-carte et échelle graduée
- (11) Margeur droit
- (12) Levier dégage-papier
- (13) Levier dégage-chariot
- Molette du cylindre (2)
- (19) Presse-papier et échelle graduée
- (18) Indicateur du point d'impression
- (14) Cylindre
- (17) Guide-ligne
- (16) Porte-ruban
- (15) Coussinets

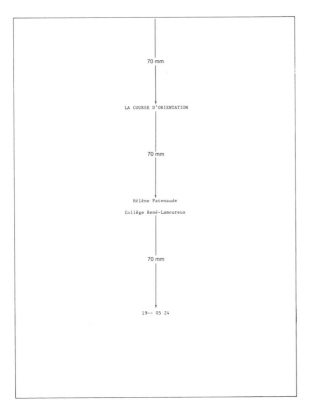

PAGE DE TITRE (non brochée)

TABLE DES MATIERES (non brochée)

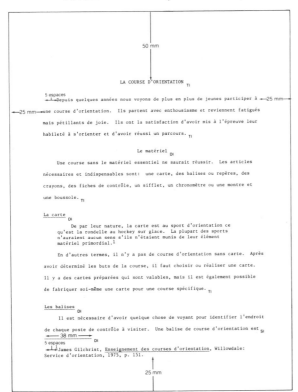

PREMIERE PAGE (non brochée)
Notes au bas de la page

PAGES SUBSEQUENTES (non brochées)

APPENDICE B/Points de repère

Clavier d'une machine à écrire *manuelle*

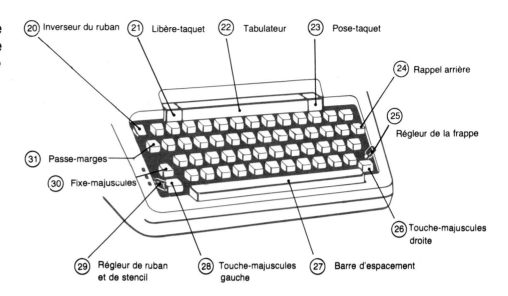

- (20) Inverseur du ruban
- (21) Libère-taquet
- (22) Tabulateur
- (23) Pose-taquet
- (24) Rappel arrière
- (25) Régleur de la frappe
- (31) Passe-marges
- (30) Fixe-majuscules
- (26) Touche-majuscules droite
- (29) Régleur de ruban et de stencil
- (28) Touche-majuscules gauche
- (27) Barre d'espacement

Clavier d'une machine à écrire *électrique*

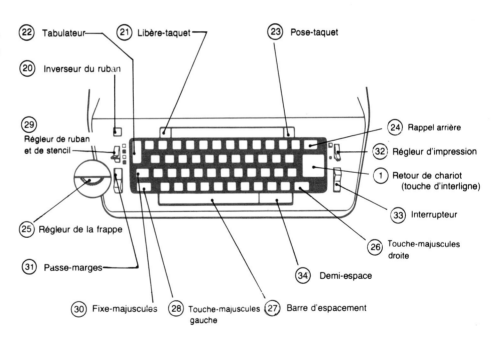

- (22) Tabulateur
- (21) Libère-taquet
- (23) Pose-taquet
- (20) Inverseur du ruban
- (29) Régleur de ruban et de stencil
- (24) Rappel arrière
- (32) Régleur d'impression
- (1) Retour de chariot (touche d'interligne)
- (33) Interrupteur
- (25) Régleur de la frappe
- (26) Touche-majuscules droite
- (31) Passe-marges
- (34) Demi-espace
- (30) Fixe-majuscules
- (28) Touche-majuscules gauche
- (27) Barre d'espacement

La bibliographie énumère les livres et articles qui ont été consultés lors de la rédaction du rapport et fournit une description détaillée de chacun. La bibliographie se trouve à la fin du rapport, sur une feuille à part. Le titre est centré et écrit tout en lettres majuscules. Les marges sont les mêmes que celles du rapport.

Les références sont mises en ordre alphabétique selon le nom des auteurs. Chaque référence est dactylographiée à simple interligne et commence à la marge gauche; les lignes subséquentes sont en retrait de cinq frappes. Il y a deux interlignes entre chaque référence.

S'il s'agit d'un *livre*, dactylographier les différents éléments dans l'ordre suivant:
1. le nom de l'auteur (nom de famille, prénom et initiales) suivi d'un point et de deux espaces;
2. le titre du livre, souligné, suivi d'un point et de deux espaces;
3. le lieu de publication suivi de deux points; la maison d'édition suivie d'une virgule;
4. la date de publication suivie d'un point.

S'il s'agit d'un *article*, dactylographier la référence comme suit:
1. le nom de l'auteur (nom de famille, prénom et initiales) suivi d'un point et de deux espaces;
2. le titre de l'article, entre guillemets et suivi d'une virgule;
3. le nom de la revue, du journal ou de l'ouvrage où a paru l'article, souligné et suivi d'un point;
4. le numéro du volume et/ou de l'exemplaire, suivi(s) d'une virgule;
5. la date de publication (le jour, le mois et l'année), suivi d'un point.

Exemples:

```
Lamarche, Jacques-A.  Les machines de bureau.  Montréal:  Librairie Beauchemin
     Limitée, 1973.
Maltais, Robert.  "L'art d'écrire," Secrétaire d'aujourd'hui.  Volume 14,
     numéro 12, avril 1977.
```

PLAN OU ESQUISSE

Le plan ou l'esquisse est centré verticalement et horizontalement; dans le centrage de la ligne la plus longue y inclure le chiffre ou la lettre qui l'identifie. Régler le margeur gauche à cet endroit.

Centrer et dactylographier le titre tout en lettres majuscules; faire suivre de trois interlignes.

Laisser trois interlignes avant un sous-titre et deux après. Laisser deux interlignes avant et après un intertitre, sauf si ce dernier est subdivisé; dans ce cas, l'intertitre est suivi d'un simple interligne et la subdivision est suivie de deux interlignes. Les autres subdivisions sont à simple interligne.

Identifier les sous-titres par des chiffres romains, les intertitres par des lettres majuscules, les en-têtes de paragraphes par des chiffres arabes et les divisions subséquentes par des lettres minuscules. Tous ces chiffres et lettres sont alignés à droite: utiliser le passe-marges et reculer pour dactylographier dans la marge gauche. Ces chiffres et lettres sont suivis d'un point et de deux espaces.

POINTS DE CONDUITE

Les points de conduite servent à relier des colonnes, soit dans une table des matières soit dans la présentation de données statistiques. Les points de conduite (. . .) sont dactylographiés en frappant la touche du point ou en utilisant le point et la barre d'espacement alternativement. Les points doivent être alignés verticalement. Un espace précède et suit le premier et le dernier point respectivement.

Exemple: 25 caisses . . . . 200 kg
          25 douzaines . . . . 20 kg

REGLAGE DE LA MACHINE A ECRIRE

Réglage du guide-papier

Si l'échelle graduée du chariot ne commence pas à *0*, demandez l'aide du professeur pour insérer la feuille et pour trouver le point central.

La feuille de papier doit s'appuyer contre le guide-papier ⑨ à la position 0 de l'échelle graduée du chariot. Si vous ne connaissez pas bien la machine à écrire, examinez les illustrations à la page vi. Le 0 apparaît soit sur l'échelle graduée du chariot ⑦ soit sur celle du presse-papier ⑲ .

Si vous utilisez une feuille P4 (21,5 cm × 28 cm), le point central est à 51 (ou 50) sur une machine à écrire à caractère élite et à 42 sur une machine à écrire à caractère pica.

Insertion de la feuille

1. Déposez la feuille sur le pupitre à gauche de la machine à écrire.

2. Réglez le guide-papier ⑨ à *0*.

3. Soulevez le presse-papier ⑲ avec la main droite.

4. Prenez la feuille avec la main gauche.

5. Introduisez la feuille derrière le cylindre ⑭ contre le guide-papier ⑨.

6. Tournez la molette du cylindre ② d'un mouvement rapide des doigts. Si la feuille n'est pas droite, tirez le levier dégage-papier ⑫ et faites l'ajustement nécessaire.

7. Remettez le presse-papier ⑲ en position.

La citation est un passage provenant de quelqu'un d'autre que l'auteur du rapport (généralement d'un livre ou autre source écrite) et qui sert à illustrer ou appuyer ce que l'on avance. La citation textuelle doit être en tout point la transcription fidèle du texte original: ceci est la règle de base en ce qui a trait aux citations, règle à laquelle il n'y a jamais d'exception.

Les citations courtes (de trois lignes ou moins) entrent dans le texte et sont précédées et suivies de guillemets.

Les citations qui excèdent trois lignes sont dactylographiées à simple interligne, dans un paragraphe à part; ce paragraphe est écrit entièrement en retrait, à cinq frappes des marges gauche et droite. Dans ce cas, il n'y a pas de guillemets ni avant ni après. Un double interligne le précède et le suit.

On doit indiquer la source de chaque citation. Ceci se fait le plus souvent en renvoyant le lecteur aux notes qui se trouvent soit au bas de la page soit en ordre chronologique sur une feuille séparée au début ou à la fin du rapport; ces notes ou références contiennent les informations essentielles sur les livres ou articles d'où proviennent les citations. Une autre façon d'indiquer la source des citations est la référence à la bibliographie.

Renvoi 225

Le renvoi—marque invitant le lecteur à se reporter aux notes au bas de la page—est généralement écrit en chiffres arabes et dactylographié à un demi-interligne au-dessus de la ligne de texte, immédiatement après la citation et sans espace.

Pour dactylographier un renvoi, tirer le levier repéreur de ligne, positionner le cylindre à un demi-interligne au-dessus de la ligne de texte. Dactylographier le renvoi et repousser le levier repéreur de ligne pour remettre le cylindre à sa position originale.

Notes au bas de la page 219

Les notes ou références au bas de la page correspondent aux renvois de la même page. 225

De la marge gauche, tirer une ligne de 38 mm à simple interligne après la dernière ligne dactylographiée et 226 faire suivre de deux interlignes. Faire un retrait de cinq espaces, surélever le chiffre correspondent au renvoi sans laisser d'espace, revenir à la ligne de texte et dactylographier la première ligne de la note. Commencer les lignes subséquentes à la marge gauche. Les notes sont à simple interligne, mais deux interlignes doivent séparer chaque note.

S'il s'agit d'un *livre*, dactylographier dans l'ordre suivant:
1. le nom de l'auteur (prénom, initiales, nom de famille) suivi d'une virgule;
2. le titre du livre, souligné et suivi d'une virgule;
3. le lieu de publication suivi de deux points; la maison d'édition suivie d'une virgule, ainsi que la date;
4. la page (ou les pages) de référence précédée(s) d'un p. (ou pp.) et suivie(s) d'un point.

S'il s'agit d'un *article* paru dans une revue ou un journal ou extrait d'un ouvrage général de référence, dactylographier comme suit:
1. le nom de l'auteur (prénom, initiales, nom de famille) suivi d'une virgule;
2. le titre de l'article, entre guillemets et suivi d'une virgule;
3. le nom de la revue, du journal ou de l'ouvrage, souligné et suivi d'une virgule;
4. le numéro du volume et/ou de l'exemplaire suivi(s) d'une virgule; la date (le jour, le mois et l'année) suivie d'une virgule;
5. la page (ou les pages) de référence précédée(s) d'un p. (ou pp.) et suivie(s) d'un point.

Exemples:

    1. Jacques-A. Lamarche, <u>Les machines de bureau</u>, Montréal: Librairie
Beauchemin Limitée, 1973, p. 62.

    2. Robert Maltais, "L'art d'écrire," <u>Secrétaire d'aujourd'hui</u>, volume
14, numéro 12, avril 1977, pp. 15-16.

Référence à la bibliographie 219

On peut également indiquer la source des citations en référant le lecteur à la bibliographie; dans ce cas, la référence est mise entre parenthèses et comprend le nom de l'auteur (à moins que ceci ne se trouve dans le texte), l'année de publication et la ou les pages de référence. Exemples:
Une étude toute récente (Mitivier, 1972, pp. 20-44) . . .
St-Laurent (1970, p. 151) affirme . . .

Réglage des marges

1. Déterminez la longueur de la ligne à dactylographier (comptez le nombre de frappes et d'espaces).

2. Divisez le nombre de frappes et d'espaces par deux. Soustrayez ce chiffre du chiffre indiqué au point central de la machine et réglez le margeur gauche à cet endroit. Réglez le margeur droit à environ cinq espaces plus loin que la ligne qu'on veut dactylographier. L'avertisseur, un dispositif qui sonne à quelques espaces avant le margeur droit, indique que l'on s'approche de la marge et que l'on doit revenir à la marge gauche (faire un retour du chariot) aussitôt que possible.

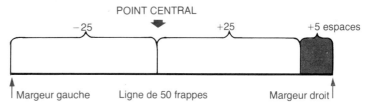

Les informations qui suivent indiquent comment procéder pour régler les margeurs sur les différentes machines à écrire. Si ces instructions ne s'appliquent pas à la machine que vous utilisez, consultez le dépliant ou le guide du manufacturier qui donne les particularités de la machine dont vous vous servez.

Margeurs manuels

Les margeurs des machines à écrire **Underwood, IBM-Selectric, Olympia** et **Remington** sont réglés manuellement.

1. Appuyez sur le margeur.

2. Glissez le margeur jusqu'à l'endroit désiré.

3. Relâchez le margeur.

Margeurs à ressort

Les margeurs des machines à écrire **Royal** et **Smith Corona** sont réglés automatiquement avec ressort.

1. Tirez le margeur gauche et retenez-le tout en déplaçant le chariot jusqu'à l'endroit désiré.

2. Relâchez le margeur.

3. Tirez le margeur droit et retenez-le tout en déplaçant le chariot jusqu'à l'endroit désiré.

4. Relâchez le margeur.

Margeurs à crochet

Les margeurs de certaines machines à écrire électriques des compagnies **IBM** et **Underwood** sont réglés par un dispositif à crochet.

1. Retournez le chariot à la marge gauche.

2. Appuyez sur le margeur gauche et retenez-le.

CARTES POSTALES

Les associations ainsi que les maisons d'affaires se servent parfois de cartes postales (89 mm × 140 mm) 278
pour des invitations, des annonces ou d'autres messages de nature non confidentielle. Pour bien disposer le 279
message, laisser une marge de 13 mm au haut, à gauche et à droite.

La carte postale est adressée de la même façon que l'enveloppe. Puisque les adresses du destinataire et de l'expéditeur sont au recto, ces adresses ne sont pas répétées du côté du message.

RAPPORTS

Papier
205

Utiliser le papier P4; (21,5 cm × 28 cm).

Marges: rapport non broché
205
Utiliser des marges de 25 mm à gauche, à droite et au bas de la feuille. Laisser une marge de 50 mm au haut 208
de la première page et de 25 mm au haut des pages subséquentes.

Marges: rapport broché
205

Utiliser des marges de 25 mm à droite et au bas de la feuille et de 38 mm à gauche. Laisser une marge de 50 mm au haut de la première page et de 25 mm au haut des pages subséquentes.

Pagination
205

La pagination d'un rapport ne commence qu'à la deuxième page. Dactylographier le numéro de page à 13 mm du haut de la feuille et à la marge droite.

Espacement
205

Un rapport est dactylographié à double interligne. Les paragraphes ont un retrait de cinq espaces.

Titre
205

Centrer le titre, l'écrire tout en lettres majuscules et le faire suivre d'un triple interligne.

Sous-titres
205

Centrer les sous-titres. Ils sont précédés de trois interlignes et suivis de deux. Si le sous-titre est directement sous le titre, il est précédé de deux interlignes et suivi de trois interlignes.

Les intertitres sont dactylographiés à la marge gauche et soulignés. Ils sont précédés de trois interlignes et suivis de deux.

L'en-tête d'un paragraphe est en retrait de cinq espaces, souligné et suivi d'un point et de deux espaces.

Page de titre
229

La page de titre d'un rapport contient quatre éléments essentiels:
1. Le titre dactylographié en LETTRES MAJUSCULES
2. Le nom de l'auteur
3. Le nom de l'institution ou de l'entreprise d'où provient le rapport
4. La date de la remise du rapport.

On peut laisser beaucoup de latitude dans l'agencement de la page de titre pourvu que les éléments essentiels soient bien identifiés et disposés de façon claire et attrayante.

Table des matières
228

La table des matières doit être centrée et sur une seule feuille, si possible.

Elle indique les différentes parties du rapport et les pages où elles se trouvent; les deux sont reliées par des points de conduite.

Les marges de la table des matières sont les mêmes que celles du rapport.

3. Déplacez le chariot jusqu'à l'endroit désiré tout en retenant le margeur.

4. Relâchez le margeur.

5. Déplacez le chariot jusqu'à la marge droite.

6. Appuyez sur le margeur droit et retenez-le.

7. Déplacez le chariot jusqu'à l'endroit désiré tout en retenant le margeur.

8. Relâchez le margeur.

POSITION POUR DACTYLOGRAPHIER

Observez la position pour dactylographier telle qu'illustrée et vérifiez la vôtre.

1. Ajustez la chaise pour que le dos soit droit.

2. Inclinez le corps légèrement vers l'avant à partir de la taille et centré sur la touche "J", à une distance de 150 à 200 mm de la machine à écrire.

3. Gardez les coudes souples et tenus près du corps.

4. Ajustez la table ou la chaise pour que les mains soient parallèles à la pente du clavier.

5. Gardez les pieds à plat sur le plancher, l'un légèrement plus avancé que l'autre.

6. Placez la copie à dactylographier à la droite de la machine à écrire.

ENVELOPPES

Formats d'enveloppes

Seules les enveloppes de grandeurs standard peuvent être triées à la machine. Ces enveloppes mesurent environ

89 mm × 140 mm
105 mm × 241 mm
121 mm × 235 mm
152 mm × 254 mm

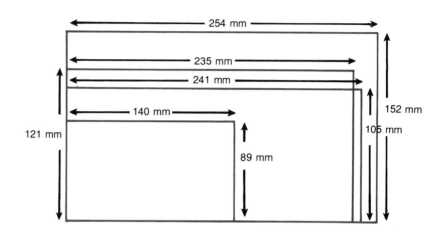

Présentation de l'enveloppe

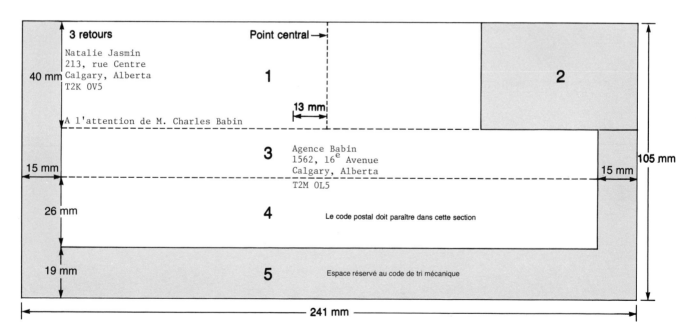

A la section 1 on met l'adresse de l'expéditeur et les étiquettes postales (PAR AVION, PAR EXPRES etc.). La section 2 est réservée aux timbres et la section 3 à l'adresse du destinataire. L'adresse peut se continuer dans la section 4; le code postal se retrouve d'ailleurs le plus souvent dans cette section. La section 5, qui est réservée au code de la machine à trier du bureau de poste, doit être libre de toute écriture. Toute mention d'acheminement spécial telle que CONFIDENTIEL, PERSONNEL etc. est dactylographiée à gauche, en ligne avec l'adresse de l'expéditeur.

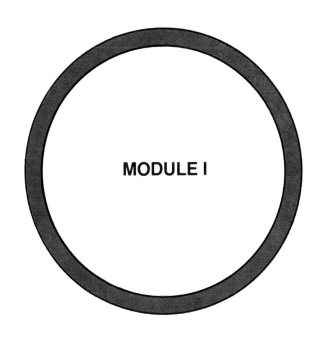

MODULE I

MAITRISE DU CLAVIER ALPHABÉTIQUE

OBJECTIFS

1. Utiliser le bon doigté pour les touches de l'alphabet, du trait d'union et des signes de ponctuation.

2. Utiliser la bonne technique de frappe, soit frapper les touches d'un mouvement rapide et sec.

3. Apprendre à se servir des différentes parties de la machine à écrire.

4. Apprendre et mettre en pratique les règles d'espacement après les signes de ponctuation.

5. Acquérir l'assurance dans la localisation des touches et dans la dactylographie de mots et de phrases.

6. Augmenter la vitesse de frappe par des retours sur du matériel déjà vu.

CONTENU

Le Module I initie l'étudiant au clavier alphabétique, aux signes de ponctuation et à la manipulation des différentes parties de la machine à écrire.

La lettre à maîtriser paraît dans des séquences différentes: au début et au milieu des mots et, lorsque possible, à la fin des mots.

ACTIVITES QUOTIDIENNES

1. Les marges. Réglez les margeurs pour une ligne de 50 frappes.

2. Le doigté. Dactylographiez les exercices du Module I en suivant les instructions données dans les organigrammes.

3. La vitesse et la précision. Redactylographiez des exercices au choix.

Page 2 — (Un alignement)

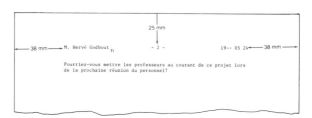

Page 2 — (Trois alignements)

163

163

174
178

Transmission confidentielle: Il peut arriver que le signataire d'une lettre désire en envoyer copie à quelqu'un d'autre, mais ne trouve pas pertinent d'indiquer ceci au destinataire. Une mention à cet effet est dactylographiée à la marge gauche, deux espaces après la dernière ligne, mais sur la copie conforme seulement. Pour ce faire, si la copie conforme est faite au papier carbone, insérer un morceau de papier assez épais entre le ruban et l'original. Dactylographier la mention "t.c." (transmission confidentielle) ainsi que le nom de la personne à qui cette copie est destinée. Ainsi, cette mention paraîtra sur la copie conforme seulement. Exemple:

```
t.c.     M. Denis C. Sirois
```

MISE SOUS PLI

151

Enveloppe de petit format

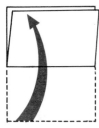

Amener le bas de la lettre à 10 mm du haut. Marquer un pli.

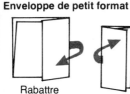

Rabattre la partie droite vers la gauche d'environ un tiers. Marquer un pli.

Rabattre la partie gauche vers la droite à 10 mm du pli. Marquer un pli.

Insérer la lettre de sorte que le dernier pli soit au fond de l'enveloppe.

Enveloppe à fenêtre (lettre)

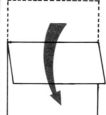

Mettre la lettre à l'envers, la partie du haut vers soi. Rabattre le haut de la feuille d'environ 90 mm.

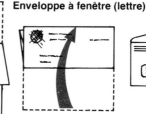

Rabattre le bas d'environ 90 mm de sorte que l'adresse soit sur le dessus.

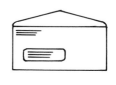

Insérer de sorte que le dernier pli soit au fond de l'enveloppe.

Enveloppe de grand format

Rabattre le bas de la lettre d'environ 90 mm. Marquer un pli.

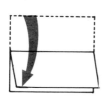

Rabattre le haut de sorte qu'il dépasse la partie pliée d'environ 10 mm. Marquer un pli.

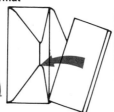

Insérer la lettre de sorte que le dernier pli soit au fond de l'enveloppe.

Enveloppe à fenêtre (formule commerciale)

Mettre la formule à l'envers, le haut vers soi.

Rabattre le bas d'environ 90 mm de sorte que l'adresse soit sur le dessus. Marquer un pli.

Insérer de sorte que le dernier pli soit au fond de l'enveloppe.

LES DEMARCHES PRELIMINAIRES

1. Introduisez la feuille de papier dans la machine à écrire.
2. Réglez les margeurs pour une ligne de 50 frappes.
3. Mettez le régleur d'interligne à 1 (simple interligne).

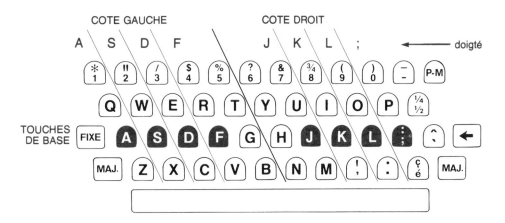

LA TECHNIQUE DE FRAPPE

I.1 TOUCHES DE BASE

Courbez les doigts et placez-les sur les touches de base de façon que l'index gauche repose légèrement sur la touche **F** et l'index droit sur la touche **J**.

MAIN GAUCHE   MAIN DROITE

D'un mouvement rapide et sec de l'index droit, frappez le **J**. En frappant, dites la lettre en même temps que le professeur.

j j j

> *La copie apparaîtra comme ceci:* jjj

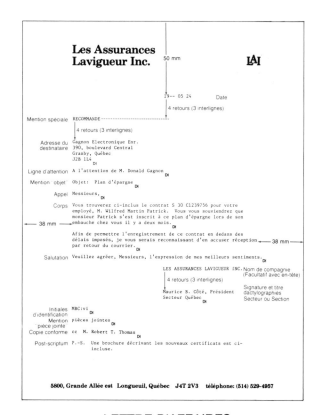

LETTRE D'AFFAIRES

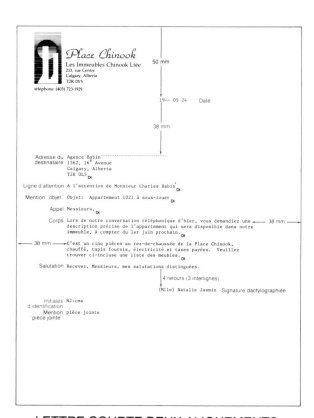

LETTRE COURTE DEUX ALIGNEMENTS
Ponctuation courante

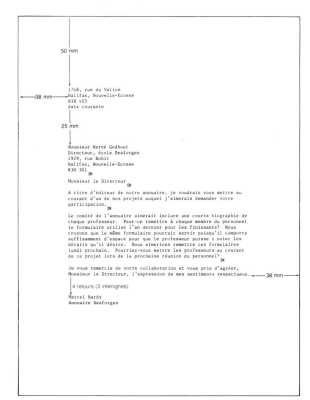

LETTRE MOYENNE UN ALIGNEMENT
Ponctuation ouverte

LETTRE LONGUE TROIS ALIGNEMENTS
Ponctuation fermée

D'un mouvement rapide et sec de l'index gauche, frappez le  . En frappant, dites la lettre en même temps que le professeur.

f f f

La copie apparaîtra comme ceci: jjjfff

Frappez chacune des touches de base en disant la lettre ou le signe de ponctuation en même temps que le professeur.

k k k d d d l l l s s s ; ; ; a a a j j j

RETOUR DU CHARIOT
(RETOUR A LA MARGE GAUCHE)

Sur une machine à écrire manuelle

1. Raidissez les doigts de la main gauche.
2. Approchez les doigts du levier d'interligne.
3. Tenez les doigts rapprochés.
4. D'un mouvement brusque et rapide tirez sur le levier d'interligne.

Sur la machine à écrire électrique

1. L'index droit demeure sur la touche  .
2. L'auriculaire droit frappe la touche de retour du chariot.
3. L'auriculaire revient à la touche de base  .

En gardant les doigts sur les touches de base, dactylographiez les lignes suivantes en nommant les différentes lettres ou signes de ponctuation. Ces lignes servent aussi d'exercices de retour du chariot.

1 j j j f f f k k k d d d l l l s s s ; ; ; a a a

2 j j j f f f k k k d d d l l l s s s ; ; ; a a a

← Double interligne (DI)

La copie apparaîtra comme ceci:
jjjfffkkkdddlll
jjjfffkkkdddlll

Pour un double interligne, revenir deux fois à la marge gauche; pour un triple interligne, y revenir trois fois.

Dans la forme de ponctuation dite ouverte, il n'y a aucune ponctuation à la fin des lignes, sauf pour le point qui suit la forme longue de la salutation finale.

Une troisième forme de ponctuation appelée la ponctuation fermée s'employait autrefois surtout dans les lettres écrites à la main; on ne s'en sert guère aujourd'hui. Avec cette forme de ponctuation, une virgule suit chaque ligne de l'adresse de l'expéditeur, de la vedette et de l'appel. Un point suit la dernière ligne de la lettre, soit le nom dactylographié du signataire, soit sa fonction.

Disposition de la lettre

146

LA DISPOSITION D'UNE LETTRE PERSONNELLE, PERSONNELLE/D'AFFAIRES OU D'AFFAIRES (papier P4: 21,5 cm × 28 cm)				
Longueur de la lettre	Nombre de paragraphes	Adresse de l'expéditeur ou ligne de la date* (du haut de la feuille)	Marges	Espace entre la date et l'adresse du destinataire
Courte	3 ou moins	50 mm	38 mm	38 mm
Moyenne	3-5	50 mm	38 mm	25 mm
Longue	5 et plus	50 mm	38 mm	13 mm

*Parce qu'une lettre d'affaires est habituellement dactylographiée sur du papier avec en-tête, la date se trouvera à 50 mm du haut de la feuille ou à deux interlignes après la dernière ligne de l'en-tête.

Parties de la lettre

Les parties de la lettre varient quelque peu qu'il s'agisse d'une lettre personnelle, personnelle/d'affaires ou d'affaires. Les illustrations qui suivent aideront à déterminer quel modèle employer.

154
155
156
157
158
171
175
176
178
184

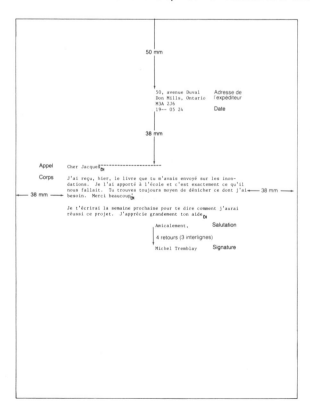

LETTRE PERSONNELLE

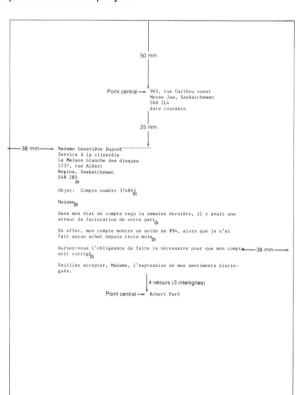

LETTRE PERSONNELLE/D'AFFAIRES

ACTIVITES QUOTIDIENNES

Si c'est le début d'une période

1. Réglez les margeurs pour une ligne de 50 frappes.
2. Choisissez certains exercices des pages précédentes et redactylographiez-les comme révision.

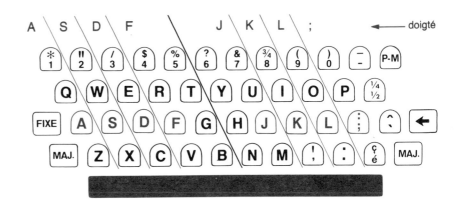

BARRE D'ESPACEMENT

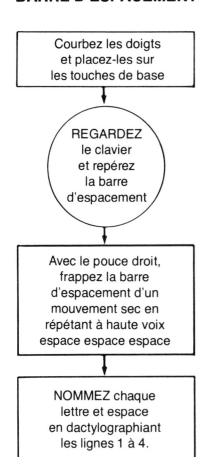

Courbez les doigts et placez-les sur les touches de base

REGARDEZ le clavier et repérez la barre d'espacement

Avec le pouce droit, frappez la barre d'espacement d'un mouvement sec en répétant à haute voix espace espace espace

NOMMEZ chaque lettre et espace en dactylographiant les lignes 1 à 4.

I.2 UTILISEZ LA BARRE D'ESPACEMENT

1   jj ff jj ff jj kk ff jj kk ff dd jj ss jj ss aa
2   jj kk ll ff ll ff jj ff jj dd aa jj kk ll ss kk
                                                         Double interligne (DI)
3   fjf fjf dkd dkd djd djd kfk kfk kdk kdk jfj jfj
4   sss lll aaa sls aaa sls sjs lsl lfl sas lsl las

Centrage d'un titre déployé

1. Reculer du point central pour chaque lettre et chaque espace, sauf la dernière lettre du titre.
2. Dactylographier le titre en laissant un espace entre chaque lettre et trois espaces entre les mots.

Interligne vertical

De façon générale, on emploie le simple interligne pour les lettres, les tableaux et les notes de service. Le double interligne (un interligne entre deux lignes dactylographiées) s'emploie dans des rapports ainsi que dans les communiqués de presse et d'autres textes qui exigent un haut degré de lisibilité. Le triple interligne (deux interlignes entre deux lignes dactylographiées) est employé pour les titres, les en-têtes etc.

```
0 Ce texte à              0 Ce texte à              0 Ce texte à
0 caractère élite est     1                          1
0 à simple interligne     0 caractère élite est      2
                          1                          0 caractère élite est
                          0 à double interligne       1
                                                      2
                                                      0 à triple interligne
```

Centrage vertical

1. Compter le nombre de lignes dans le texte, y compris les titres, sous-titres et interlignes.
2. Soustraire ce nombre du nombre de lignes verticales possibles selon le format de papier dont on se sert.
3. Diviser par 2 pour déterminer le nombre de lignes qui doivent être laissées comme marges au haut et au bas de la feuille. Ignorer les fractions.
4. Laissant blanc ce nombre de lignes comme marge au haut de la feuille, commencer à dactylographier le texte. Se servir de la technique du centrage horizontal s'il y a lieu.

LETTRES

Formats de papier

De façon générale, les lettres sont dactylographiées sur du papier P4. Cependant, si une lettre est particulièrement courte, on peut utiliser une feuille P5.

Si la lettre est si longue qu'elle nécessite l'emploi d'une deuxième feuille, cette deuxième feuille doit être du même format que la première.

Modèles de lettres

Il y a trois modèles de lettres qui s'emploient couramment: à un alignement, où toutes les lignes commencent à la marge gauche; à deux alignements, où l'adresse de l'expéditeur (s'il y en a), la date, la salutation finale (la forme courte) et le nom dactylographié du signataire commencent au point central mais où le reste de la lettre est aligné à partir de la marge gauche; à trois alignements, qui ressemble à la lettre à deux alignements mais où chaque paragraphe débute avec un retrait de cinq espaces.

Ponctuation

La ponctuation du corps d'une lettre suit les règles habituelles. Cependant, les autres parties de la lettre sont sujettes à des normes qui leur sont propres.

Il y a, en effet, deux façons de ponctuer dont on se sert couramment pour ces parties d'une lettre: la ponctuation dite courante et la ponctuation dite ouverte.

Dans la ponctuation courante, seuls l'appel et la salutation finale (la forme courte) sont suivis d'une virgule. L'adresse de l'expéditeur, la date, le nom et l'adresse du destinataire (qu'on appelle également "la vedette") ne comportent aucune ponctuation à la fin des lignes. La salutation finale (la forme longue) est suivie d'un point.

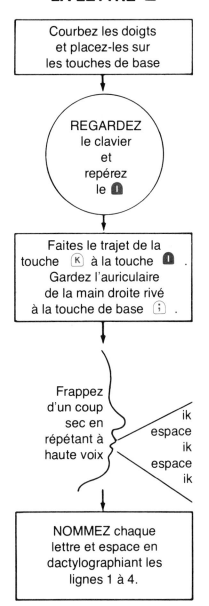

ACTIVITES QUOTIDIENNES

Si c'est le début d'une période

1. Réglez les margeurs pour une ligne de 50 frappes.
2. Choisissez certains exercices des pages précédentes et redactylographiez-les comme révision.

LA LETTRE ⬛

Courbez les doigts et placez-les sur les touches de base

REGARDEZ le clavier et repérez le ⬛

Faites le trajet de la touche Ⓚ à la touche ⬛ . Gardez l'auriculaire de la main droite rivé à la touche de base ⓙ .

Frappez d'un coup sec en répétant à haute voix

ik
espace
ik
espace
ik

NOMMEZ chaque lettre et espace en dactylographiant les lignes 1 à 4.

I.3   UTILISEZ LE ⬛

```
1  ik ik ik if if si si fi fi si si ki ki fi fi si si
2  lis lis jai jai kik kik dis dis fis fis ils ils DI

3  lisa lisa lisa kaki kaki kaki laid laid laid sali
4  jadis jadis lissa lissa alias alias fils fils fils
```

MODULE I/Clavier alphabétique

CENTRAGE

Caractères typographiques

Bien qu'il existe une variété de caractères typographiques pour emploi sur la machine à écrire, la plupart des machines sont munies soit des caractères Elite soit des caractères Pica: ces deux termes, d'ailleurs, servent à désigner la grosseur du caractère. Ainsi, le caractère Elite compte 12 frappes horizontales par 25,4 mm, tandis que le caractère Pica compte 10 frappes horizontales par 25,4 mm. Tous deux — et le caractère Elite et le caractère Pica — comptent 6 lignes verticales par 25,4 mm.

146

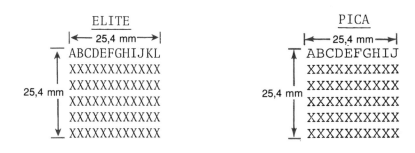

Formats de papier

126

Une feuille standard de papier P4 mesure 21,5 cm × 28 cm.
Une feuille standard de papier P5 mesure 14 cm × 21,5 cm.
Une feuille standard de papier Q4 mesure 21,5 cm × 35,5 cm. (Ceci s'appelle communément le format légal.)

LIGNES ET ESPACES

124

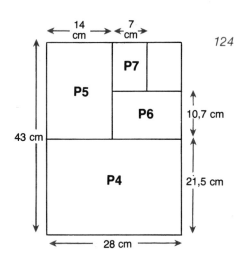

	Nombre d'espaces horizontales		Nombre de lignes verticales
	Elite	Pica	
P4 (partie étroite insérée)	102	85	66
P4 (partie large insérée)	132	110	51
P5 (partie étroite insérée)	66	55	51
P5 (partie large insérée)	102	85	33
Q4 (partie étroite insérée)	102	85	84
Q4 (partie large insérée)	132	110	51

Se rappeler: 10,7 cm = 107 mm
14 cm = 140 mm
21,5 cm = 215 mm
28 cm = 280 mm

Centrage de lignes, de titres, de têtes de colonne

123

1. Eliminer tous les taquets.

124

2. Centrer le point d'impression sur la feuille. Poser un taquet.
3. Du centre, reculer une fois pour chaque deux frappes (lettres, chiffres, ponctuation et espaces) de la ligne qu'on veut centrer. Arrondir en ignorant toute frappe isolée à la fin de la ligne.
4. Dactylographier la ligne à partir du dernier point de recul.
5. Répéter 3 et 4 jusqu'à ce que toutes les lignes soient centrées.

ACTIVITES QUOTIDIENNES

Si c'est le début d'une période
1. Réglez les margeurs pour une ligne de 50 frappes.
2. Choisissez certains exercices des pages précédentes et redactylographiez-les comme révision.

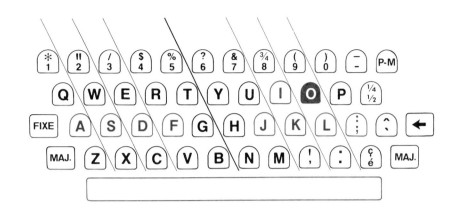

LA LETTRE O

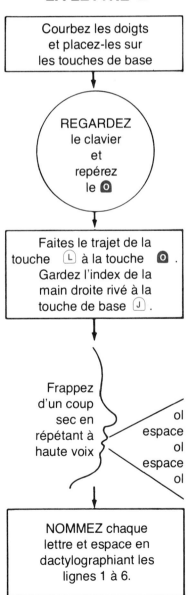

Courbez les doigts et placez-les sur les touches de base

REGARDEZ le clavier et repérez le O

Faites le trajet de la touche L à la touche O. Gardez l'index de la main droite rivé à la touche de base J.

Frappez d'un coup sec en répétant à haute voix

ol
espace
ol
espace
ol

NOMMEZ chaque lettre et espace en dactylographiant les lignes 1 à 6.

I.4 UTILISEZ LE O

1 ol ol ol do do do so so so lo lo lo do do do ol
2 dol dol dol doi doi doi odo odo odo dol dol dol DI

3 loi loi sois sois sois dois dois dois fois fois
4 solo solo dodo dodo kilo kilo jasai jasai jadis DI

Les règles de base de la dactylographie sont écrites en italique et encadrées. Vous devrez apprendre ces règles et les mettre en application dans tous les travaux à venir.

Laisser un espace après un point-virgule.

5 il a; il a; la loi; la loi; il a jadis; il a jadis
6 si la fois dois jadis foi fais dodo os solo jasai

FORMATION DE SYMBOLES
QUI NE SONT PAS SUR LE CLAVIER

Signe ou symbole	Formation	Exemple
accolade droite	deux parenthèses droites	))
accolade gauche	deux parenthèses gauches	((tous présents
addition	la diagonale et le trait d'union	6 ≠ 5 = 11
degré	la lettre o minuscule hors-ligne (utiliser le repéreur de ligne)	22°C
divisé par	la parenthèse droite ou gauche et le soulignement	45) $\overline{56,80}$ ou $\overline{56,80}$ (45
division	le trait d'union et le point (utiliser le repéreur de ligne)	$\div$
minutes (d'arc)	l'apostrophe	6'
multiplication	le x minuscule	6 x 5 = 30
parenthèses carrées	la diagonale et le soulignement	$\underline{/}$ $\overline{/}$
point d'exclamation	l'apostrophe et le point	!
racine carrée	le v minuscule, la diagonale et le soulignement	$\sqrt{\overline{144}}$
secondes (d'arc)	le guillemet	10"
signe de ''cents''	le c minuscule et la diagonale	¢
signe d'égalité	deux traits d'union superposés (utiliser le repéreur de ligne)	=
signe d'omission	la diagonale et le soulignement	robe l<u>a</u>/ rouge
soustraction	le trait d'union	6 - 5 = 1
symbole ''à''	le a minuscule et le 0	@ 69¢
tiret	deux traits d'union sans espace ni avant ni après ou un trait d'union précédé et suivi d'un espace	demain--lundi demain - lundi

Si c'est le début d'une période
1. Réglez les margeurs pour une ligne de 50 frappes.
2. Choisissez certains exercices des pages précédentes et redactylographiez-les comme révision.

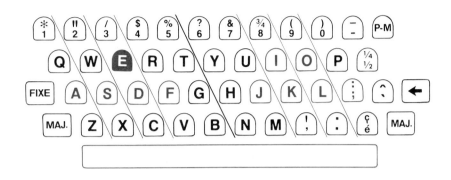

LA LETTRE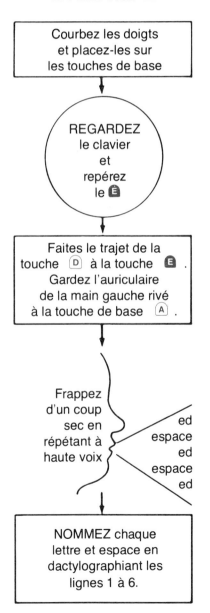

Courbez les doigts
et placez-les sur
les touches de base

REGARDEZ
le clavier
et
repérez
le Ê

Faites le trajet de la
touche D à la touche E .
Gardez l'auriculaire
de la main gauche rivé
à la touche de base A .

Frappez
d'un coup
sec en
répétant à
haute voix

ed
espace
ed
espace
ed

NOMMEZ chaque
lettre et espace en
dactylographiant les
lignes 1 à 6.

I.5   UTILISEZ LE ■

```
1   ed ed ed se se se le le le je je je il si dis dois
2   ses ses des des sel sel lis lis fil fil ils ils se DI

3   les les fis fis des des dis dis ail ail lie lie
4   elle elle lise lise jade jade sied sied file file DI

5   elle a; jadis il a; si le sel; elle alla; il lia;
6   le fils; ses lois; il jasa jadis; la salade fade;
```

2. On écrit un zéro à la gauche de la marque décimale s'il n'y a pas d'autre chiffre indiqué.

Cet article pèse 0,75 kg.   *84*

3. On laisse un espace entre le dernier chiffre d'un nombre et la première lettre d'un symbole.

C'est une mesure de 16 mm.

4. On fait exception à la règle précédente pour la température exprimée en degré Celsius. Le symbole du degré occupe l'espace.

Le thermomètre indique $30\,^{\circ}$C.

5. Il n'y a pas de point après un symbole (sauf à la fin d'une phrase).

Achète 2,5 kg de café aujourd'hui.   *79*
Il en a acheté 2,5 kg.

6. Les symboles d'unités SI sont invariables.

Il a acheté 45 kg de sucre.   *79*

7. On met en majuscule la première lettre des symboles des unités dont l'origine est le nom propre d'un individu. Autrement, le symbole s'écrit en lettre(s) minuscule(s). L'exception à cette règle est le symbole pour litre, qui s'écrit toujours L majuscule.

g pour gramme

m pour mètre   mais

A pour ampère

Pa pour pascal

8. On utilise les exposants ² et ³ avec les symboles d'aire ou de volume. Les exposants s'appliquent également au préfixe lié au symbole de l'unité.

Cette pièce mesure 16 mm^2.

Ce récipient a une capacité de 3 cm^3.

9. Eviter le nombre décimal dans l'usage courant.

Montréal est à 563 km de Toronto.
                plutôt que
Montréal est à 563,458 km de Toronto.

10. Dans les textes imprimés, les symboles des unités sont indiqués en caractères romains (droits) sans tenir compte des caractères utilisés dans le reste du texte.

Laissez une marge d'au moins 25 mm.

11. Les symboles sont utilisés à la place des noms lorsque les unités sont accompagnées de chiffres.

Le résultat est de 16 mm.   *86*
Trouvez la longueur en millimètres.

Bien qu'elle ne fasse pas partie du système international d'unités, la date numérique s'emploie de plus en plus souvent. Elle s'écrit dans l'ordre suivant: quatre chiffres pour l'année, deux pour le mois et deux pour le jour. Chaque tranche de chiffres est séparée soit par un espace soit par un tiret.

Le 23 juillet 1979 peut s'écrire   *87*
comme suit: *147*
1979 07 23 ou
1979-07-23

Si c'est le début d'une période

1. Réglez les margeurs pour une ligne de 50 frappes.
2. Choisissez certains exercices des pages précédentes et redactylographiez-les comme révision.

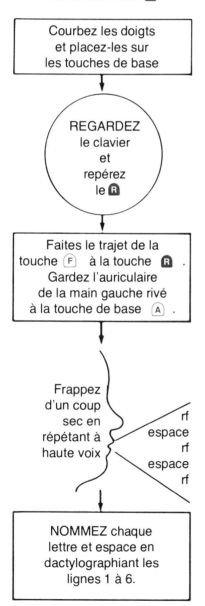

LA LETTRE

Courbez les doigts et placez-les sur les touches de base

REGARDEZ le clavier et repérez le R

Faites le trajet de la touche F à la touche R . Gardez l'auriculaire de la main gauche rivé à la touche de base A .

Frappez d'un coup sec en répétant à haute voix

rf
espace
rf
espace
rf

NOMMEZ chaque lettre et espace en dactylographiant les lignes 1 à 6.

I.6 UTILISEZ LE R

1 rf rf rf ris ris ris ras ras ras ride ride ride
2 rai rai rai; air air air; sire sire sire; ire ire; **DI**

3 rase rase rase raie raie raie ordre ordre ordre
4 faire faire faire relire relire relire fier fier **DI**

5 le roi offrira la jarre rare; il ira le soir;
6 ferai relire la loi le soir; il rira; je rirai;

3. Le code postal américain "zip" est dactylographié deux espaces après l'abréviation de l'état.

```
Madame Catherine Johnson
206, rue Front
Poulsbo, WA  98370
```

4. Quand une résidence ou un immeuble porte le numéro 1, écrire ce numéro en lettres.

```
Un, avenue Montpetit
7, avenue Montpetit
```

5. Quand la rue ou l'avenue est désignée par un numéro plutôt qu'un nom, le mot rue ou avenue prend alors la majuscule.

```
287, 5e Avenue
15, 37e Rue
```

ABREVIATIONS

Adresses

appartement	app.	montée	mt.
avenue	av.	place	pl.
boulevard	boul. ou bd	promenade	pr. ou prom.
chemin	ch.	route	rt.

Provinces et Territoires

Alberta	Alb.	Ontario	Ont.
Colombie-Britannique	C.-B.	Québec	Qué.
Ile du Prince-Edouard	I.P.-E.	Saskatchewan	Sask.
Labrador	Lab.	Terre-Neuve	T.-N.
Manitoba	Man.	Territoires du Nord-Ouest	T.N.-O.
Nouveau-Brunswick	N.-B.	Territoire du Yukon	Yuk.
Nouvelle-Ecosse	N.-E.		

SYMBOLES DU SYSTEME INTERNATIONAL D'UNITES (SI)

Unité	Symbole	Préfixe	Symbole
mètre	m	méga	M
gramme	g	kilo	k
*litre	L	hecto	h
pascal	pa	déca	da
ampère	A	déci	d
second	s	centi	c
*minute	min	milli	m
*heure	h		
*jour	d		
*tonne	t		
*hectare	ha		

*Indique une unité ne faisant pas partie du SI mais dont l'emploi est accepté.

EMPLOI DU SYSTEME INTERNATIONAL D'UNITES (SI)

1. Un espace sépare les tranches de trois chiffres à gauche et à droite de la marque décimale. L'espace est facultatif s'il n'y a que quatre chiffres à gauche ou à droite de la marque décimale, à moins que l'on dispose ces chiffres en colonnes avec d'autres nombres de plus de quatre chiffres.

```
La mesure exacte est
10 345,686 22 m.
La distance est de
4 236 km.
```

APPENDICE B/Points de repère

ACTIVITES QUOTIDIENNES

Si c'est le début d'une période

1. Réglez les margeurs pour une ligne de 50 frappes.

2. Choisissez certains exercices des pages précédentes et redactylographiez-les comme révision.

LA TOUCHE-MAJUSCULES GAUCHE

I.7 DACTYLOGRAPHIEZ LES LETTRES MAJUSCULES EN UTILISANT LA TOUCHE-MAJUSCULES GAUCHE.

Pour dactylographier, en majuscule, une lettre qui se trouve du côté droit du clavier

1. Gardez l'index gauche rivé à la touche ⒡ .

2. Enfoncez et retenez la touche-majuscules gauche en utilisant l'auriculaire gauche.

3. Frappez la lettre désirée avec le doigt approprié de la main droite.

4. Relâchez la touche-majuscules et revenez à la touche de base ⒜ .

5. NOMMEZ chaque lettre et espace en dactylographiant les lignes 1 à 5 qui suivent.

Exemple: majuscule I relâche 1 espace
               majuscule I relâche 1 espace

```
1   Il Il Il Id Id Id Is Is Is Ir Ir Ir If If Il Il Il
2   Je Je Jo Jo Ji Ji Jais Jais Joe Joe Je Jo Ji Jale DI'

3   Il ira Il ira Il ira Il ira Il ira Il ira Il ira
4   Je le dis; Je le dis; Je le dis; Je le dis; DI

5   Ida a la soie; Ida a la soie; Ida a la soie;
```

6. Les pourcentages et les décimaux sont écrits en chiffres.

Il a payé 6% d'intérêt. *90*
Achète 2,5 kg de beurre.

7. On écrit un zéro à la gauche de la marque décimale s'il n'y a pas d'autres chiffres indiqués. Noter que la marque décimale peut être soit la virgule, soit le point.

Cet article pèse 0,75 kg de plus. *84*

8. Un espace sépare une tranche de trois chiffres à gauche et à droite de la marque décimale.

La mesure exacte est 10 346,45 m.

9. Un nombre qui suit un nom est écrit en chiffres.

Consultez le tableau 6 à la page 21. *79*

10. Eviter la succession de chiffres de nature différente. Mais si cela est impossible, utiliser une virgule pour les séparer.

En 1977 on a embauché 210 ouvriers.
En 1978, 58 ouvriers ont été embauchés.

11. Les sommes d'argent sont écrites en chiffres. Les sommes exactes sont écrites sans marque décimale ni zéro.

Il a payé $64,57 pour ce canot. *81*
Cette bicyclette ne coûtera que $25 *89*
à la prochaine vente.

12. Dans une phrase, écrire le mot "cents" au lieu du signe ¢.

Ce jouet coûte 90 cents.

13. Les numéros de série, de police d'assurance, d'année, de téléphone, de commande, de facture, de local, de page etc. sont écrits en chiffres.

Série GA69103 *83*
Police d'assurance 8617940
Année 1979
Téléphone 449-8828
Numéro de facture 63345A
Numéro de commande B-21
Local 1014
Page 1321

14. Les nombres indiquant une division de temps sont écrits en chiffres. Deux points séparent les minutes des heures.

La réunion aura lieu à 16:30. *85*

15. Les nombres indiquant les poids, les mesures, les dimensions, les distances, les degrés etc. sont écrits en chiffres.

Il mesure 180 cm, et pèse 70 kg.
Il fait 16°C aujourd'hui.
Montréal est à 563 km de Toronto.

16. Les chiffres arabes et romains sont alignés à partir de la droite.

16   X   *200*
 8   XVI   *201*
432   LX

Les adresses
1. Une virgule sépare le numéro du nom de la rue.

Il demeure au 36, rue Poitiers.

2. Le code postal est dactylographié directement sous la ligne de la ville et la province. Un espace sépare les deux parties du code.

Monsieur Wilfrid D. Gagnon *80*
164, boulevard Rideau
Sorel, Québec
J3P 2S3

APPENDICE B/Points de repère

ACTIVITES QUOTIDIENNES

Si c'est le début d'une période
1. Réglez les margeurs pour une ligne de 50 frappes.
2. Choisissez certains exercices des pages précédentes et redactylographiez-les comme révision.

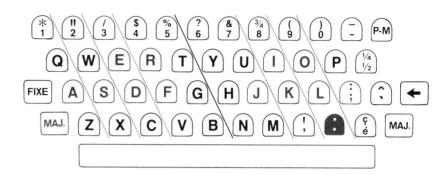

LE POINT

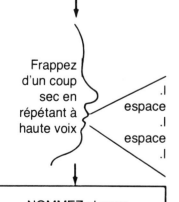

Courbez les doigts et placez-les sur les touches de base

REGARDEZ le clavier et repérez le

Faites le trajet de la touche Ⓛ à la touche
Gardez l'index de la main droite rivé à la touche de base Ⓙ

Frappez d'un coup sec en répétant à haute voix
.l espace
.l espace
.l

NOMMEZ chaque lettre et espace en dactylographiant les lignes 1 à 7.

I.8 UTILISEZ LE

1   .1 .1 .1 .1 .1 .1 .1 .1 .1 .1 .1 .1 .1 .1 **DI**

> *Laisser deux espaces après un point qui termine une phrase. Si une ligne finit avec un point, retourner à la marge sans laisser d'espace.*

2   Je dois. Je dois. Je dois. Je dois. Je dois.
3   Ose aller. Ose aller. Ose aller. Ose aller.**DI**

4   La salade froide. Le jarre rare. Il jasa jadis.
5   Le fils se lassa de la fade salade froide.**DI**

6   Il dira si je dois faire la joie de la salle.
7   La fille a la soie. Il a le jarre. Il a le sel.**DI**

TEST DE VITESSE

Dactylographiez la phrase qui suit aussi souvent que possible en une minute. Si vous la dactylographiez une fois, vous dactylographiez à quatre (4) mots à la minute (mots/min). Si vous la dactylographiez une fois et demie vous avez une vitesse de 6 mots/min. Si vous la dactylographiez deux fois, vous avez une vitesse de 8 mots/min.

8   Le fils a la salade.   ⟵ Retournez à la marge; recommencez.

  | 1 | 2 | 3 | 4 |

> *En dactylographie, cinq frappes (lettres, symboles ou espaces) égalent un mot.*
>
> *Exemples:*   et il = *un mot*
>   à qui = *un mot*
>   équilibrer = *deux mots*

12. Les titres honorifiques, les appellations de politesse et les appellations de convenance qui remplacent un nom de personne

Le Premier ministre sera l'invité du club Alouette.

Exception:

Ces titres ou appellations suivis d'un nom propre de personne s'écrivent avec *une minuscule*

Le premier ministre Davis y sera également.

<u>Accents sur les majuscules.</u> Les accents et la cédille peuvent être mis aux majuscules au moyen d'un trait d'union (-) dactylographié à un demi-interligne au-dessus ou en-dessous de la lettre accentuée.

L'UNIVERSITÉ DU QUÉBEC – UN RÉSEAU FRANCAIS

DIVISION DES MOTS

La division des mots en fin de ligne suit des règles précises qui facilitent la lecture. La coupure se fait d'après l'épellation, c'est-à-dire d'après la division syllabique. Voici quelques principes à retenir pour la division des mots. 32 53

1. Les mots d'une syllabe (monosyllabe) ne sont jamais coupés. Exemple — mais.
2. Couper après au moins deux lettres d'un mot. Exemple — au/raient.
3. Couper entre deux syllabes. Exemple — ita/lique.
4. Couper entre les termes d'un mot composé. Exemple — après/midi.
5. Couper entre deux consonnes redoublées. Exemple — com/mande.
6. Couper après les lettres x ou y suivies d'une consonne. Exemples — oxy/gène; inex/plicable.
7. Couper après un préfixe. Exemple — sur/monter.
8. Couper avant un suffixe. Exemple — admirable/ment.
9. Couper avant un t euphonique. Exemple — ira-/t-elle.
10. Ne pas couper le dernier mot d'une page ou d'un paragraphe.
11. Ne pas couper un nom propre, une date, les nombres en chiffres, les noms de lieux. (Noter bien: s'il faut absolument couper un nom, une date ou une adresse, le faire entre les éléments majeurs. Exemples — le 1ᵉʳ janvier/1968; Saint-Jean/Nouveau-Brunswick; M. Paul/Lamarre.)
12. Ne pas couper sur plus de deux lignes consécutives. *et sur la 1ʳᵉ ligne d'une page*

NUMERATION

<u>Règles générales</u>

1. Les nombres dix et moins de dix sont écrits en lettres.

J'ai été témoin de trois accidents sur la route. 75

2. Les nombres de plus de dix sont écrits en chiffres.

Il y avait 888 spectateurs.

3. Si dans une phrase il y a des nombres moins de et plus de dix, tous les nombres doivent être dactylographiés en lettres ou en chiffres.

Envoyez-en 3 à Jean, 33 à Rita, et 333 à Luc.
              ou
Envoyez-en trois à Jean, trente-trois à Rita, et trois cent trente-trois à Luc.

4. Un nombre au début d'une phrase doit être écrit en lettres.

Trente-six membres étaient présents.

5. Quand deux nombres sont adjacents mais non reliés, le plus petit nombre est écrit en lettres.

Je lui ai remis 17 cinq cents.

Si c'est le début d'une période

1. Réglez les margeurs pour une ligne de 50 frappes.
2. Choisissez certains exercices des pages précédentes et redactylographiez-les comme révision.

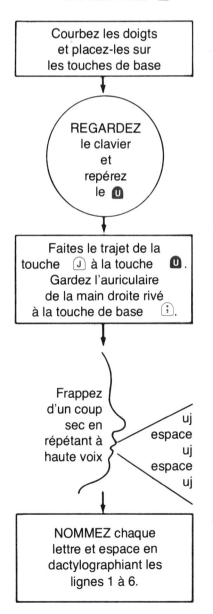

LA LETTRE **U**

Courbez les doigts
et placez-les sur
les touches de base

REGARDEZ
le clavier
et
repérez
le **U**

Faites le trajet de la
touche **J** à la touche **U**.
Gardez l'auriculaire
de la main droite rivé
à la touche de base **;**.

Frappez
d'un coup
sec en
répétant à
haute voix

uj
espace
uj
espace
uj

NOMMEZ chaque
lettre et espace en
dactylographiant les
lignes 1 à 6.

I.9 UTILISEZ LE **U**

```
1  uj uj uj us us us use use use usa usa usa use
2  jus jus jus dus dus dus lus lus lus due due due  DI

3  dure dure jure jure sure sure ruse ruse ruer ruer
4  sueur sueur jeudi jeudi lueur lueur jurer jurer  DI

5  Le skieur a des skis lisses.  Jules ira aider.
6  Le skieur aidera le jureur.  Le kaiser sera roi.
```

MAJUSCULES

1. Au début d'une phrase, d'une citation et des alinéas d'une énumération

Il lui dit: "Tout est bien."

2. Les noms propres de personnes, de souverains, de dynasties, de peuples

Jean Lehoux a été embauché.
Il est descendant des Bourbons.
Elle est Japonaise.

3. Les allégories et les abstractions personnifiées

Personne ne bouscule le Temps.

4. Les grandes époques, les guerres, les faits et lieux historiques, les fêtes religieuses et nationales

On se souvient des Plaines d'Abraham.
Le Vendredi Saint est jour férié.
J'irai aux fêtes de la Saint-Jean.

5. Les pays, les montagnes, les fleuves, les villes, les rues, les monuments, les bateaux, les avions etc.

Il fait du ski dans les Laurentides.
Il est à bord de l'Homéric.
C'est un Boeing 747.

6. Les points cardinaux désignant une région

Elle visitera l'Ouest cet été.

7. Les oeuvres d'art, les ouvrages littéraires, les revues et les journaux

On présente Le Misanthrope au Théâtre de l'Odéon.

8. Les planètes, les étoiles, les signes du zodiac

Elle est née sous le signe du Taureau.

On met de préférence la majuscule au *premier mot seulement* dans les cas suivants:

9. Les dénominations d'associations et de manifestations ayant un caractère professionnel, social, artistique etc.

Elle est membre de la Société d'études et de conférences.

10. Les sociétés, compagnies et institutions commerciales, financières etc.

Il travaille à la Banque populaire provinciale d'économie.

11. La dénomination des institutions de l'état et des établissements d'enseignement

la Bibliothèque nationale
l'Ecole polytechnique

Exceptions:

On met *la minuscule* au mot initial de cette dénomination si elle est déterminée par un nom propre

la bibliothèque de Rimouski
l'école secondaire Louis-Riel

et *la minuscule* au terme "ministère" dans la dénomination de ces organismes; les substantifs de ces dénominations prennent cependant la majuscule

le ministère des Affaires sociales
le ministère de la Consommation
    et des Corporations

Si c'est le début d'une période
1. Réglez les margeurs pour une ligne de 50 frappes.
2. Choisissez certains exercices des pages précédentes et redactylographiez-les comme révision.

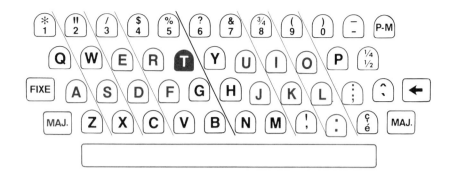

LA LETTRE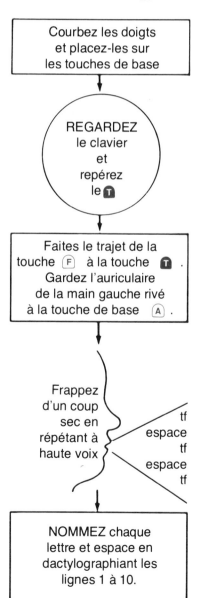

Courbez les doigts
et placez-les sur
les touches de base

REGARDEZ
le clavier
et
repérez
le T

Faites le trajet de la
touche (F) à la touche (T).
Gardez l'auriculaire
de la main gauche rivé
à la touche de base (A).

Frappez
d'un coup
sec en
répétant à
haute voix

tf
espace
tf
espace
tf

NOMMEZ chaque
lettre et espace en
dactylographiant les
lignes 1 à 10.

I.10   UTILISEZ LE 🅣

1 tf tf tf to to to te te te ta ta ta tu tu tu ta
2 tas tas tas tir tir tir tue tue tue tes tes tes DI

3 rat rat rat art art art est est est jet jet jet
4 rite rite site site date date rate rate lait lait DI

5 il reste; il le sait; le faire taire; tu joueras;
6 les autos; tes atlas; les dattes; il siffle fort; DI

7 Je jouerai. Il laissera le jeu jeudi. Il tirera.
8 Je le dois. Le tissu de soie. Je sais. Je tire. DI

9 Le sieur utilisera la loi et assurera la fillette.
10 Il effraie leurs filles. Je dois les rassurer.

c) après le point d'une abréviation | M. R.-S. Lemoyne est hospitalisé. | 25

d) après un point d'exclamation dans une phrase | Hélas! quelle perte de temps! | 94

e) après le deuxième caractère alphabétique du code postal | M1S 3C7 | 80

f) avant et après un "et" contracté | Ecrivez à Laverdure & Fils Ltée.

g) pour séparer les tranches de trois (3) chiffres à gauche et à droite de la marque décimale | La distance exacte d'ici Paris est 10 123,386 42 cm. | 75

h) avant et après un tiret, lorsque celui-ci est formé d'un seul trait d'union | Je ne le crois pas - et je ne suis pas le seul. | 88

2. Deux espaces:

a) après un signe de ponctuation à la fin d'une phrase | Venez demain. Le colis sera ici. | 10 33 34 94

b) après les deux points | Il ajouta: "Ce renseignement est juste." | 35

c) après une lettre ou un chiffre dans une énumération | A. Rapport annuel | 200
1. Région du nord
a. Atelier
b. Séminar

3. Aucun espace:

a) avant le symbole % | L'intérêt est à 7% ce mois-ci.

b) avant le symbole ° (degré) | Hier la température était de 25°C.

c) avant un exposant ou un caractère hors-ligne | Ce pays a produit 21,2 x 10^6 m^3 d'huile brute. | 101

d) avant ou après un trait d'union | Sa belle-soeur vend des fleurs. | 32

e) avant ou après un tiret, lorsque celui-ci est formé de deux traits d'union | Je ne le crois pas--et je ne suis pas le seul. | 88

f) avant ou après la marque de cadrage décimal | Cette compagnie paie 4,5% de dividendes.

g) avant ou après une apostrophe | Il sait qu'il arrivera en retard.

h) entre les parenthèses et les mots qu'elles encadrent | Le rapport ci-joint (voir p. 8) est à point.

i) entre les guillemets et les mots qu'ils encadrent | Il répondit: "Tu auras ce que tu désires."

ACTIVITES QUOTIDIENNES

Si c'est le début d'une période

1. Réglez les margeurs pour une ligne de 50 frappes.
2. Choisissez certains exercices des pages précédentes et redactylographiez-les comme révision.

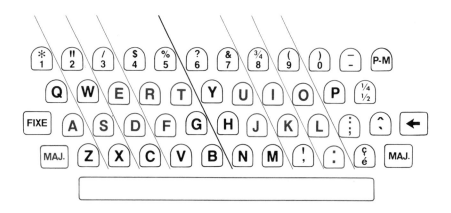

EXERCICES DE CONTINUITE

La continuité en dactylographie signifie frapper les touches avec rythme, sans pause ni arrêt. La vitesse de frappe peut varier selon la difficulté du texte.

I.11 REVISION DES TOUCHES MAITRISEES

NOMMEZ chaque lettre et espace en dactylographiant les lignes 1 à 16. Quand vous pensez avoir maîtrisé toutes ces touches, passez à la page suivante.

```
 1    art art eau eau ail ail duo duo ode ode sud sud
 2    due due fer fer est est tel tel fou fou feu feu DI

 3    fort fort aise aise iode iode fade fade ride ride
 4    idole tirer utile jouir lilas outre terre dorer DI

 5    Il dit.  Il est.  Il aura.  Il sera.  Il assure.
 6    Je sais.  Je dois.  Je reste.  Je dis.  Je serai. DI

 7    Je les suis.  Il le dira jeudi.  Il les rassure.
 8    Il ose le dire.  Liette sera au jeu.  Je le dis. DI

 9    total total jet jet test le test les tests toits
10    terre roder rural raie ordre trio tout toute tes DI

11    tortue tarte tatou futur usuel utile laisser user
12    leurrer futures saisir souris salut terroir taire DI

13    La fleur est utile.  Il ose le faire.  Il le dira.
14    Il sera au jeu.  La tortue a des raies sur le dos. DI

15    Je suis assidu au jeu le jeudi.  Il sait roder.
16    Je jure de lui refuser les outils.  Il le sait.
```

CORRECTION SUR UNE COPIE CONFORME

1. Lorsqu'on se sert du papier carbone pour faire des copies conformes, les erreurs doivent être corrigées quand les feuilles sont encore dans la machine. Monter la liasse de feuilles pour avoir facilement accès à l'endroit où se trouve l'erreur. Corriger une feuille à la fois. 121

2. Insérer un carton derrière la feuille qu'on veut corriger pour la séparer des autres feuilles et ainsi éviter de les salir. Effacer avec une gomme molle et s'assurer que tout débris de gomme est enlevé de la copie. Répéter pour chaque copie. Quand toutes les copies ont été corrigées, retirer le carton. Aligner à nouveau le texte et faire la correction nécessaire.

3. La correction des copies conformes faites au papier carbone est plus facile si l'on se sert d'une gomme plutôt que du liquide correcteur.

CORRECTION D'UNE ERREUR QUAND LA FEUILLE
N'EST PLUS DANS LA MACHINE A ECRIRE

1. Effacer l'erreur. 121

2. Ré-insérer la feuille dans la machine à écrire.

3. En utilisant le bouton d'interligne variable, aligner horizontalement le texte dactylographié de façon à ce que les lettres soient un peu au-dessous de l'échelle de la ligne de frappe.

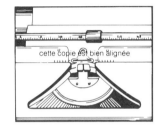

cette copie est bien alignée

4. Utiliser le levier dégage-papier pour déplacer la feuille à droite ou à gauche de façon à ce qu'une lettre "i" ou "l" dans le texte soit alignée verticalement avec l'indicateur du point d'impression.

5. Vérifier le point d'impression; pour ce faire, trouver un point (.) dans le texte dactylographié et—après avoir mis le régleur de ruban à stencil—y dactylographier un point par-dessus. Faire les ajustements nécessaires jusqu'à ce que le point dactylographié et le point "stencil" coïncident.

6. Remettre le régleur de ruban à sa position normale et dactylographier la correction.

7. Quoiqu'on puisse tenter de corriger les copies conformes en même temps que la copie originale en les ré-insérant ensemble dans la machine à écrire, il est recommandé de faire la correction de chaque copie conforme séparément. Suivre le procédé précédant mais ne pas dactylographier directement sur la copie. Insérer un morceau de papier carbone entre le ruban et la copie avant de dactylographier la correction.

INSERTION OU ELIMINATION D'UNE LETTRE

L'insertion ou l'élimination d'une lettre pour corriger un mot exige que l'on varie temporairement l'espacement normal entre les mots: s'il s'agit d'insérer une lettre dans un mot, ce mot corrigé commencera à un demi-espace (plutôt qu'à un espace) après le mot précédent; s'il s'agit d'éliminer une lettre d'un mot, ce mot corrigé commencera à un espace et demi après le mot précédent. 153

Dans les deux cas, effacer le mot qu'on veut corriger, se servir du mécanisme demi-espace dont la machine est munie (levier, touche, barre d'espacement . . .) et ce, jusqu'à la fin du mot à corriger. Si un tel dispositif n'est pas disponible, déplacer manuellement le chariot ou la tête d'impression pour positionner chaque lettre. Une fois la correction faite, dactylographier en espaçant normalement.

On suit le même procédé pour insérer ou éliminer un chiffre dans la correction d'un nombre.

ESPACEMENT

1. Un espace:

   a) après une virgule, sauf quand celle-ci est employée comme marque décimale

   `Achète des broches, du papier et de` 19
   `la colle.`

   b) après un point-virgule

   `L'un est pilote; l'autre, navigateur.` 6

ACTIVITES QUOTIDIENNES

Si c'est le début d'une période
1. Réglez les margeurs pour une ligne de 50 frappes.
2. Choisissez certains exercices des pages précédentes et redactylographiez-les comme révision.

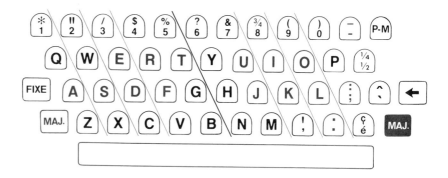

LA TOUCHE-MAJUSCULES DROITE

I.12 DACTYLOGRAPHIEZ LES LETTRES MAJUSCULES EN UTILISANT LA TOUCHE-MAJUSCULES DROITE.

Pour dactylographier, en majuscule, une lettre qui est du côté gauche du clavier

1. Gardez l'index droit rivé à la touche Ⓙ

2. Enfoncez et retenez la touche-majuscules droite en utilisant l'auriculaire droit.

3. Frappez la lettre désirée avec le doigt approprié de la main gauche.

4. Relâchez la touche-majuscules et revenez à la touche de base Ⓙ

5. NOMMEZ à haute voix chaque lettre et espace en dactylographiant les lignes 1 à 10 qui suivent.

Exemple: majuscule A relâche s espace
          majuscule A relâche s espace

```
1   As As Elle Elle Seul Seul Dire Dire Faire Faire
2   Do Do Fais Fais Alfred Alfred Tasse Tasse Est Est DI

3   Reste et dis oui.  Fais le test.  Il faut rire.
4   Il laisse faire.  Elle fait la tarte.  Il sera. DI

5   Elle est seule.  La sueur est sur sa joue rose.
6   Tirer les autos est fort utile.  Je suis fier. DI

7   Le feu est au sud.  Elle arrosera les fleurs.
8   Tu liras la seule ode au soleil.  Il fait fureur. DI

9   Il reste des fleurs et du lait.  Il a la tortue.
10  Tu liras la lettre.  Il se fait tard.  Reste.
```

5. Sur la machine à écrire manuelle, utiliser une touche régulière et frapper d'un coup sec.
6. Ne pas abuser d'un ruban; quand l'impression devient pâle, remplacer le ruban par un neuf.
7. Les corrections doivent être propres et invisibles. Une surcharge n'est pas une correction!
8. Relire sa copie avant de la retirer de la machine à écrire.
9. Faire réparer la machine à écrire par un technicien spécialisé.

CORRECTION DES ERREURS

Dans la plupart des travaux dactylographiés, les erreurs doivent être corrigées à même la copie originale. Voici quelques façons d'y procéder:

GOMME A EFFACER

1. Choisir une gomme qui est spécialement faite pour effacer des travaux dactylographiés et qui convient à la qualité du papier utilisé. *120*
2. Monter la feuille de papier de quelques lignes de façon à ce que la ligne qui contient l'erreur puisse s'appuyer contre le cylindre. (Si l'erreur est au bas de la feuille, tourner la molette en sens inverse jusqu'à ce que la ligne où se trouve l'erreur paraisse de l'autre côté, d'où on peut l'appuyer sur le cylindre. De cette façon, la feuille de papier ne glissera pas pendant la correction.)
3. Faire revenir le chariot ou la tête d'impression mobile à l'extrême droite ou à l'extrême gauche (utiliser la touche passe-marges) pour éviter que les débris de la gomme à effacer ne tombent à l'intérieur de la machine.
4. En appuyant légèrement avec la gomme, effacer dans un sens seulement. Enlever les débris de gomme qui se sont déposés sur la feuille.
5. Aligner le texte et dactylographier la correction.

PAPIER CORRECTEUR

1. Faire marche arrière jusqu'au début de l'erreur. *120*
2. Insérer le papier correcteur entre le ruban et la copie à corriger. (Ce papier est disponible dans une variété de couleurs que se marient avec la couleur du papier utilisé.)
3. Redactylographier l'erreur exactement telle qu'elle est et retirer le papier correcteur.
4. Revenir au début du mot corrigé et dactylographier le mot correctement.

FILM CORRECTEUR

Conçu pour utilisation uniquement avec un ruban-film corrigible, le film correcteur enlève le caractère imprimé et permet de le remplacer par un autre caractère. Pour ce faire, revenir jusqu'au début de l'erreur, placer le film correcteur directement par-dessus l'erreur qu'on veut corriger, dactylographier l'erreur telle qu'elle paraît, retirer le film correcteur et, après être revenu au début de la correction, dactylographier le caractère ou le mot correctement.

LIQUIDE CORRECTEUR

1. Monter la ligne de texte de quelques interlignes. Si l'erreur est au bas de la feuille, descendre celle-ci jusqu'à ce que la ligne paraisse au-dessus du cylindre. *120*
2. Déplacer le chariot ou la tête d'impression mobile à l'extrême gauche ou à l'extrême droite (utiliser la touche passe-marges). Ceci empêche le liquide correcteur de tomber à l'intérieur de la machine.
3. Choisir le liquide de la même couleur que le papier. Secouer la bouteille, l'ouvrir et enlever le surplus de liquide sur le pinceau en l'essuyant sur le bord de l'ouverture.
4. Appliquer le liquide légèrement et rapidement sur l'erreur à corriger. Ne pas badigeonner la feuille.
5. Refermer la bouteille fermement.
6. Dès que le liquide est sec, aligner et dactylographier la correction.

ACTIVITES QUOTIDIENNES

Si c'est le début d'une période
1. Réglez les margeurs pour une ligne de 50 frappes.
2. Choisissez certains exercices des pages précédentes et redactylographiez-les comme révision.

LA LETTRE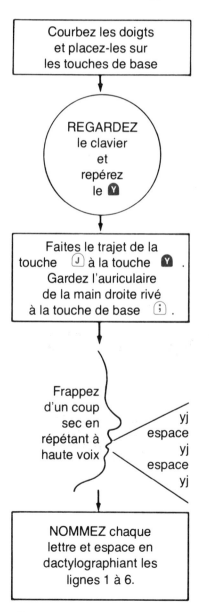

I.13 UTILISEZ LE Y

```
1   yj yj yj youyou youyou youyou yod yod jury jury
2   tuyau tuyau essaye essaye lys lys layettes lyres DI

3   Il faut le dire au jury.  Le fils le leur dira.
4   Lyse est la fille de Jules.  Le site est froid. DI

5   Le jarre rose est sur le foyer de la salle de jeu.
6   Il y a des souris au loyer de Lyse.  Tu lui diras.
```

REPEREUR DE LIGNE

Le repéreur de ligne permet de quitter la ligne d'impression et donne ainsi la possibilité de dactylographier *101* des caractères en haut ou en bas de la ligne de texte, d'effectuer un double soulignement etc.

1. Tirer le levier repéreur de ligne.
2. Tourner la molette pour positionner le cylindre à l'endroit désiré.
3. Après avoir complété la frappe, repousser le repéreur de ligne. Ceci permettra de revenir sur la ligne d'impression originale.

BOUTON D'INTERLIGNE VARIABLE

Le bouton d'interligne variable sert à ré-aligner une ligne ou à dactylographier sur une ligne. Quand ce bouton est utilisé, l'espace entre les lignes varie. Contrairement au repéreur de ligne, le bouton d'interligne variable ne retourne pas automatiquement le cylindre à sa position première.

SOULIGNEMENT

Utiliser le rappel arrière ou déplacer le chariot manuellement pour revenir à la première lettre du mot à *95* souligner. Frapper la touche de soulignement une fois pour chaque lettre. Quand un groupe de mots doit être souligné, revenir au début du groupe de mots. Ensuite, abaisser la touche fixe-majuscules et, en appuyant de façon continue sur la touche de soulignement, dactylographier une seule ligne sous le groupe de mots. Il est permis et plus pratique de souligner les espaces entre les mots.

TRAÇAGE D'UNE LIGNE

Les lignes horizontales et verticales peuvent être tirées alors que la feuille est encore dans la machine à écrire. Cette méthode est pratique surtout pour la préparation de factures et de commandes ainsi que pour l'encadrement de tableaux.

Lignes horizontales
1. Tenir un crayon (ou stylo à bille) dans l'encoche du presse-carte ou du porte-ruban.
2. Si la machine est munie d'un chariot amovible, appuyer sur le dégage-chariot et déplacer le chariot jusqu'à l'endroit où la ligne doit finir.
3. S'il s'agit d'une machine à chariot-fixe, appuyer soit sur le tabulateur soit sur la barre d'espacement pour faire déplacer le presse-carte — ainsi que le crayon ou stylo — jusqu'à l'endroit désiré.

Lignes verticales
1. Tenir un crayon (ou stylo à bille) dans l'encoche ou dans un des trous du presse-carte ou du porte-ruban.
2. Tirer vers l'avant le levier repéreur de ligne ou le levier de dégagement du cylindre.
3. Tourner le cylindre à la main jusqu'à ce que la ligne soit à l'endroit voulu.

BONNES HABITUDES A ACQUERIR

1. Garder la machine à écrire couverte quand elle n'est pas utilisée.
2. Nettoyer la machine à écrire régulièrement.
3. Toujours centrer la feuille de papier sur le cylindre en ajustant le guide-papier. Ceci permet une usure uniforme du cylindre.
4. Toujours utiliser deux feuilles. Ceci donne une meilleure copie et prolonge le bon état du cylindre.

ACTIVITES QUOTIDIENNES

Si c'est le début d'une période
1. Réglez les margeurs pour une ligne de 50 frappes.
2. Choisissez certains exercices des pages précédentes et redactylographiez-les comme révision.

LA LETTRE G

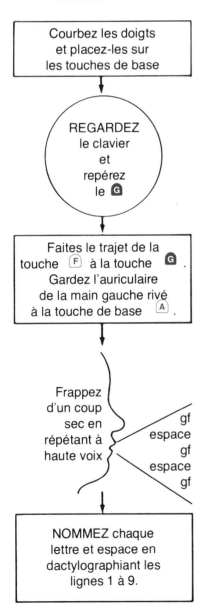

Courbez les doigts et placez-les sur les touches de base

REGARDEZ le clavier et repérez le G

Faites le trajet de la touche F à la touche G. Gardez l'auriculaire de la main gauche rivé à la touche de base A.

Frappez d'un coup sec en répétant à haute voix

gf
espace
gf
espace
gf

NOMMEZ chaque lettre et espace en dactylographiant les lignes 1 à 9.

I.14 UTILISEZ LE G

1   gf gf gf gai gai gai gel gel gel gui gui gui erg ₋DI

2   sage sage sage legs legs large large rage rage
3   gai gui gel orge orge aigu aigu gage gage gale ₋DI

4   auge auge doigt doigt gruau gruau garage garage
5   gala gala aigle aigle guerre guerre guerrier ₋DI

6   Le gilet est rose. Le guide restera au foyer.
7   Tu diras au juge de juger les trois gars de Guy. ₋DI

8   Le garde lui refuse le loyer. Il guide la fille.
9   Le style du gilet est guerrier. Il garde le geai. ₋DI

TEST DE VITESSE

Dactylographiez la phrase qui suit aussi souvent que possible en une minute. Si vous la dactylographiez une fois, vous avez une vitesse de 6 mots/min. Si vous la dactylographiez une fois et demie, vous avez une vitesse de 9 mots/min. Si vous la dactylographiez deux fois, vous avez une vitesse de 12 mots/min.

10   Le gilet de la fille est rose.   ◄── Retournez à la marge; recommencez.

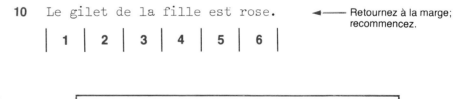

En dactylographie, cinq frappes égalent un mot.

RENSEIGNEMENTS GENERAUX

SOINS ET ENTRETIEN DE LA MACHINE A ECRIRE

La machine à écrire, qu'elle soit portative, manuelle ou électrique, donnera plusieurs années de service si l'on prend le temps de l'entretenir. Un aspect essentiel de cet entretien est un bon nettoyage. Pour ce faire, il faut
—un petit balai à long manche
—une brosse à poils raides ou un morceau de plasticine
—un liquide nettoyeur tel que la tétrachlorure de carbone ou l'alcool dénaturé, pour nettoyer les tiges et les caractères
—un linge pour épousseter.
On peut se procurer ces articles dans un magasin de fournitures de bureau.

NETTOYAGE DE LA MACHINE

1. Epousseter la machine tous les jours.
2. Utiliser le balai à long manche pour les parties qui ne peuvent être nettoyées avec un linge.
3. Utiliser la brosse ou la plasticine pour nettoyer les caractères. Si ces derniers sont remplis de carbone, utiliser la brosse et le liquide nettoyeur.
4. Une fois par semaine, essuyer le cylindre avec un linge humecté de liquide nettoyeur.

Eviter à tout prix que les débris de gomme à effacer tombent dans la corbeille. Déplacer soit le chariot soit la tête d'impression mobile à l'une ou l'autre des deux extrémités avant d'effacer.

CHANGEMENT DE RUBAN

Le changement de ruban s'effectue différemment d'une machine à une autre. Si le guide d'utilisation qui accompagne la machine est disponible, suivre les instructions qui y sont données. Si on n'a pas accès à ce guide, les indications suivantes pourront être utiles.

1. Observer attentivement comment le ruban est monté, la direction dans laquelle il est débobiné et rembobiné, et comment il est enfilé pour passer par ses guides.
2. Trouver l'inverseur du ruban. Si nécessaire, ajuster ce levier pour que le ruban s'enroule sur la bobine la plus pleine.
3. Enrouler tout le ruban sur cette bobine.
4. Observer attentivement comment le ruban est accroché à la bobine vide. Décrocher le ruban et jeter la bobine pleine.
5. Fixer l'extrémité du nouveau ruban au crochet de la bobine vide.
6. Mettre en place les deux bobines.
7. Enfiler le ruban exactement comme l'autre avait été enfilé.
8. Vérifier si le ruban se déroule dans la bonne direction. Si nécessaire, utiliser l'inverseur pour que le ruban s'enroule sur la bobine vide.

POSE ET ELIMINATION DES TAQUETS

Pour poser des taquets, déplacer le chariot ou la tête d'impression mobile jusqu'à l'endroit désiré et appuyer sur la touche pose-taquet.

La façon d'éliminer les taquets varie d'une machine à une autre. Si le guide d'utilisation qui accompagne la machine est disponible, suivre les instructions qui y sont données. Si on n'a pas accès à ce guide, une des suggestions suivantes pourrait être utile.

1. Déplacer le chariot ou la tête d'impression mobile jusqu'au taquet à éliminer et appuyer sur la touche libère-taquet.
2. Appuyer sur le levier d'annulation générale des taquets (ce levier est disponible sur certaines machines).
3. Déplacer soit le chariot soit la tête d'impression mobile à l'extrême droite, appuyer sur la touche libère-taquet et la retenir, faire revenir le chariot ou la tête d'impression mobile à l'extrême gauche.

ACTIVITES QUOTIDIENNES

Si c'est le début d'une période
1. Réglez les margeurs pour une ligne de 50 frappes.
2. Choisissez certains exercices des pages précédentes et redactylographiez-les comme révision.

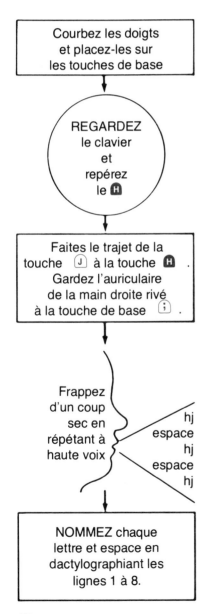

LA LETTRE H

```
Courbez les doigts
et placez-les sur
les touches de base
```

```
REGARDEZ
le clavier
et
repérez
le H
```

```
Faites le trajet de la
touche J à la touche H .
Gardez l'auriculaire
de la main droite rivé
à la touche de base ; .
```

```
Frappez          hj
d'un coup        espace
sec en           hj
répétant à       espace
haute voix       hj
```

```
NOMMEZ chaque
lettre et espace en
dactylographiant les
lignes 1 à 8.
```

I.15 UTILISEZ LE H

1 hj hj hj ha ha ha hj hj hj ho ho ho hi hi hi hj hj
2 huit huit huit hier hier hier huer huer huer houe **DI**

3 huile huile halte halte heure heure hurler hurler
4 hausser hausser rajah rajah hisser hisser hardi**DI**

5 Gilles hissera ses effets sur le dos du soldat.
6 Il y a gala. Elle regarde les griffes des aigles.**DI**

7 Seul le garde sera au garage. La fillette siffle.
8 Le gars hurle de rage. Elle a les doigts sales.

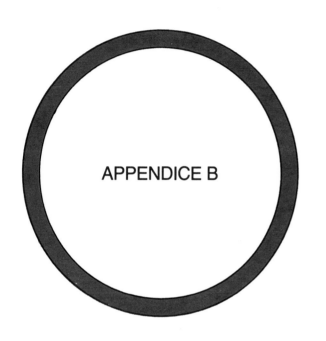

APPENDICE B

POINTS DE REPERE

Si c'est le début d'une période
1. Réglez les margeurs pour une ligne de 50 frappes.
2. Choisissez certains exercices des pages précédentes et redactylographiez-les comme révision.

LA LETTRE C

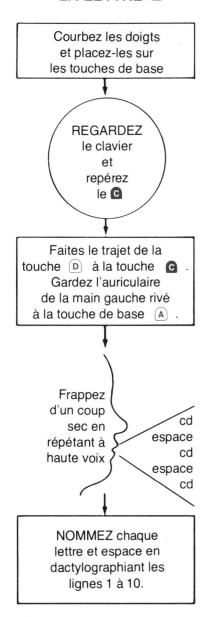

Courbez les doigts et placez-les sur les touches de base

REGARDEZ le clavier et repérez le C

Faites le trajet de la touche (D) à la touche (C). Gardez l'auriculaire de la main gauche rivé à la touche de base (A).

Frappez d'un coup sec en répétant à haute voix

cd
espace
cd
espace
cd

NOMMEZ chaque lettre et espace en dactylographiant les lignes 1 à 10.

I.16 UTILISEZ LE C

1   cd cd cd cet cet cet cas cas cas cru cru cri cri
2   lac lac sac sac ici ici cil cil car car ces ces **DI**

3   code code cage cage fisc fisc cerf cerf ceci ceci
4   cargo cargo acier acier escot escot cacao cacao **DI**

5   caille sciage escroc accroc chaude gercer douche
6   chiffre richesse certes fichier chatte chasser **DI**

7   Le chat chasse la souris. Le cerf saute et crie.
8   Ceci est le code du huissier. Il garde le secret. **DI**

9   Claire assure sa richesse. Tu auras la lettre.
10 La lettre est sur le fichier. Le chat est ici.

paiements. S'il s'agit d'une automobile, par exemple, la voiture peut être reprise et vendue pour un prix bien inférieur au montant de solde restant. Vous n'en seriez pas moins tenu, aux termes de votre contrat, de combler la différence et vous auriez perdu votre voiture. C'est pourquoi vous devez connaître exactement les obligations de votre contrat en cas de délais ou de contravention de votre part. Toute firme sérieuse s'efforcera de résoudre de commun accord avec vous les problèmes de paiement qui pourraient surgir. C'est pourquoi il est si important d'aviser sans délai votre créancier, en cas de difficultés de ce genre. La pire chose à faire est de vouloir évoluer d'une source de crédit à l'autre, ce qui, presque invariablement, ne fait qu'augmenter les frais et ajouter à la confusion.

48	59	10
61	63	12
73	67	15
86	71	17
98	75	20
111	80	22
124	84	25
135	88	27
148	92	30
161	96	32
174	101	35
186	105	37
195	108	39

Le crédit est aujourd'hui inséparable de notre activité économique nationale. Le crédit n'est pas la fortune, mais pour qui sait y recourir intelligemment, il crée de la richesse en stimulant l'activité économique. Toutefois, quand une collectivité dispose de plus de crédit qu'elle n'en peut liquider, le résultat est l'inflation. Dans le cas contraire, c'est la déflation, accompagnée d'un ralentissement de l'économie.

11	4	41
24	8	44
37	12	46
49	16	49
62	21	51
76	25	54
85	28	56

Emprunter pour de bonnes raisons, sous une forme ou sous une autre, a longtemps été une aventure. Aujourd'hui, c'est une démarche courante. Le crédit peut servir à notre satisfaction personnelle aussi bien qu'à l'expansion industrielle. Il est de plus en plus fréquent. On ne remplacera jamais l'argent, mais il n'occupe plus, comme symbole de valeur, le rang éminent qui lui était réservé. Une saine croissance économique dépendra de plus en plus de l'intégrité et de l'esprit d'initiative de ces deux pôles d'activité que sont l'emprunteur et le prêteur.

10	32	58
23	36	61
36	40	63
49	45	66
62	49	68
74	53	71
86	57	73
101	62	76
111	65	78

1' 1 | 2 | 3 | 4 | 5 | 6 | 7 | 8 | 9 | 10 | 11 | 12
3' 1 | 2 | 3 | 4
5' 1 | 2

ACTIVITES QUOTIDIENNES

Si c'est le début d'une période
1. Réglez les margeurs pour une ligne de 50 frappes.
2. Choisissez certains exercices des pages précédentes et redactylographiez-les comme révision.

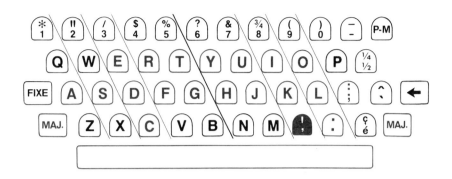

LA VIRGULE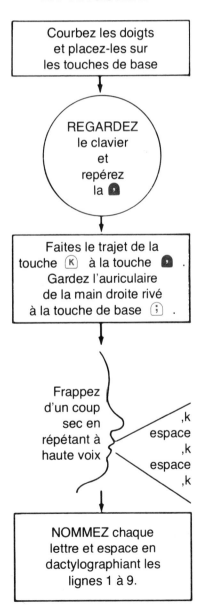

I.17 UTILISEZ LA

1   ,k ,k ,k ,k ,k ,k ,k ,k ,k ,k ,k$_{DI}$

> *Laisser un espace après une virgule.*

2   as, as, as, la, la, la, le, le, le, ce, ce, si,
3   Jules, Lyse, Rita, Liette, Alec, Claude, Hector,$_{DI}$

4   Je serai au garage. Tu iras chercher les gilets.
5   Tu ris, il fuit, il rage. Le docteur est ici.$_{DI}$

6   Il cueillera des cerises sures et des groseilles.
7   Louis a trois fossiles. Il faudra le lui dire.$_{DI}$

8   Le salaire de Jules lui suffit. Il jouera au fer.
9   Oui, tout chocolat est fait de cacao et de sucre.

Surtout, regardez deux fois la qualité des marchandises | 11 | 22 | 2
ou des services que vous voulez obtenir. Ne vous attardez pas | 23 | 26 | 5
trop aux "bonnes conditions de crédit." Si par exemple on vous | 36 | 30 | 7
présente un produit avec la mention "Pas de frais de crédit," | 48 | 34 | 10
vérifiez si le prix que vous débourserez en fin de compte est le | 61 | 38 | 12
même que si vous payiez comptant soit au magasin en ques- | 72 | 42 | 14
tion, soit chez un concurrent. Si le contrat comporte une assu- | 85 | 46 | 17
rance, le montant devra en être suffisant et le coût de la police, | 98 | 51 | 20
modéré. La personne assurée devra toujours être celle qui fera | 111 | 55 | 22
les paiements et non, par exemple, une épouse qui risquerait de | 123 | 59 | 25
se retrouver dans l'impossibilité d'assumer les obligations de | 136 | 63 | 27
son mari si celui-ci décédait avant l'expiration de la dette. Il est | 150 | 68 | 30
essentiel également que vous receviez une copie de tout enga- | 162 | 72 | 32
gement signé par vous et que vous en compreniez parfaitement | 174 | 76 | 35
chaque clause. | 177 | 77 | 35

Les prêteurs, de leur côté, doivent aussi se protéger. En | 11 | 4 | 38
faisant preuve de jugement pour leur propre compte, ils pour- | 23 | 8 | 40
ront fréquemment protéger l'emprunteur de certaines consé- | 35 | 11 | 42
quences désagréables. Ils s'inscriront utilement, par exemple, | 47 | 16 | 45
à un organisme central de crédit qui tient des rapports confiden- | 60 | 20 | 47
tiels sur des transactions précédentes. Si quelqu'un refuse de | 73 | 24 | 50
vous faire crédit en se fondant sur un rapport défavorable de ce | 86 | 28 | 53
genre, vous avez légalement le droit d'examiner ce rapport. Si | 98 | 32 | 55
vous estimez injustifié le jugement porté à votre sujet, l'orga- | 111 | 37 | 58
nisme de crédit devra, sur votre demande, ajouter votre décla- | 124 | 41 | 60
ration à son dossier. | 128 | 43 | 61

Malgré toute la bonne foi et toute la prudence du monde, | 11 | 46 | 2
il existe toujours un danger de trop étirer son crédit. Sachez | 24 | 51 | 5
toujours à quoi vous vous exposez en cas de défaut dans vos | 35 | 54 | 7

(Suite à la page suivante)

1'	1	2	3	4	5	6	7	8	9	10	11	12
3'		1		2		3		4				
5'		1			2							

APPENDICE A/Tests de vitesse

ACTIVITES QUOTIDIENNES

Si c'est le début d'une période
1. Réglez les margeurs pour une ligne de 50 frappes.
2. Choisissez certains exercices des pages précédentes et redactylographiez-les comme révision.

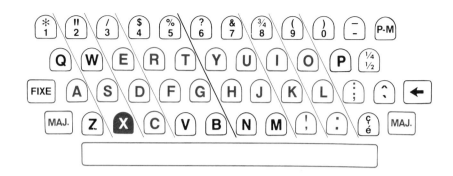

LA LETTRE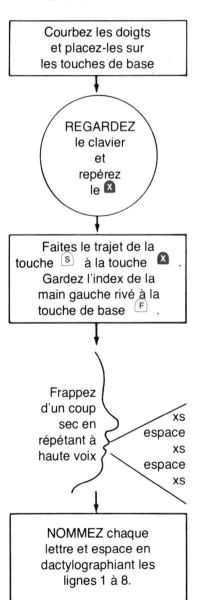

Courbez les doigts et placez-les sur les touches de base

REGARDEZ le clavier et repérez le ⓧ

Faites le trajet de la touche Ⓢ à la touche ⓧ . Gardez l'index de la main gauche rivé à la touche de base Ⓕ .

Frappez d'un coup sec en répétant à haute voix

xs
espace
xs
espace
xs

NOMMEZ chaque lettre et espace en dactylographiant les lignes 1 à 8.

I.18 UTILISEZ LE ⓧ

1 xs xs xs oxo oxo oxo eux eux eux aux aux aux
2 axe axe dix dix six six taxi taxi deux deux exil ᴅɪ

3 flux flux roux roux exode exode exulter exulter
4 douteux, lieux, cieux, creux, croix, affreux, eux, ᴅɪ

5 exact exact exacte exacte axer axer gracieux
6 Il est tout heureux de faire ces deux exercices. ᴅɪ

7 Julie a fait six des dix exercices. Je le sais.
8 Le fisc fixera des taxes fixes. Tu le croiras.

LE CREDIT ET VOUS

	1′	3′	5′
La plupart des débiteurs paient leurs dettes. Autrement,	11	4	2
le crédit n'existerait pas. Si vous demandez un prêt ou voulez	24	8	5
acheter à crédit, on présume que vous remplirez vos obliga-	35	12	7
tions. Vous êtes le client. Même s'il faut prendre avec un grain de	49	16	10
sel le dicton bien connu, "Le client a toujours raison," c'est de	62	21	12
vous qu'il dépend toujours qu'une transaction ait lieu ou n'ait pas	76	25	15
lieu. Cet avantage s'accompagne d'une responsabilité réelle.	88	29	18
Avez-vous vraiment besoin en ce moment de recourir au crédit?	100	33	20
Souvent, il vous coûterait moins de payer comptant votre achat,	113	38	23
même si cela peut vous sembler moins pratique.	122	41	24
Ce qui compte, c'est d'utiliser votre crédit à bon escient.	12	45	27
Si vous devez vraiment y recourir, vous tiendrez compte de	23	48	29
plusieurs recommandations. Tout d'abord, choisissez votre	35	52	31
source de crédit. Les conditions varient. Si on vous considère	48	57	34
comme un excellent risque, vous auriez tort de signer un contrat	60	61	36
destiné à des emprunteurs dans une situation financière moins	73	65	39
solide que la vôtre. Une fois choisi le prêteur à qui vous ferez	86	69	42
appel, vous devrez prévoir le rembourser dans les plus brefs	98	73	44
délais possibles, pour éviter des frais administratifs. Pour la	110	77	46
même raison, faites un premier versement aussi élevé que vous	122	81	49
le pourrez. Et renseignez-vous sur la possibilité d'une remise au	136	86	52
cas où vous liquideriez votre solde avant la date d'échéance.	148	90	54
Une bonne règle générale à suivre est de ne pas laisser	11	4	56
votre crédit courant dépasser 15 à 20 pour cent de votre revenu	23	8	59
brut annuel, après déduction de certaines dépenses essenti-	35	11	61
elles comme les hypothèques ou l'utilisation d'une voiture dans	48	16	64
l'exercice de votre profession.	54	18	65

(Suite à la page suivante)

Si c'est le début d'une période
1. Réglez les margeurs pour une ligne de 50 frappes.
2. Choisissez certains exercices des pages précédentes et redactylographiez-les comme révision.

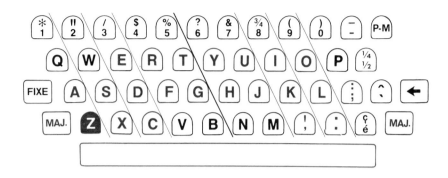

LA LETTRE Z

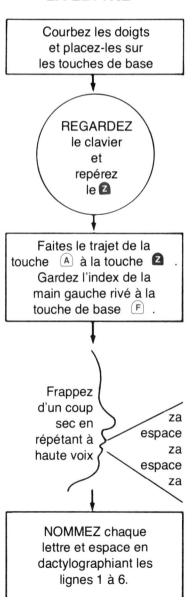

Courbez les doigts et placez-les sur les touches de base

REGARDEZ le clavier et repérez le Z

Faites le trajet de la touche A à la touche Z. Gardez l'index de la main gauche rivé à la touche de base F.

Frappez d'un coup sec en répétant à haute voix

za
espace
za
espace
za
espace
za

NOMMEZ chaque lettre et espace en dactylographiant les lignes 1 à 6.

I.19 UTILISEZ LE Z

1 za za za zest zest zest zoo zoo zoo riz riz riz
2 riez riez ruez ruez tuez tuez ayez ayez fuyez gaz **DI**

3 chez chez jazz jazz tzar tzar seize seize zigzag
4 douze, douze; treize, treize; gazelle, gazelle; **DI**

5 Achetez le riz, le sucre, le lait et les fruits.
6 Sachez regarder les autres. Ayez les yeux clairs. **DI**

TEST DE VITESSE

Dactylographiez la phrase qui suit aussi souvent que possible en une minute. Si vous la dactylographiez une fois, vous avez une vitesse de 8 mots/min. Si vous la dactylographiez une fois et demie, vous avez une vitesse de 12 mots/min. Si vous la dactylographiez deux fois, vous avez une vitesse de 16 mots/min.

7 Tu as des sous sur le foyer de la salle. ◄── Recommencez

| 1 | 2 | 3 | 4 | 5 | 6 | 7 | 8 |

"encaissées" soit par le marchand soit par la personne à qui elles avaient été cédées pour conclure une transaction, au même temple ou à l'une de ses "succursales" associées.

Après plusieurs siècles, c'est l'or qui devint presque partout l'étalon monétaire. L'orfèvre du moyen-âge assuma bientôt le rôle de banquier et d'agent de change. S'inspirant inconsciemment de l'exemple des prêtres babyloniens, l'orfèvre donnait un reçu pour l'or confié à sa garde. Ce document représentait une quantité définie d'or sur laquelle le détenteur pouvait tirer pour effectuer ses transactions commerciales. Son ordre à l'orfèvre de verser une certaine mesure d'or constituait une sorte de lettre de crédit. Il pouvait ainsi négocier avec d'autres marchands, fût-ce dans un pays étranger, sans autre document que la garantie écrite que son crédit était bon pour le montant stipulé.

Ces reçus de papier n'étaient pas, bien entendu, de l'argent dans le sens où nous l'entendons aujourd'hui. Le premier papier-monnaie est sans doute d'origine chinoise et d'une époque où bien peu d'Européens connaissaient l'existence de ce pays lointain. Le monnaie de papier ne devait apparaître en Europe que des milliers d'années plus tard.

183	61	52
195	65	54
206	69	56
12	4	59
24	8	61
37	12	64
49	16	66
62	21	69
74	25	71
87	29	74
100	33	76
114	38	78
126	42	82
139	46	84
140	47	84
10	50	86
23	54	89
35	58	91
47	62	94
60	67	96
68	69	98

1′ 1 | 2 | 3 | 4 | 5 | 6 | 7 | 8 | 9 | 10 | 11 | 12
3′ 1 | 2 | 3 | 4
5′ 1 | 2

ACTIVITES QUOTIDIENNES

Si c'est le début d'une période
1. Réglez les margeurs pour une ligne de 50 frappes.
2. Choisissez certains exercices des pages précédentes et redactylographiez-les comme révision.

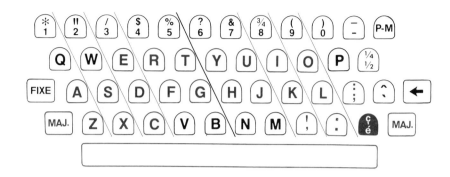

LA LETTRE é

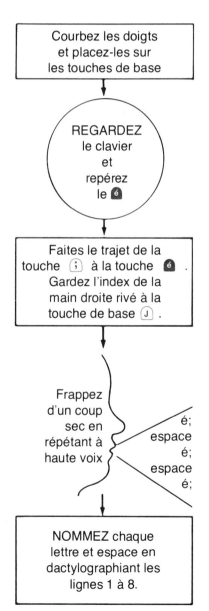

Courbez les doigts et placez-les sur les touches de base

REGARDEZ le clavier et repérez le é

Faites le trajet de la touche ; à la touche é. Gardez l'index de la main droite rivé à la touche de base J.

Frappez d'un coup sec en répétant à haute voix

é;
espace
é;
espace
é;

NOMMEZ chaque lettre et espace en dactylographiant les lignes 1 à 8.

I.20 UTILISEZ LE é

1 é; é; é; été été été, fée fée fée, dés dés dés,
2 usé usé lié lié axé axé gré gré écu écu écu rusé DI

3 écus écus Rhéa Rhéa Léo Léo aéré aéré idée idée
4 zélé zélé salé salé élu élu gelé gelé calé calé DI

5 Il est zélé. Elle a le doigt gelé. Léa est élue.
6 Le castor a la fourrure drue. Elle garde le chat. DI

7 Et le ski glisse sur la surface lisse des eaux.
8 Il faut écrire la lettre au juge. Elle écrira.

Dans l'échange des biens entre le producteur et le consommateur, le crédit est devenu un instrument précieux. Sans crédit, la plupart des entreprises ne pourraient fonctionner, qu'il s'agisse d'acheter leurs matières premières ou de vendre leurs produits finis à la consommation. Sans lui aucune économie comme celle du Canada ne serait possible.

11	32	63
23	36	65
37	40	68
49	44	71
61	48	73
69	51	75

Comme le crédit permet l'échange de biens avec le minimum de déboursés, il doit être fondé sur la confiance. La confiance qui règne aujourd'hui, malgré les fluctuations de la situation économique, résulte essentiellement de la stabilité accrue du pouvoir d'achat et d'une attente implicite d'autres progrès à venir tant dans les affaires que dans l'amélioration du sort de l'individu.

10	54	2
22	58	4
35	63	7
47	67	9
59	71	12
72	75	14
76	76	15

Le crédit est le lointain descendant du troc antique. Dans l'antiquité, la richesse se mesurait en termes d'armes de chasse, de poteries et, plus tard, d'animaux domestiques. "Capital" est dérivé du mot latin "caput" qui signifie "tête" et qui a désigné pendant longtemps une tête de bétail. Plus tard encore, d'autres objets comme les coquillages, les pierres taillées et, finalement, des pièces de métal ont servi d'unités monétaires. Ces objets lourds et encombrants ne consituaient pas seulement un fardeau pour leur possesseur, mais étaient une invitation aux voleurs. C'est pourquoi les marchands de Babylone prirent l'habitude de déposer dans les temples de l'empire les tablettes d'argile qui leur servaient de monnaie. Elles y étaient enregistrées et le dépositaire recevait une "lettre de crédit" sur une tablette d'argile. Ces valeurs pouvaient être

11	4	17
23	8	20
34	11	22
48	16	25
59	19	27
72	24	29
85	28	32
97	32	35
109	36	37
121	40	40
134	45	42
146	49	44
159	53	47
171	57	49

(Suite à la page suivante)

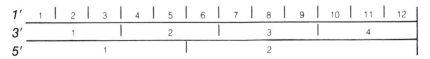

APPENDICE A/Tests de vitesse

ACTIVITES QUOTIDIENNES

Si c'est le début d'une période
1. Réglez les margeurs pour une ligne de 50 frappes.
2. Choisissez certains exercices des pages précédentes et redactylographiez-les comme révision.

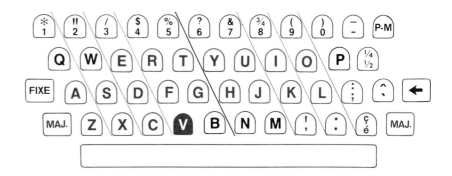

LA LETTRE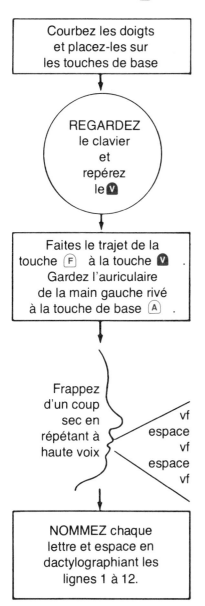

Courbez les doigts et placez-les sur les touches de base

↓

REGARDEZ le clavier et repérez le V

↓

Faites le trajet de la touche F à la touche V. Gardez l'auriculaire de la main gauche rivé à la touche de base A.

↓

Frappez d'un coup sec en répétant à haute voix

vf
espace
vf
espace
vf

↓

NOMMEZ chaque lettre et espace en dactylographiant les lignes 1 à 12.

I.21 UTILISEZ LE V

1   vf vf vf vie vie vie via via via vrai vrai vital
2   vif vif vil vil vol ivre ivre vert vert avéré **DI**

3   vite vite vers vers visa visa vive vive veuf veuf
4   vivre verve valve verso valet vieil valse valise **DI**

5   livre avaler voici viveur cheveu vs vs vs va va va
6   village vodka visser avoir savoir vouloir travail **DI**

7   Il faut aller travailler et recevoir le salaire.
8   Victor voulait visiter cette ville. Il ira seul. **DI**

En dactylographiant les quatre phrases qui suivent, soyez attentif au son de l'avertisseur. Quand vous l'entendez, finissez le mot que vous dactylographiez et faites un retour du chariot.

9   Vous louerez le chalet du huissier et vous serez heureux cet été. **DI**

10 La sueur ruisselait sur sa figure au cours de cette grave crise de coeur. **DI**

11 Utilisez la chaise haute ou votre échelle et accrochez ce cadre. **DI**

12 Victoire veut voir les voitures des guerriers rouler sur les routes grises de la ville.

LE CRÉDIT AU CONSOMMATEUR

	1'	3'	5'
"N'est pas débiteur qui l'a voulu" écrivait Rabelais, "n'est	12	4	2
pas créancier qui voudrait l'être." Si le célèbre humaniste et	24	8	5
écrivain du seizième siècle était encore de ce monde, peut-être	37	12	7
ne dirait-il plus la même chose. Il semble en effet que presque	50	17	10
tout le monde, de nos jours, soit endetté d'une manière ou d'une	63	21	13
autre envers une compagnie, une institution ou un individu	74	25	15
quelconque. Et nous nous en accommondons fort bien. En fait,	87	29	17
notre niveau de vie semble même dépendre d'un crédit orga-	99	33	20
nisé.	100	33	20
Il est loin d'en avoir toujours été ainsi. Dans l'ancien	12	37	22
temps, l'endettement avait fréquemment l'esclavage comme	23	41	24
pendant. Le débiteur insolvable n'avait souvent d'autre recours	36	45	27
que la servitude. Au dix-neuvième siècle encore, l'emprisonne-	48	49	29
ment pour dette était fréquent. Ces deux illustres contempo-	61	53	32
rains, Victor Hugo, en France, et Charles Dickens, en Angle-	73	57	34
terre, vitupéraient contre les privilèges et les abus des créan-	86	62	37
ciers. "Un créancier," écrivait Hugo, "est pire qu'un maître; car le	99	66	40
maître ne possède que votre personne, tandis que le créancier	111	70	42
s'empare de votre dignité et peut la ruiner."	121	73	44
Aujourd'hui, même si le mot "dette" sonne toujours mal,	11	4	46
son autre visage, le crédit, sourit à notre prospérité, à laquelle il	25	8	49
a, du reste, largement contribué. Du point de vue commercial, il	38	12	52
joue un rôle bénéfique en mettant l'argent des détenteurs de	50	17	54
capitaux à la disposition de ceux qui en ont besoin et qui	62	21	56
espèrent en tirer un profit dépassant les intérêts à payer et	74	25	59
augmenter ainsi la valeur productive de cet argent.	84	28	61

(Suite à la page suivante)

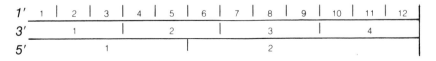

ACTIVITES QUOTIDIENNES

Si c'est le début d'une période
1. Réglez les margeurs pour une ligne de 50 frappes.
2. Choisissez certains exercices des pages précédentes et redactylographiez-les comme révision.

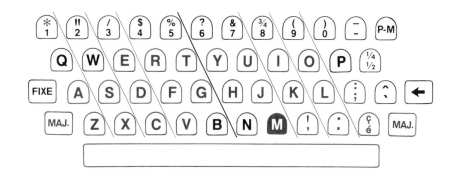

LA LETTRE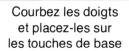

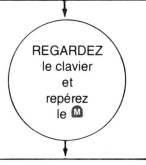

Courbez les doigts et placez-les sur les touches de base

REGARDEZ
le clavier
et
repérez
le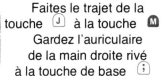

Faites le trajet de la touche Ⓙ à la touche Ⓜ
Gardez l'auriculaire de la main droite rivé à la touche de base ⓘ

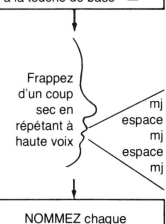

Frappez d'un coup sec en répétant à haute voix

mj
espace
mj
espace
mj

NOMMEZ chaque lettre et espace en dactylographiant les lignes 1 à 10.

I.22 UTILISEZ LE Ⓜ

1 mj mj mj me me me mer mer mer mue mue mur mari mal
2 dame dame dame mare mare mare idem idem idem midi ₀ᵢ

3 mai mai mai semi semi semi item item item rame mai
4 gamme gamme homme homme somme somme gramme gramme ₀ᵢ

5 jumeau idiome madame sommet forum amoureux modeler
6 La dame est arrivée. Elle veut visiter le musée. ₀ᵢ

7 Ce sera dommage si Marcel doit aller chez cet ami.
8 Il devra tirer le meilleur de cet affreux dilemme. ₀ᵢ

9 Cet homme doit la somme de trois mille dollars.
10 Ce voilier fait défaut, utilise les grosses rames.

une comète. Cette table, corrigée par la suite, a permis de calculer le taux des primes en fonction de l'âge de l'assuré. Auparavant, les primes étaient du même taux pour tous les âges.

En évoluant au cours des siècles, en se développant et en se perfectionnant, les assurances ont conservé inchangé leur principe essentiel de s'engager à payer une certaine somme quand se produit un certain événement. Cet événement peut être, par exemple, la perte de biens par suite d'incendie, de vol ou d'accident, ou bien un décès ou encore le fait pour l'assuré d'avoir atteint un certain âge.

73	65	39
85	69	41
96	72	43
97	73	44
11	4	46
23	8	48
34	11	50
46	15	53
58	19	55
71	24	58
79	26	59

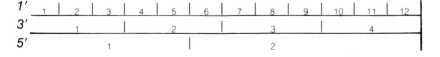

ACTIVITES QUOTIDIENNES

Si c'est le début d'une période
1. Réglez les margeurs pour une ligne de 50 frappes.
2. Choisissez certains exercices des pages précédentes et redactylographiez-les comme révision.

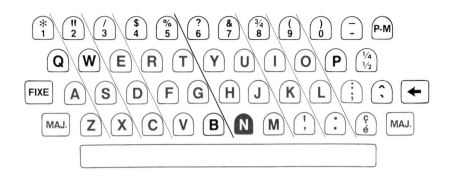

LA LETTRE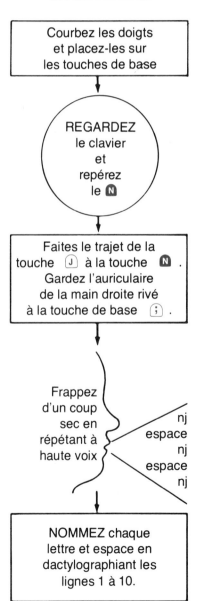

Courbez les doigts et placez-les sur les touches de base

REGARDEZ le clavier et repérez le N

Faites le trajet de la touche J à la touche N. Gardez l'auriculaire de la main droite rivé à la touche de base ;.

Frappez d'un coup sec en répétant à haute voix
nj
espace
nj
espace
nj

NOMMEZ chaque lettre et espace en dactylographiant les lignes 1 à 10.

I.23 UTILISEZ LE N

1 nj nj nj ne ne ne nez nez nez ni ni ni note note
2 ton ton ton rond rond rond ont ont ont vain vain DI

3 zinc zinc neuf neuf vent vent sens sens main main
4 maman volcan rennes luisant mondain condition rein DI

5 Les nageurs nagent neuf longueurs en neuf minutes.
6 Ce morceau de zinc fond sous une chaleur intense. DI

Laisser un espace seulement après le point d'une abréviation ou d'une initiale.

---

7 Monsieur A. T. Nadeau est le maire de notre ville.
8 Il signe toujours T. N. LeRoy et non T. N. Leroy. DI

9 Les initiales de René Dion sont R. D. et non S. R.
10 M. A. Marois et Mme D. Lemieux seront nos invités.

l'incendie et du naufrage, à payer leur rançon aux pirates, à les aider en cas de maladie et à leur fournir une sépulture décente.

Le plus ancien contrat d'assurance existant a été signé à Gênes en 1347, mais il est évident que l'assurance maritime était d'usage presque universel à l'époque parmi les nations maritimes de l'Europe. La première police d'assurance-vie dont on ait conservé le texte et qui présente une réelle ressemblance avec celles d'aujourd'hui a été rédigée à Londres en 1583 pour un nommé William Gybbons, mais d'autres polices avaient certainement précédé celle-là. Les termes en sont familiers, bien que les polices actuelles ne se terminent pas par les mots "Dieu donne audit William Gybbons santé et longue vie."

Avant la formation de compagnies s'occupant exclusivement d'assurance, il était d'usage que plusieurs personnes assument les obligations de ces contrats. C'était des gens riches disposés à encourir une partie des risques afin d'obtenir une part des bénéfices. On les appela "souscripteurs" parce qu'ils écrivaient leur nom au bas du texte de la police en indiquant la somme pour laquelle ils seraient responsables. Cette tradition s'est maintenue jusqu'à nos jours à la Lloyd's de Londres, une association exclusive d'assureurs dont les premiers membres se réunissaient au café de Lloyd, au dix-septième siècle.

Les premières compagnies d'assurance entrèrent en concurrence entre elles ainsi qu'avec les assureurs privés, et elles se mirent à appliquer les rudiments d'une méthode scientifique. C'est ainsi que la première table de mortalité a été établie en 1693 par Edmund Halley, l'astronome qui a donné son nom à

83	28	61
96	32	64
12	36	66
23	40	68
35	44	71
47	48	73
61	52	76
73	56	78
85	60	81
98	65	83
111	69	86
121	72	88
10	3	2
23	8	5
35	12	7
48	16	10
60	20	12
73	24	15
86	27	17
98	32	20
110	37	22
121	40	24
122	41	24
10	44	26
22	48	29
35	52	31
49	57	34
61	61	36

(Suite à la page suivante)

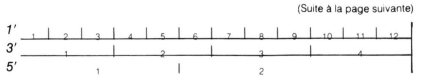

APPENDICE A/Tests de vitesse

ACTIVITES QUOTIDIENNES

Si c'est le début d'une période
1. Réglez les margeurs pour une ligne de 50 frappes.
2. Choisissez certains exercices des pages précédentes et redactylographiez-les comme révision.

EXERCICES DE CONTINUITE

I.24   REVISION DES TOUCHES MAITRISEES

NOMMEZ chaque lettre et espace en dactylographiant les lignes 1 à 30. Quand vous pensez avoir maîtrisé toutes ces touches, passez à l'exercice suivant.

1   Jean et Rita iront visiter le studio et le musée.
2   Mme A. G. Hudon sait faire fonctionner la machine. **DI**

3   Veuillez retourner la formule au docteur S. Dion.
4   Il est facile de converser avec ce savant émérite. **DI**

5   Notre école secondaire recevra ces conférenciers.
6   Il suit un cours en administration des affaires. **DI**

7   La motion a été refusée; alors, ils la changeront.
8   Le train de Chicoutimi arrivera vers trois heures. **DI**

9   Le tome sur la métrologie sera en vente chez Huot.
10   Cette ligne contient exactement les mots du texte. **DI**

11   Notre école secondaire offre un cours de russe.
12   Les enfants ont cherché les soldats dans la foule. **DI**

13   Ces orienteurs aident les étudiants du secondaire.
14   Son choix a été le cours de macramé et de crochet. **DI**

15   Il aime vanter Guy Tardif, grand joueur de hockey.
16   Nous visiterons la Suisse, la France et la Chine. **DI**

17   M. et Mme Charles Larue sont au cinéma de Minuit.
18   Mme Fortin voyagera du Canada vers la Yougoslavie. **DI**

19   Le film sur la faune et la flore sera gratuit.
20   Anne Lemay, Conrad Turmel et Jean Masse sont ici. **DI**

21   Le train de Montréal arrivera ici vers six heures.
22   Jeannine voulait nous aider dans le déménagement. **DI**

L'ASSURANCE

	1'	3'	5'
Il semble que l'origine du commerce des assurances ait	10	3	2
été le fait d'hommes audacieux. Le livre des Proverbes avertit le	24	8	5
lecteur: "Qui se porte garant pour un étranger en souffrira" et	36	12	7
plus loin, "Si tu te portes caution pour ton ami, tu es pris au piège	49	16	10
de tes paroles." Cependant, le principe de l'assurance a été	62	21	12
développé pendant près de quatre mille ans, au point	72	24	14
qu'aujourd'hui notre organisation sociale et économique serait	85	28	17
impensable sans elle.	89	30	18
Pour autant que nous le sachions, tout a commencé à	10	33	20
l'époque babylonienne. Lorsque les caravanes de chameaux	21	37	22
chargés de joyaux, d'épices, de parfums, de bois précieux,	33	41	24
d'ivoire et de soieries devaient traverser le désert, les mar-	45	45	27
chands assuraient leurs marchandises contre les pillages des	57	49	29
tribus barbares. La méthode était des plus simples. Les com-	70	53	32
merçants des villes faisaient aux marchands des prêts corres-	82	57	34
pondant à la valeur approximative de leurs marchandises. Cha-	94	61	37
que prêt était remboursable, capital et intérêt, après l'arrivée de	108	66	39
la caravane à destination. Si la marchandise était perdue en	120	70	42
route, le marchand conservait le montant du prêt à titre d'indem-	133	74	44
nité.	134	74	45
Plus tard, les Phéniciens et les Grecs appliquèrent le	11	4	47
même principe à leur commerce maritime. Les Romains avaient	23	8	49
des sociétés funéraires qui firent par la suite des paiements aux	36	12	52
survivants, ce qui semble avoir jeté les fondements de	47	16	54
l'assurance-vie. Les guildes médiévales veillaient à protéger	59	20	56
leurs membres contre la perte de leurs biens résultant de	70	23	59

(Suite à la page suivante)

1'	1	2	3	4	5	6	7	8	9	10	11	12
3'		1		2		3		4				
5'			1			2						

ACTIVITES QUOTIDIENNES

Si c'est le début d'une période

1. Réglez les margeurs pour une ligne de 50 frappes.
2. Choisissez certains exercices des pages précédentes et redactylographiez-les comme révision.

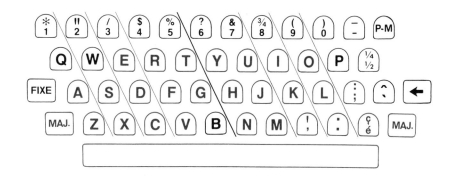

I.24 REVISION (suite)

23 Si nous gagnons cette joute nous serons heureux.
24 Vous avez travaillé six heures et demie hier soir. **DI**

Au son de l'avertisseur, finissez le mot et faites un retour du chariot.

25 Tous les invités au concert ont joui de la chorale et des démonstrations. **DI**

26 Monsieur J. Ducharme se retirera de la direction vers la fin de juillet. **DI**

27 Les victimes de cet accident furent David V. Léon, London; U. Y. Renaud, Toronto; et S. R. Sirois, Clinton. **DI**

28 A votre retour, vous trouverez tous les articles commandés. Nous les avons mis sur notre camion en route vers Montmorency. **DI**

29 Nous avons envoyé des lettres aux amis de Juneau, Alaska; Cincinnati, Ohio; et Mississauga, Ontario. **DI**

30 Le gouvernement a donné une forte somme aux jeunes voyageurs canadiens.

102	62	37
116	66	40
128	70	42
139	74	44
151	78	47
164	82	49
177	87	52
190	91	55
203	95	57
215	99	60
221	101	61

de bonne qualité, la proportion de sable dans le ciment, appropriée etc. Si tel est le cas, n'hésitez pas à vous faire accompagner d'un expert. La plupart des constructeurs sont des gens honnêtes mais, comme tous les humains, susceptibles d'erreurs, d'oublis ou de négligences. Certains peuvent aussi être tentés de rogner quelques dollars ici et là sur des détails de construction ou sur la qualité des matériaux, imperfections auxquelles vous aurez peut-être à remédier plus tard à grands frais. Rien ne vaut donc un contrat en bonne et due forme. A ce point de vue, les conseils d'un notaire ou d'un avocat pourront vous éviter bien des désagréments.

1′ 1 | 2 | 3 | 4 | 5 | 6 | 7 | 8 | 9 | 10 | 11 | 12

3′   1 | 2 | 3 | 4

5′   1 | 2

ACTIVITES QUOTIDIENNES

Si c'est le début d'une période
1. Réglez les margeurs pour une ligne de 50 frappes.
2. Choisissez certains exercices des pages précédentes et redactylographiez-les comme révision.

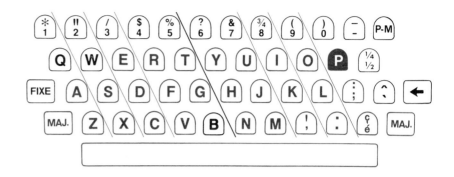

LA LETTRE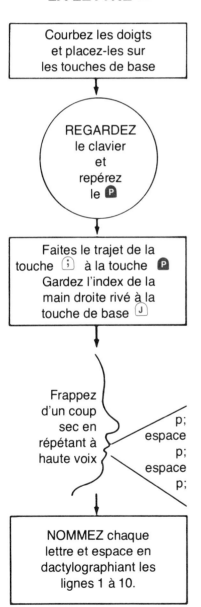

Courbez les doigts et placez-les sur les touches de base

↓

REGARDEZ le clavier et repérez le P

↓

Faites le trajet de la touche ; à la touche P Gardez l'index de la main droite rivé à la touche de base J

↓

Frappez d'un coup sec en répétant à haute voix

p;
espace
p;
espace
p;

↓

NOMMEZ chaque lettre et espace en dactylographiant les lignes 1 à 10.

I.25 UTILISEZ LE P

```
1   p; p; p; pep pep pep peu peu peu par par par pas
2   pin pin pic pic pain pain pain pomme pomme pupitre DI

3   parti parti perdre perdre prix prix papier papier
4   pied pied pris pris passer passer partira partira DI

5   presse presse presser poli poli surprise surprise
6   population popularité papillon papetier patrimoine DI

7   Les cours sont supervisés.  Il perd ce patrimoine.
8   Il faut partir.  Nous reviendrons dans une heure. DI

9   Tu peux prendre un pourcentage et faire un profit.
10  Les piétons sont prudents.  Les petits partiront.
```

assurez-vous que l'hypothèque est transférable. Tous ces points essentiels devront avoir été éclaircis avant d'aborder la question du financement.

74	25	15
88	29	18
92	31	19

Si vous avez eu la main heureuse, le terrain que vous aurez choisi sera situé dans une rue tranquille, sympathique, pavée et déjà pourvue des services municipaux habituels. Vous aurez fait vérifier aux bureaux du cadastre ou de l'ingénieur municipal les plans officiels de la propriété. Les limites de votre terrain auront été clairement établies et les règlements de la construction respectés. La largeur du terrain en bordure de rue convient à vos projets de construction. Votre notaire ou votre avocat a approuvé les détails. Vous voilà prêt à commencer la construction.

10	34	20
22	38	23
35	42	25
47	46	28
61	51	31
73	55	33
85	59	35
98	63	38
110	67	40
113	68	41

A ce moment, le choix le plus important qu'il vous reste à faire est celui du constructeur. Si vous avez des idées bien définies sur ce que vous désirez, peut-être aurez-vous intérêt à recourir à un architecte. Un entrepreneur sérieux pourra également vous offrir divers plans parmi lesquels vous choisirez. Ces plans peuvent généralement être plus ou moins modifiés pour mieux correspondre à vos goûts personnels.

11	4	2
24	8	5
36	12	7
50	17	10
63	21	13
75	25	15
83	28	17

Dès lors, vous devrez vous en remettre à peu près entièrement à votre entrepreneur. Ce dernier confiera généralement à des sous-traitants les installations d'électricité, de plomberie, de toiture, de la brique etc. Il lui appartient de surveiller le travail des divers corps de métier, mais vous serez bien inspiré d'en faire autant de votre côté. Peut-être aurez-vous quelque difficulté à décider si la quantité d'isolant est suffisante, la peinture

11	31	19
23	35	21
37	40	24
51	45	27
64	49	29
77	53	32
90	58	35

(Suite à la page suivante)

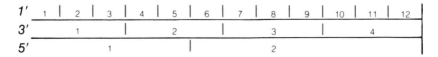

ACTIVITES QUOTIDIENNES

Si c'est le début d'une période

1. Réglez les margeurs pour une ligne de 50 frappes.
2. Choisissez certains exercices des pages précédentes et redactylographiez-les comme révision.

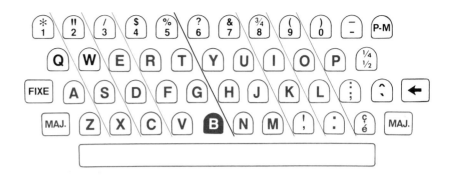

LA LETTRE Ⓑ

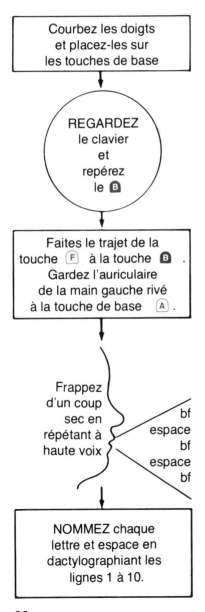

Courbez les doigts et placez-les sur les touches de base

REGARDEZ le clavier et repérez le Ⓑ

Faites le trajet de la touche Ⓕ à la touche Ⓑ. Gardez l'auriculaire de la main gauche rivé à la touche de base Ⓐ.

Frappez d'un coup sec en répétant à haute voix

bf
espace
bf
espace
bf

NOMMEZ chaque lettre et espace en dactylographiant les lignes 1 à 10.

I.26 UTILISEZ LE Ⓑ

1 bf bf bf bas bas bas belle belle bout bout beau
2 balle balle but but bien bien balance balance **DI**

3 bain bain bois bois cube cube aube aube club club
4 bible bible fable fable bombe bombe habit habit **DI**

5 stable étables tables capable bureaux bonhomie
6 bonne bonté bambin bonheur banane beaucoup besoin **DI**

7 Il sera agréable de vous recevoir au mois de mai.
8 Ce vieillard fait la joie et le bonheur des siens **DI**

9 Le gérant de la succursale nous a remis le billet.
10 Ta méthode de livrer la marchandise est la bonne. **DI**

TEST DE VITESSE

Dactylographiez la phrase qui suit aussi souvent que possible en une minute. Si vous la dactylographiez une fois, vous avez une vitesse de 8 mots/min. Si vous la dactylographiez une fois et demie, vous avez une vitesse de 12 mots/min. Si vous la dactylographiez deux fois, vous avez une vitesse de 16 mots/min.

11 Elle est heureuse depuis le mois de mai.

| 1 | 2 | 3 | 4 | 5 | 6 | 7 | 8 |

CONSTRUCTION OU ACHAT DE MAISON

	1'	3'	5'

Pour construire comme pour acheter, il est bon de commencer par le commencement. C'est-à-dire par le choix de l'emplacement, suivi d'un examen attentif des terrains compris dans l'aménagement. Vous aurez à tenir compte de la commodité et du caractère du quartier, du genre de maisons déjà construites, notamment de la proportion de celles occupées par leur propriétaire et de l'avenir prévisible de ce voisinage. Dans le cas d'un terrain isolé, vous aurez de plus à connaître les règlements de zonage dont pourraient dépendre la grandeur et le genre de maison autorisés. Vous devrez vous renseigner sur les taux d'évaluation foncière, les taxes scolaires, foncières et autres existantes, et sur celles qu'entraîneront éventuellement la construction d'égouts et l'installation ainsi que le maintien des services d'éclairage plubic, de voirie, d'enlèvement des ordures ménagères, de déneigement et d'entretien des rues en hiver. La protection accordée par les services de police et d'incendie est un autre point essentiel, ainsi que la livraison du courrier. D'autres points qu'on a parfois tendance à négliger sont l'écoulement des eaux et la distance des sources de pollution comme certaines usines et les aéroports.

1'	3'	5'
10	3	2
22	7	4
34	11	7
46	15	9
58	19	12
70	23	14
84	28	17
96	32	19
108	36	22
121	40	24
134	45	27
147	49	29
160	53	32
173	58	35
185	62	37
197	66	39
210	70	42
224	75	45
236	79	47
243	81	49

Avant d'acheter, renseignez-vous sur les prix de vente des terrains avoisinants; si le prix du vôtre vous semble particulièrement bas, il peut y avoir une raison. Comme pour l'acquisition d'une maison déjà bâtie, vérifiez si le terrain est libre de charges, saisies, taxes non payées etc. S'il est hypothéqué,

1'	3'	5'
10	3	2
24	8	5
37	12	7
50	17	10
62	21	12

(Suite à la page suivante)

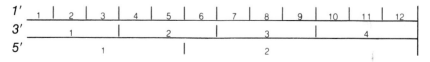

APPENDICE A/Tests de vitesse

Si c'est le début d'une période
1. Réglez les margeurs pour une ligne de 50 frappes.
2. Choisissez certains exercices des pages précédentes et redactylographiez-les comme révision.

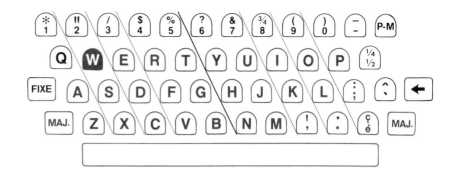

LA LETTRE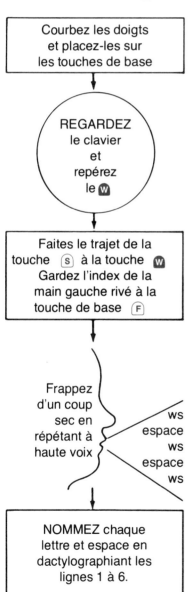

Courbez les doigts
et placez-les sur
les touches de base

REGARDEZ
le clavier
et
repérez
le W

Faites le trajet de la
touche S à la touche W
Gardez l'index de la
main gauche rivé à la
touche de base F

Frappez
d'un coup
sec en
répétant à
haute voix

ws
espace
ws
espace
ws

NOMMEZ chaque
lettre et espace en
dactylographiant les
lignes 1 à 6.

I.27 UTILISEZ LE W

1 ws ws ws watt watt watt wagon wagon wagon wagon
2 wallace wallace wallon wallon wallonne watt watt **DI**

3 whiskey whiskey wigwam wigwam kilowatt kilowatt
4 Ottawa Ottawa tramway tramway clown clown whist **DI**

5 Le watt et le kilowatt sont des unités de mesure de puissance. **DI**

6 Les coutumes wallonnes sont bien différentes des coutumes belges et allemandes.

Votre avenir n'est pas un roman à laisser sur un rayon avec l'idée de le lire plus tard. Il exige que vous regardiez le monde en face, dans son état actuel et dans son devenir. Vous y verrez se profiler des choses auxquelles vous ne pouvez rien. Mais la plupart du temps nos actes d'aujourd'hui peuvent exercer une profonde influence sur notre participation à la grande entreprise humaine.

Cherchez une place libre et déployez-y vos talents. Choisissez un endroit où vous pourrez utiliser au mieux vos qualités particulières. Trouvez une base ferme où poser les pieds, un point d'appui solide, et le levier de vos aptitudes personnelles lèvera tous les obstacles éventuels.

Qu'il vous soit impossible de remporter tous les prix dès votre entrée dans la course, cela ne doit pas vous surprendre outre mesure si vous songez qu'il fallut huit années d'entraînement continuel à Roger Bannister avant de battre le record du mille en quatre minutes.

"A quoi pensez-vous en attendant le signal, accroupie sur la ligne de départ?" on demandait récemment à la gagnante d'une médaille d'or aux Jeux Olympiques. "Vous vous dites simplement: cours aussi vite que possible," répondit-elle.

11	32	63
24	36	65
37	41	68
50	45	70
62	49	73
74	53	75
78	54	76
12	58	78
25	63	81
37	67	83
50	71	86
57	73	87
11	4	2
23	8	5
36	12	7
48	16	10
53	18	11
64	21	13
74	25	15
86	28	17
98	33	20

1' 1 | 2 | 3 | 4 | 5 | 6 | 7 | 8 | 9 | 10 | 11 | 12

3' 1 | 2 | 3 | 4

5' 1 | 2

ACTIVITES QUOTIDIENNES

Si c'est le début d'une période
1. Réglez les margeurs pour une ligne de 50 frappes.
2. Choisissez certains exercices des pages précédentes et redactylographiez-les comme révision.

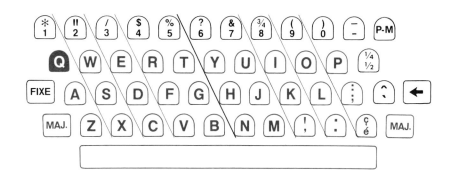

LA LETTRE Q

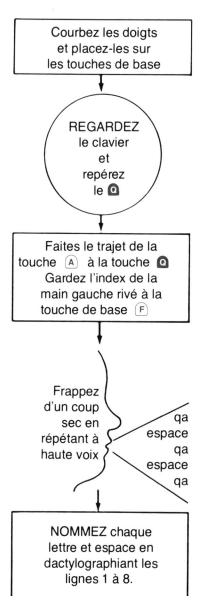

I.28 UTILISEZ LE Q

1   qa qa qa quel quel quel quoi quoi quoi qui qui
2   pique pique pique lequel lequel lequel duquel que **DI**

3   acquérir acquérir acquitter acquitter quoique qui
4   question question quota quota aquatique aquatique **DI**

Attention à l'avertisseur.

5   Quelle que soit la question, elle ne sera pas de mise dans les circonstances. **DI**

6   Il faut bien quelquefois se contenter de peu ou de moins. **DI**

7   Tous ces prisonniers ont été en prison depuis au moins quinze ans. **DI**

8   Il sait laquelle de ces deux jeunes femmes sera acquittée au mois de décembre.

Test de vitesse

No 20

FAITES DE VOTRE MIEUX

	1'	3'	5'

Certaines personnes ont une vie bien remplie et débordante d'honneurs mérités; d'autres connaissent une existence vide, dont le néant ne sera jamais comblé parce qu'elles n'auront rien tenté pour s'aider. Il y a peut-être une certaine sérénité, mais peu d'intérêt dans la vie de quelqu'un dont le principal but est d'éviter la réflexion, le travail et l'effort.

Ceux et celles qui terminent leurs études cette année auront bientôt l'occasion d'essayer leurs ailes, utilisées jusqu'ici pour le seul vol théorique, dans l'air vivifiant de la réalité. Cette épreuve exigera une bonne base de connaissances et d'aptitudes ainsi qu'un généreux effort d'intelligence.

Ce qui importe surtout pour leur réussite, c'est de terminer leurs études scolaires avec la conviction de pouvoir, à partir de cette base, contribuer par leur pensée originale et féconde au progrès de leur profession, de leur métier ou de leur entreprise. Dans tous les milieux, les employeurs sont à la recherche de jeunes gens de cette qualité: bien instruits, intelligents et assez dynamiques pour prendre une part du fardeau.

Pour qui aspire à l'excellence, la condition fondamentale est de pouvoir déployer une énergie soutenue et bien canalisée. L'ambition ne consiste pas seulement à tendre la main pour recevoir: elle doit être positive, réfléchie, énergique, créatrice et décidée.

Un artiste de renom à qui l'on demandait comment atteindre à la fois la perfection du dessin et l'éclat du coloris répondit: "Sachez ce que vous avez à faire et faites-le."

1'	3'	5'
10	3	2
22	7	4
34	11	7
46	15	9
59	20	12
71	24	14
10	27	16
25	32	19
39	37	22
51	41	24
60	44	26
12	48	29
25	52	31
37	56	34
50	60	36
63	65	39
76	69	41
86	72	43
11	4	46
24	8	48
35	12	50
49	16	53
50	17	53
62	21	56
75	25	58
85	28	60

(Suite à la page suivante)

1' | 1 | 2 | 3 | 4 | 5 | 6 | 7 | 8 | 9 | 10 | 11 | 12 |

3' | 1 | 2 | 3 | 4 |

5' | 1 | 2 |

ACTIVITES QUOTIDIENNES

Si c'est le début d'une période
1. Réglez les margeurs pour une ligne de 50 frappes.
2. Choisissez certains exercices des pages précédentes et redactylographiez-les comme révision.

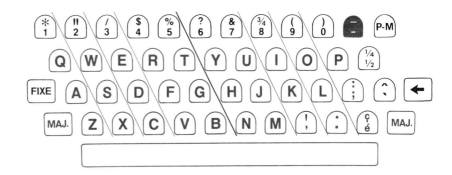

LE TRAIT D'UNION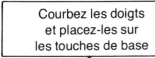

Courbez les doigts
et placez-les sur
les touches de base

REGARDEZ
le clavier
et
repérez
le

Faites le trajet de la touche ⓙ à la touche
Gardez l'index de la main droite rivé à la touche de base ⓙ

Frappez
d'un coup
sec en
répétant à
haute voix

-;
espace

-;
espace

-;

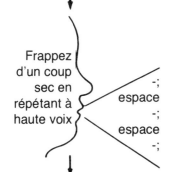

NOMMEZ chaque lettre et espace en dactylographiant les lignes 1 à 6.

I.29 UTILISEZ LE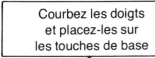

> *Ne pas laisser d'espace ni avant ni après un trait d'union.*

```
1   -; -; -; est-ce, dix-sept, suis-je, avant-midi;
2   belle-soeur, ci-joint, ci-dessus; dix-huit, est-il  DI

3   ci-contre ci-dessous contre-appel auto-évaluation
4   Oui, vous recevrez votre commande cet avant-midi.  DI

5   Vous trouverez les auto-évaluations ci-incluses.
6   Sa demi-soeur a dix-sept ans, son neveu en a dix.
```

LA DIVISION DES MOTS

Autant que possible, éviter de diviser les mots. Cependant, pour garder les lignes de longueurs aussi égales que possible, il sera nécessaire parfois de couper les mots. Il faut alors respecter quelques règles élémentaires.

Couper un mot
1. *entre deux syllabes. Exemple: sur/tout*
2. *entre deux consonnes redoublées. Exemple: com/mande*
3. *entre les termes d'un mot composé (avec ou sans trait d'union). Exemple: vice-/recteur*
4. *après la lettre x ou la lettre y suivie d'une consonne. Exemple: ex/ténué; oxy/gène*
5. *avant un suffixe. Exemple: certaine/ment*
6. *après un préfixe. Exemple: sur/monter*
7. *avant un t euphonique. Exemple: aura-/t-il*

Pour une liste plus complète des règles de la division des mots, consulter l'Appendice B, p. 357

---

travail, à la nourriture, au logement, à la sécurité sociale, à l'égalité de la protection et à la participation au gouvernement.

La nature et la portée de ces libertés dans n'importe quel pays sont influencées par ses moeurs, ses traditions juridiques et ses progrès sociaux. Chaque nation, comme chaque génération, est obligée de se forger le modèle qui réalisera son idéal dans le cadre de son milieu.

Il peut sembler naïf de demander: "Qui désire la liberté?" Mais quand on jette un coup d'oeil sur le monde, il n'est pas difficile de trouver des pays entiers dont les peuples ne paraissent pas désirer suffisamment la liberté pour lutter pour elle; et même au Canada on pourrait dire que tout le monde n'est pas prêt à lutter pour la liberté. Cela est si vrai que les gens de bonne volonté s'inquiètent de la facilité avec laquelle les peuples des pays encore libres penchent vers le totalitarisme.

Il y a d'autres gens qui, pour une autre raison, ne désirent pas la liberté. Ils n'aiment pas le droit qu'elle offre aux autres d'agir d'une manière différente de la leur. Le loup enviait le chien de La Fontaine qui, lui, était bien content de son sort, malgré le collier par lequel il était attaché.

88	45	63
101	49	65
112	53	2
124	57	5
136	61	7
149	65	10
155	67	11
12	4	13
24	8	16
37	12	18
50	17	21
62	21	23
76	25	26
89	30	29
99	33	31
12	37	33
25	41	36
39	45	38
52	50	41
60	53	43

1'	1	2	3	4	5	6	7	8	9	10	11	12
3'		1		2		3		4				
5'		1			2							

ACTIVITES QUOTIDIENNES

Si c'est le début d'une période

1. Réglez les margeurs pour une ligne de 50 frappes.
2. Choisissez certains exercices des pages précédentes et redactylographiez-les comme révision.

LE POINT D'INTERROGATION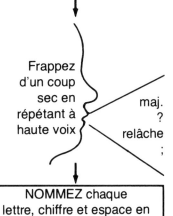

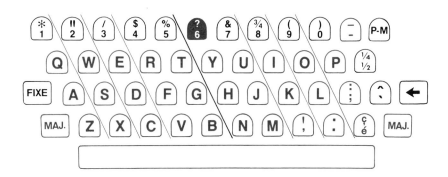

I.30 UTILISEZ LE ?

> *Laisser deux espaces après un point d'interrogation.*

```
1   ?j ?j ?j Qui?  Quoi?  Quand?  Pourquoi?  Comment?
2   Est-ce?  Qui est-ce?  Pourquoi?  Est-ce toi?  Qui?DI

3   Qui fait quoi?  Il est nécessaire que je le sache.
4   Est-il de ceux qui seront invités au rendez-vous?DI

5   Qui peut dire comment elle se portera dorénavant?
6   Recevrons-nous la part du lion dans ce marché?DI
```

TEST DE VITESSE

Dactylographiez la phrase qui suit aussi souvent que possible en une minute. Si vous la dactylographiez une fois, vous avez une vitesse de 10 mots/min. Si vous la dactylographiez une fois et demie, vous avez une vitesse de 15 mots/min. Si vous la dactylographiez deux fois, vous avez une vitesse de 20 mots/min.

```
7   Il sera le premier au cours de langue de vendredi.
```

| 1 | 2 | 3 | 4 | 5 | 6 | 7 | 8 | 9 | 10 |

NOS LIBERTES

	1'	3'	5'

On peut être enclin à ne pas prendre au sérieux la | 9 | 3 | 2
liberté—comme d'ailleurs les autres choses fondamentales de | 22 | 7 | 4
la vie—tant qu'elle n'est pas menacée. Étant donné ce qui se | 34 | 11 | 7
passe aujourd'hui dans le monde, il est grand temps de se | 45 | 15 | 9
demander: qu'est-ce que la liberté? pouvons-nous la conser- | 57 | 19 | 11
ver? que faire pour être sûr de la conserver? | 66 | 22 | 13

Les doctrines que nos grands-parents tenaient pour évi- | 11 | 26 | 15
dentes sont attaquées dans de nombreux milieux. Des institu- | 23 | 30 | 18
tions péniblement établies et défendues pendant des siècles de | 36 | 34 | 20
lutte ont été détruites. Le problème de la sauvegarde de nos | 48 | 38 | 23
libertés intéresse la civilisation tout entière. | 58 | 41 | 25

L'idée de liberté paraît une chose simple et toute natu- | 11 | 45 | 27
relle, et pourtant elle est hérissée de difficultés. On est générale- | 25 | 50 | 30
ment porté à définir la liberté comme le droit de faire ce que l'on | 38 | 54 | 32
veut, de vivre à l'abri de la persécution, de travailler et de gagner | 52 | 59 | 35
décemment sa vie. | 55 | 60 | 36

Mais quand nous y réfléchissons et que nous pensons à | 11 | 4 | 38
tous les genres de libertés, nous tombons dans des complica- | 23 | 8 | 40
tions, parce que les libertés civiles, personnelles et politiques | 36 | 12 | 43
sont différentes en soi et se contrecarrent souvent. | 46 | 15 | 45

Voici une liste des libertés humaines fondamentales pré- | 12 | 19 | 47
parée par un comité du American Law Institute, dans lequel le | 24 | 23 | 50
Canada avait un représentant: liberté de conscience, d'opinion, | 37 | 28 | 52
de parole, de réunion et d'association: liberté en ce qui con- | 49 | 32 | 55
cerne l'ingérence illégale, la détention arbitraire et les lois | 62 | 36 | 57
rétroactives; droit à la justice, à la propriété, à l'éducation, au | 75 | 40 | 60

(Suite à la page suivante)

1'	1	2	3	4	5	6	7	8	9	10	11	12
3'		1		2		3		4
5'		1		2

ACTIVITES QUOTIDIENNES

Si c'est le début d'une période
1. Réglez les margeurs pour une ligne de 50 frappes.
2. Choisissez certains exercices des pages précédentes et redactylographiez-les comme révision.

LA LETTRE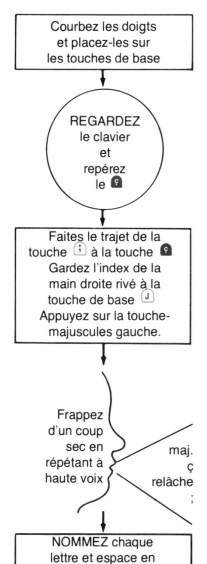

I.31 UTILISEZ LE ç

```
1   ç; ç; ç; ça ça ça reçu reçu reçu façon façon
2   leçon leçon leçon garçon garçon garçon glaçon  DI

3   déçu déçu reçoit reçoit plaçons plaçons maçons
4   Le jeune garçon est déçu de la leçon du maçon.  DI

5   Cette lettre annonçait la libération du forçat.
6   François a sa façon de donner une leçon de piano.
```

banlieue voit de son automobile le nuage qui flotte sur la ville où | 59 | 20 | 12 |
il travaille et auquel il contribue par l'échappement de sa voiture. | 72 | 24 | 14 |
L'aviateur le discerne à une distance de cent soixante kilomè- | 85 | 28 | 17 |
tres. Les automobiles contribuent à raison de 60% à la pollution | 98 | 33 | 20 |
de l'air de nos agglomérations. Les autobus et les camions sont | 111 | 37 | 22 |
encore plus coupables. Et le comble, c'est qu'un avion à réac- | 123 | 41 | 25 |
tion dégage, en atterrissant et en décollant, autant d'émissions | 135 | 45 | 27 |
nocives que 2,500 voitures en un jour. | 144 | 48 | 29 |

Quand on songe à l'état actuel et futur de notre atmos- 11 | 52 | 31
phère, on éprouve les mêmes sentiments qu'un homme d'affai- 22 | 55 | 33
res en mauvaise posture considérant ses découverts et la pers- 34 | 59 | 36
pective d'une diminution de ses débouchés. Les commerçants 48 | 64 | 38
apportent constamment des modifications à leur exploitation 59 | 68 | 41
pour s'adapter aux conditions variables, mais il leur faut une 73 | 72 | 43
idée claire des circonstances auxquelles ils veulent s'adapter et 85 | 76 | 46
des raisons qui motivent leur adaptation. Cette comparaison n'a 98 | 81 | 48
rien de forcé car il se trouve que c'est précisément l'industrie qui 113 | 86 | 51
est le pire agent de la pollution. 119 | 88 | 53

1' | 1 | 2 | 3 | 4 | 5 | 6 | 7 | 8 | 9 | 10 | 11 | 12
3' | 1 | 2 | 3 | 4
5' | 1 | 2

Si c'est le début d'une période

1. Réglez les margeurs pour une ligne de 50 frappes.
2. Choisissez certains exercices des pages précédentes et redactylographiez-les comme révision.

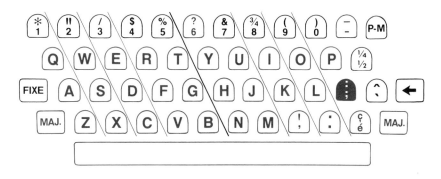

LES DEUX POINTS 🔒

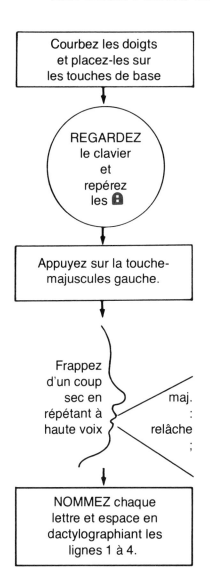

I.32 UTILISEZ LE 🔒

> *Laisser deux espaces après deux points dans une phrase.*

```
1    :; :; :; A:  Date:  De:  Objet:  Nom:  Avis:  Par:
2    Adresse du destinataire.  Monsieur J. L. Lévesque. DI

3    Tu as les outils manuels suivants:  un tournevis,
     une clé, un marteau, un pointeau et une lime. DI

4    Voici les noms de ceux qui seront présents:  Jean,
     Luc, Marcel, Paul, Jean Yves, Robert et Ghislain.
```

LA POLLUTION

	1'	3'	5'
Le danger qu'il y a à respirer un air vicié présente un	11	4	2
caractère dramatique qui tend parfois à attirer notre attention	23	8	5
aux dépens des autres risques. Il suffit d'une visite aux lacs et	36	12	7
aux rivières où, il y a seulement une génération, c'était une joie	50	17	10
de nager et de pêcher, pour se rendre compte, même pour les	61	20	12
plus indifférents d'entre nous, que nos ressources en eau, fac-	73	24	15
teur de toute première importance dans le système écologique,	86	29	17
sont épouvantablement polluées. Les poissons meurent dans	97	32	19
nos ruisseaux; les huiles, les déchets solides et une foule de	110	37	22
bactéries et de substances nocives, se combinent pour "tuer"	122	41	24
les éléments nutritifs.	126	42	25
Les effluents de nos industries, malgré les récentes	11	46	27
mesures correctives, continuent leur oeuvre destructrice. Le	23	50	30
monstre le plus répugnant est représenté dans les égouts de	35	54	32
nos villes: Montréal à elle seule déverse une quantité d'eaux	48	58	35
usées estimée à deux milliards de litres par jour dans le réseau	60	62	37
fluvial environnant; moins de 8% de ce débit reçoit un traitement	73	66	40
neutralisant. Le mercure, capable de détruire les cellules ner-	85	70	42
veuses et la matière cérébrale, a été trouvé en quantités dange-	99	75	45
reusement concentrées dans les poissons des grands lacs	110	79	47
puis, un peu plus tard, dans le thon, l'espadon et même les	122	83	50
phoques de l'Arctique.	127	84	51
Aujourd'hui nous savons que nous vicions l'atmosphère	9	3	2
avec de l'oxyde de carbone, des carbures d'hydrogène, des	21	7	4
composés de plomb, des anhydrides sulfureux, des particules	32	11	6
d'amiante et bien d'autres substances nocives. Le travailleur de	45	15	9

(Suite à la page suivante)

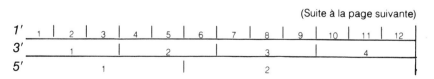

APPENDICE A/Tests de vitesse

ACTIVITES QUOTIDIENNES

Si c'est le début d'une période
1. Réglez les margeurs pour une ligne de 50 frappes.
2. Choisissez certains exercices des pages précédentes et redactylographiez-les comme révision.

L'ACCENT GRAVE

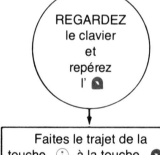

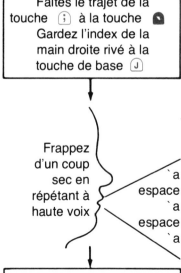

Courbez les doigts et placez-les sur les touches de base

REGARDEZ le clavier et repérez l'

Faites le trajet de la touche à la touche Gardez l'index de la main droite rivé à la touche de base J

Frappez d'un coup sec en répétant à haute voix
`a espace `a espace `a

NOMMEZ chaque lettre et espace en dactylographiant les lignes 1 à 6.

I.33 UTILISEZ L'

Sur la plupart des claviers la touche de l'accent grave et de l'accent circonflexe est une touche morte, c'est-à-dire que le chariot ou la tête d'impression n'avance pas quand elle est frappée. Il faut alors utiliser la touche de l'accent avant la lettre qu'il surmonte.

1 à à à là là là où où où ça ça ça déjà déjà déjà
2 ça et là, ça et là, dès que, dès que, ici ou là **DI**

3 frère, père, mère, chère, après, opère, guère, là
4 Mon frère et ma mère sont arrivés cet après-midi. **DI**

5 Où ai-je mis mon livre de comptes et mon stylo?
6 Voilà déjà trois mois que mes amis sont partis.

En fin de compte, cependant, l'intérêt personnel est insé-parablement lié aux intérêts de la collectivité. La prospérité commerciale dépend de la prospérité générale. L'entreprise commerciale est appelée à exercer une action sociale construc-tive. Les excuses que l'on invoque parfois—le prétexte des raisons particulières, de la situation spéciale, des motifs spé-ciaux de ne pas participer à la vie sociale—sont considérées comme des signes de faiblesse.

Celui ou celle qui se targue d'avoir la sagesse de s'occu-per uniquement de ses affaires et qui consacre entièrement ses efforts à des affaires privées ne tient aucun compte du fait que son entreprise ne peut exister que grâce au maintien d'un état social florissant. Sa relation fondamentale à l'intérêt commun crée aujourd'hui pour toute entreprise une obligation d'ordre public.

11	48	12
25	53	14
36	56	17
48	60	19
60	64	21
74	69	24
86	73	27
92	75	28
12	4	30
24	8	33
36	12	35
48	16	37
61	20	40
74	25	43
75	25	43

1′ 1 2 3 4 5 6 7 8 9 10 11 12
3′ 1 2 3 4
5′ 1 2

ACTIVITES QUOTIDIENNES

Si c'est le début d'une période
1. Réglez les margeurs pour une ligne de 50 frappes.
2. Choisissez certains exercices des pages précédentes et redactylographiez-les comme révision.

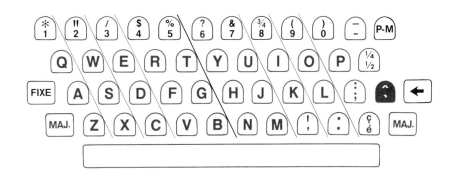

L'ACCENT CIRCONFLEXE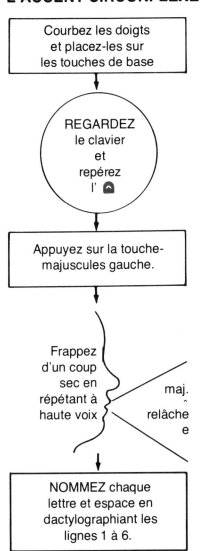

Courbez les doigts et placez-les sur les touches de base

REGARDEZ le clavier et repérez l'

Appuyez sur la touche-majuscules gauche.

Frappez d'un coup sec en répétant à haute voix

maj.
^
relâche
e

NOMMEZ chaque lettre et espace en dactylographiant les lignes 1 à 6.

I.34 UTILISEZ L'

Pour dactylographier l'accent circonflexe, utilisez la touche majuscule.

```
1  ê; â; ô; û; tête tête tête août août août pâté
2  moi-même, moi-même, en-tête, en-tête, après-dîner  DI

3  Elle a reçu le câblogramme lui annonçant le décès.
4  Le contremaître dirige les travaux de ce chantier.  DI

5  Exercez-vous certains contrôles sur la production?
6  Tu es invitée à venir jouer une partie de quilles.
```

COMPÉTENCE ET COURTOISIE

	1'	3'	5'
Dans les affaires, le service sous sa forme la plus simple	11	4	2
suppose la compétence et la courtoisie. Les vendeurs et les	23	8	5
vendeuses des magasins de détail doivent accorder une	34	11	7
prompte attention aux clients; se montrer agréables; s'assurer	47	16	9
que les désirs de la clientèle sont satisfaits. Ils et elles doivent	62	21	12
aussi pouvoir la renseigner, c'est-à-dire ajouter de la valeur aux	75	25	15
marchandises en faisant connaître leur utilité et la bonne façon	87	29	17
de s'en servir. Celui ou celle qui s'exprime avec clarté au télé-	100	33	20
phone et se donne la peine de répondre à un appel ou à une	112	37	22
demande de renseignements accomplit un travail profitable.	122	41	24
Les personnes qui assurent des services doivent être	10	44	26
particulièrement soigneuses. La personne qui achète un article	23	48	29
voit ce qu'elle obtient; elle se le fait montrer et le vérifie; dans le	38	53	32
cas d'un service, l'acheteur doit s'en remettre plutôt aux con-	51	58	35
naissances et à la réputation du vendeur.	59	60	36
L'un des services les plus importants dans le domaine	10	3	38
des biens de consommation est l'action informative. L'entre-	23	8	41
prise qui donne des renseignements de nature à aider sa clien-	35	12	43
tèle à tirer le meilleur parti de ses achats fait oeuvre louable. Tout	49	16	46
appareil devrait être accompagné d'une brochure décrivant	61	20	48
son utilisation et entretien. Un programme de service à la clien-	74	25	51
tèle, loyal et bien compris de tous, est un précieux avantage.	86	29	53
Les intérêts des actionnaires, de la direction et du per-	11	32	2
sonnel ne seront sauvegardés que si l'entreprise s'acquitte de	24	37	4
sa tâche essentielle de pourvoir aux besoins de sa clientèle de	36	41	7
la façon la plus agréable et la plus pratique possible.	47	44	9

(Suite à la page suivante)

1' 1 | 2 | 3 | 4 | 5 | 6 | 7 | 8 | 9 | 10 | 11 | 12

3'   1 | 2 | 3 | 4

5'   1 | 2

ACTIVITES QUOTIDIENNES

Si c'est le début d'une période

1. Réglez les margeurs pour une ligne de 50 frappes.
2. Choisissez certains exercices des pages précédentes et redactylographiez-les comme révision.

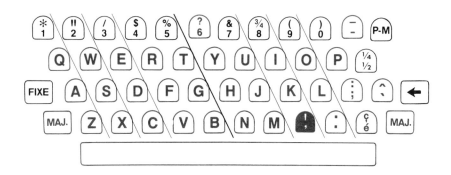

L'APOSTROPHE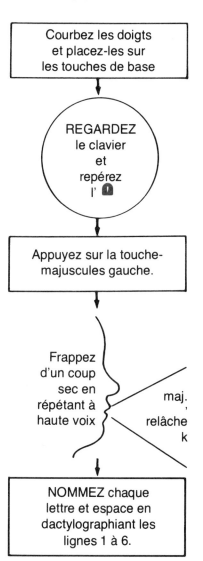

Courbez les doigts et placez-les sur les touches de base

REGARDEZ
le clavier
et
repérez
l'

Appuyez sur la touche-majuscules gauche.

Frappez d'un coup sec en répétant à haute voix

maj.
'
relâche
k

NOMMEZ chaque lettre et espace en dactylographiant les lignes 1 à 6.

I.35 UTILISEZ L'

1 'k 'k 'k l'a l'a l'a l'est l'est l'est s'il s'il
2 n'est n'est n'est n'en n'en m'en m'en s'est s'est DI

3 J'y arriverai grâce à ses services efficaces.
4 Jean-Luc s'occupe de l'aménagement d'une raffinerie de sucre.DI

5 Tel que vous le suggérez, j'arriverai à Québec
   dans la matinée de lundi afin de jouir du goûter
   offert.DI

6 Voici quelques renseignements encourageants.
   Nous avons obtenu les services d'un guide qui
   connaît bien la région et qui nous affirme que
   le poisson y abonde.

On ne peut considérer tous les changements apportés par le progrès économique et mécanique comme contraires aux intérêts des individus. Si la technique de la production fait parfois de la personne un simple complément de l'outil et de la machine et amoindrit ainsi sa fierté et son autonomie de travailleur, elle met néanmoins à sa portée le prix des automobiles, des machines à laver, des appareils photographiques et des réfrigérateurs.

10	31	62
21	35	64
34	39	66
46	43	69
59	47	71
72	52	74
83	55	76
86	56	77

1' | 1 | 2 | 3 | 4 | 5 | 6 | 7 | 8 | 9 | 10 | 11 | 12 |

3' | 1 | 2 | 3 | 4 |

5' | 1 | 2 |

ACTIVITES QUOTIDIENNES

Si c'est le début d'une période

1. Réglez les margeurs pour une ligne de 50 frappes.
2. Choisissez certains exercices des pages précédentes et redactylographiez-les comme révision.

LE PASSE-MARGES 🅿️Ⓜ️

Si la touche passe-marges n'est pas là où le diagramme l'indique, votre professeur vous aidera à trouver cette touche et vous dira quel doigt utiliser.

Au son de l'avertisseur vous avez trois possibilités:

1. *retourner le chariot*
2. *diviser le mot si nécessaire*
3. *utiliser la touche 🅿️Ⓜ️ sans couper le mot.*

I.36 UTILISEZ LE PASSE-MARGES 🅿️Ⓜ️

La touche passe-marges 🅿️Ⓜ️ permet de dactylographier après ou avant l'endroit choisi pour les marges. Cette touche est frappée avec l'auriculaire sans que l'index laisse son point d'appui. (On peut arrêter 3 ou 4 frappes avant ou après la marge.)

Les phrases suivantes servent d'exercices d'utilisation de la touche passe-marges 🅿️Ⓜ️

1 Ils doivent recommencer la vérification des bagages.DI

2 Pourrais-tu nous soumettre une description détaillée de cette situation?DI

3 Ces causeries sur le service postal pourraient être complétées, au besoin, par des projections de films.DI

4 Nous avons un choix varié de magnétophones, les plus modernes actuellement sur le marché, que nous offrons à un prix avantageux.DI

5 Nous disposons d'un atelier bien outillé et de toutes les pièces de rechange nécessaires à l'entretien et à la réparation des projecteurs.

LE TRAVAIL

	1'	3'	5'

La loi du travail n'a jamais été abolie, mais elle est en voie | 12 | 4 | 2

de modification. Depuis la vie obscure des organes internes du | 25 | 8 | 5

corps humain jusqu'à la construction des fusées de débarque- | 37 | 12 | 7

ment sur la lune, le travail reste une des conditions de l'exis- | 49 | 16 | 10

tence; nous devons cependant nous adapter aux changements | 60 | 20 | 12

que subit cet impératif tant dans sa forme que dans son impor- | 72 | 24 | 14

tance. | 74 | 25 | 15

Tout travail est une activité à but déterminé exigeant une | 12 | 29 | 17

dépense d'énergie et un certain renoncement aux loisirs. | 23 | 32 | 19

Mais tout le monde n'est pas heureux dans son travail. | 34 | 36 | 22

L'insatisfaction professionnelle est de plus en plus fréquente. | 47 | 40 | 24

Les milieux de travail sont gagnés par un malaise dont la propa- | 59 | 44 | 27

gation met en question nos théories du travail et nous force à | 71 | 48 | 29

élaborer de nouvelles définitions des emplois. | 81 | 52 | 31

Ce malaise et la confusion qui en découle tiennent en | 11 | 55 | 33

partie au fait qu'on n'est plus stimulé, comme l'étaient nos ancê- | 24 | 60 | 36

tres, par l'aiguillon pressant de la nécessité. Il leur fallait travail- | 38 | 64 | 39

ler ferme pour survivre; nous avons des sûretés de diverses | 50 | 68 | 41

sortes qui nous garantissent de ne pas mourir de faim. | 60 | 72 | 43

Lorsque des personnes intelligentes parlent de la néces- | 11 | 4 | 45

sité du travail, il n'est pas question dans leur esprit de revenir à | 24 | 8 | 48

l'emploi, douze heures par jour, du pic et de la pelle, de la | 36 | 12 | 50

brouette ou de la pelle à chevaux au lieu de la pelle mécanique, | 50 | 17 | 53

du bulldozer et du tracteur. Jeunes et moins jeunes sont | 61 | 20 | 55

d'accord pour consacrer leurs énergies au travail, mais exigent | 74 | 25 | 58

en retour une plus grande somme de satisfaction. | 83 | 28 | 60

(Suite à la page suivante)

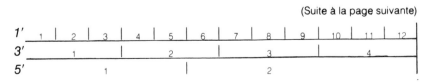

Si c'est le début d'une période
1. Réglez les margeurs pour une ligne de 50 frappes.
2. Choisissez certains exercices des pages précédentes et redactylographiez-les comme révision.

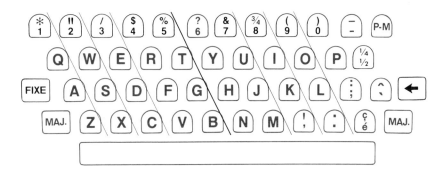

**EXERCICES
DE CONTINUITE**

I.37 REVISION DE TOUTES LES TOUCHES MAITRISEES

Nommez chaque lettre et espace en dactylographiant les phrases 1 à 16. Quand vous pensez avoir maîtrisé toutes ces touches, passez au Module 11.

DACTYLOGRAPHIEZ CHAQUE LIGNE TELLE QU'ELLE APPARAIT. CECI VOUS PERMETTRA D'UTILISER SOIT LE TRAIT D'UNION SOIT LA TOUCHE PASSE-MARGES.

1 Ils doivent recommencer la vérification des bagages. **DI**

2 Pourrais-tu nous soumettre une description détaillée de cette situation? **DI**

3 Ces causeries sur le service postal pourraient être complétées, au besoin, par des projections de films sur la Poste. **DI**

4 La deuxième partie de cet avant-propos donnera plus d'explications sur le contenu détaillé de ce volume. **DI**

5 Ces exercices de précision ont tous été composés selon une étude faite sur la fréquence des erreurs trouvées dans un grand nombre de copies. **DI**

6 Il ne reste plus qu'à souhaiter à tous et à chacun bon courage et bonne chance. Il faut retenir cependant que seul le travail conduit au succès. **DI**

7 Ma facture indique un paiement et la vôtre in-dique un retard dans le paiement. Pourquoi cette différence? **DI**

8 Une bonne partie du problème a été ainsi résolue. Il ne nous reste plus qu'à mettre à exécution les recommandations de la Commission. **DI**

Tout cela favorise les bonnes relations extérieures. Une clientèle satisfaite et enthousiaste est la base même de tout succès durable dans les affaires. Si vous avez réussi à vous constituer une clientèle et à la conserver, il s'agit maintenant— pour couronner votre oeuvre—de nouer avec elle des relations amicales et de tempérer ainsi la dure loi des affaires par la loi de la fraternité humaine.

11	37	62
23	41	64
35	46	67
48	49	69
61	54	72
85	62	75
89	63	75

1′	1	2	3	4	5	6	7	8	9	10	11	12
3′		1			2			3			4	
5′			1				2					

ACTIVITES QUOTIDIENNES

Si c'est le début d'une période

1. Réglez les margeurs pour une ligne de 50 frappes.
2. Choisissez certains exercices des pages précédentes et redactylographiez-les comme révision.

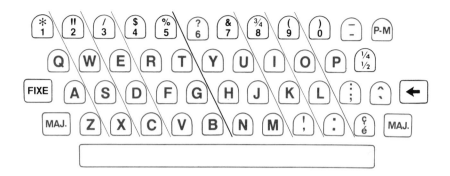

EXERCICES DE CONTINUITE

9   Il se tourmentait. Il cherchait un remède à tous les maux qui semblaient se multiplier. **DI**

10 Cette augmentation est attribuable, pour une large part, au nombre toujours croissant de demandes, selon le rapport de l'enquête. **DI**

11 J'ai entendu des gens qui se plaignaient de son passage, qui la traitaient d'indiscrète et qui ne lui pardonnaient pas son vacarme. **DI**

12 La convoitise perd cette enfant; elle désire s'emparer de tout ce qu'elle voit. Elle a un vilain défaut. **DI**

13 Sur la ferme de mon oncle les outils dorment pêle-mêle dans un coin de la remise, près de la vieille charrette. **DI**

14 Je crois posséder les qualités nécessaires pour répondre aux exigences de cet emploi et je m'inscris comme candidate à ce poste. **DI**

15 Nous sommes à votre disposition en tout temps et nous espérons que vous ferez encore appel aux services de notre comptable. **DI**

16 Le projet de Marc m'intéresse vivement car j'étais à la recherche d'un programme qui aurait pu intéresser mes étudiants.

Test de vitesse

No 15

PENSER ET PREVOIR

	1'	3'	5'
Il n'est pas rare qu'une entreprise, même si elle est solide,	12	4	2
s'aperçoive que ses affaires baissent ou ne progressent pas, en	24	8	5
comparaison avec les autres établissements du même genre.	36	12	7
Ses produits sont peut-être bons, mais ils ne peuvent rivaliser	48	16	10
avec les marques concurrentes; sa publicité est peut-être	60	20	12
techniquement parfaite, mais elle n'amène pas d'acheteurs; son	72	24	14
personnel de vente est peut-être suffisamment nombreux et	84	28	17
compétent, mais il ne vend pas.	90	30	18
Il est évident que l'on n'accroît pas ses affaires du jour au	12	34	20
lendemain par une réclame criarde ou une campagne de vente	24	38	23
éclair. C'est là un travail ardu, qui exige beaucoup de courage,	37	42	25
d'imagination et de ténacité. Les raccourcis sont rares et l'on	49	46	28
n'arrive au but qu'à force d'organisation, d'étude et de réflexion.	62	51	30
La fortune sourit rarement à ceux qui en sont incapables. Mais	76	55	33
lorsqu'une entreprise est dirigée par une personne qui a un	86	59	35
programme d'action bien déterminé, qui sait penser et prévoir,	98	63	38
cette entreprise peut donner sa pleine mesure.	108	66	40
Et pour ajouter un dernier mot sur la nécessité de penser	11	4	42
et de prévoir, disons que les meilleurs plans ne peuvent réussir	23	8	44
s'ils sont appliqués à bâtons rompus. Une série de décisions	36	12	47
isolées, prises sous l'impulsion du moment, apportent parfois	49	16	49
des avantages passagers mais il est essentiel de se tenir conti-	61	20	52
nuellement au courant des tendances, d'insister sans relâche	73	24	54
sur l'amélioration de la publicité et des méthodes de vente, de	85	28	57
s'employer constamment à accroître la renommée de son éta-	98	32	59
blissement.	100	33	59

(Suite à la page suivante)

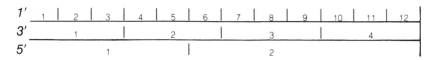

APPENDICE A/Tests de vitesse

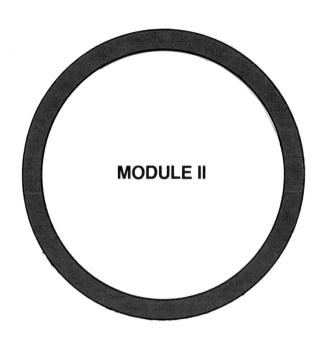

MODULE II

CONTENU

Le Module II contient une variété d'exercices qui visent à développer l'habileté en dactylographie. Ces exercices comprennent

des paragraphes ayant pour but la maîtrise des touches alphabétiques et la continuité de frappe,

des phrases alphabétiques où sont données toutes les lettres de l'alphabet et qui servent de révision quotidienne,

des phrases avec des lettres majuscules,

des phrases nécessitant la division des mots,

des phrases avec progression de vitesse,

des paragraphes avec progression de vitesse,

des phrases visant à l'élimination des erreurs de substitution de certaines lettres,

des phrases nécessitant l'emploi des touches difficiles d'accès.

DEVELOPPEMENT DE LA CONTINUITE

OBJECTIFS

1. Dactylographier avec continuité.

2. Acquérir une vitesse de frappe de 25 mots à la minute.

3. Acquérir assez de confiance et d'habileté pour pouvoir dactylographier sans regarder le clavier.

ACTIVITES QUOTIDIENNES

Préliminaires:

1. Réglez les margeurs pour une ligne de 60 frappes.

2. Le doigté. Choisissez et dactylographiez plusieurs fois une phrase alphabétique aux pages 59 et 60.

Principale:

La continuité. Dactylographiez un certain nombre de paragraphes aux pages 44 à 58. La moitié de la période au moins devrait y être consacrée.

Supplémentaires:

1. La progression de vitesse. Dactylographiez une phrase à la page 63 ou un paragraphe aux pages 64 à 68.

2. Les lettres majuscules. Dactylographiez une ou deux phrases à la page 61.

l'intégration de véritables usines de production agricole constitue un héritage que la nouvelle génération d'agriculteurs acceptera avec d'autant plus d'enthousiasme qu'elle se sentira mieux comprise des autres classes de la société. L'agriculture, il ne faut jamais l'oublier, est un secteur important de la vie économique et sociale. Elle en est un élément dynamique. Elle contribue au développement. Elle fournit des ressources. Elle est à la fois fournisseur et acheteur.

74	25	63
86	28	66
98	33	68
110	37	70
124	41	73
148	49	76
152	51	79
156	52	80

3. La division des mots. Dactylographiez une ou deux phrases à la page 62.

4. L'élimination des erreurs. Dactylographiez une ou deux phrases aux pages 69 à 72.

5. Les touches difficiles d'accès. Dactylographiez une ou deux phrases à la page 73.

6. La vitesse et la précision. Les tests de vitesse d'une minute, de trois minutes et de cinq minutes. Dactylographiez une phrase ou un paragraphe du Module II comme exercice de précision et de vitesse, alternativement.

PONCTUATION ET ESPACEMENT

Laisser deux espaces après
  le point qui termine une phrase
  le point d'interrogation qui termine une phrase
  le point d'exclamation qui termine une phrase
  les deux points

Laisser un espace après
  la virgule
  le point qui suit une abréviation ou une initiale
  le point-virgule

L'AGRICULTURE DANS NOTRE ECONOMIE

	1'	3'	5'
Si le poète latin Virgile revenait parmi nous, sans doute	11	4	2
trouverait-il opportun de modifier ce vers mémorable de ses	22	7	4
Géorgiques: "Trop heureux les hommes des champs s'ils con-	33	11	7
naissaient leur bonheur." En effet, quand on parle aujourd'hui	46	15	9
d'agriculture, on se réfère davantage à ses misères qu'à ses	58	19	12
grandeurs. Beaucoup conviennent qu'il s'agit d'une grande	69	23	14
malade au chevet de laquelle s'affairent toute une kyrielle de	82	27	16
spécialistes cherchant une thérapeutique revigorante.	92	31	18
Il n'y a pas à s'étonner de tant de sollicitude, ni de l'atten-	10	34	20
tion que lui portent les gouvernements. Certes il se rencontre	23	38	23
encore bien des gens chez qui l'agriculture n'évoque que le	37	43	26
geste auguste du semeur, ou bien un secteur voué à son déclin.	50	47	28
Dans la réalité, l'agriculture est tout autre. Elle constitue une	64	52	31
industrie importante et complexe qui englobe bien plus que	76	56	34
l'agriculteur lui-même. Elle inspire différents plans et fait l'objet	90	61	36
d'un dispositif compliqué de lois. Ces interventions ont pour but	103	65	39
de faire de l'agriculture une force économique contribuant à la	111	69	42
prospérité générale. Elles visent aussi à assurer aux agricul-	129	74	44
teurs des moyens et des conditions d'existence comparables à	141	78	47
ceux des autres catégories de citoyens du pays.	150	81	48
L'agriculture est engagée dans un processus de moder-	11	4	51
nisation accélérée et elle est parvenue au stade où les vieux	23	8	53
préjugés ne sont plus de mise, non plus que l'indifférence ou	35	12	55
l'ignorance des citadins. L'avènement d'un agriculture industri-	48	16	58
elle caractérisée par des exploitations de grande taille et par	61	20	61

(Suite à la page suivante)

PARAGRAPHES   II.1   Réglez les margeurs pour une ligne de 60 frappes. Utilisez un simple interligne à l'intérieur des paragraphes et un double interligne entre les paragraphes.

Paragraphe 1   Nous avons déposé le dernier chèque que nous avions à notre dossier pour le prêt bancaire déjà cité.

Paragraphe 2   Si vous êtes intéressé à visiter quelques maisons, consultez un agent d'immeubles ou les annonces dans les journaux.

Paragraphe 3   Dans ce mémorandum, je recommandais l'adoption de nouvelles directives pour un taux de quinze cents du mille au lieu de dix cents.

Paragraphe 4   Nous vous assurons que votre réponse restera strictement confidentielle, et nous serons très heureux de vous rendre à l'occasion le même service.

Paragraphe 5   Vous trouverez ci-joint copie de la note de service que j'ai adressée à nos représentants portant sur les allocations pour automobiles.

Paragraphe 6   Il suffit quelquefois d'une simple étiquette, d'une note d'avis ou d'un rappel sur un état de compte pour stimuler un client à payer ses dettes.

Paragraphe 7   Pour faire suite à votre demande, il me fait plaisir d'accepter de parler aux membres de votre association. J'arriverai par le train de minuit, à Québec même.

Paragraphe 8   Vous cherchez un garage où le service est rapide et courtois? Passez par chez nous; notre spécialité est l'installation des freins et nous garantissons notre travail.

manuel ou intellectuel, peut être un moyen d'expression personnelle. Si une personne n'a pas l'occasion de faire valoir pleine-
ment ses ressources, elle se recroqueville et s'étiole. Elle perd
sa dignité d'individu.

35	36	60
49	41	63
62	45	66
67	47	67

1'	1	2	3	4	5	6	7	8	9	10	11	12
3'		1		2			3			4		
5'			1				2					

Paragraphe 9 Habituellement les primes d'assurance sont moins élevées pour une personne qui n'a jamais eu d'accident ou de contravention. Conduisez prudemment pour réduire vos taux d'assurance-automobile.

Paragraphe 10 Nous vous remercions de votre commande reçue aujourd'hui même. Nous vous expédions la marchandise immédiatement. Vous avez trente jours pour vous acquitter de cette facture.

COMMENT CALCULER LE NOMBRE DE MOTS A LA MINUTE

1. *Lire l'échelle à la droite de la page, au bout de la dernière ligne complète dactylographiée. Si la durée du test était d'une minute, utiliser la première colonne; si elle était de trois minutes, utiliser la deuxième colonne; de cinq minutes, la troisième colonne.*

2. *Lire l'échelle au bas de la page sous le dernier mot d'une ligne partiellement complétée. Utiliser la première échelle pour un test d'une minute, la deuxième pour un test de trois minutes, la troisième pour un test de cinq minutes.*

3. *Ajouter ce dernier nombre de mots au nombre au bout de la dernière ligne complète. Ce total donne le nombre de mots dactylographiés pour la durée du test.*

   Si la durée du test est autre qu'une minute, trois minutes ou cinq minutes, utiliser l'échelle d'une minute. Pour calculer le nombre de mots dactylographiés par minute, diviser le total des mots par le nombre de minutes de la durée du test.

Exemple: *Dans un test d'une minute au paragraphe 11, le dernier mot dactylographié est "demeurons". En additionnant "12" de la colonne à la droite, qui est le nombre de mots de la ligne complétée, et "8" au bas de la page sous "demeurons," qui est le dernier mot dactylographié, on obtient un total de 20 mots à la minute.*

Notez bien: *Un accent peut ou non compter pour une ou deux frappes supplémentaires, selon la machine à écrire dont on se sert. Dans les illustrations et exercices de ce livre, les accents ne sont pas comptés.*

DES ASPIRATIONS SECRETES

	1'	3'	5'
Les travailleurs et travailleuses peuvent bien porter des	11	4	2
pancartes pour faire connaître leurs revendications de salaires,	23	8	5
de loisirs et de commodités accrus; ce ne sont là que des	34	11	7
indices extérieurs de lancinantes aspirations secrètes. Car	46	15	9
hommes et femmes désirent de plus en plus des emplois capa-	59	20	12
ble de satisfaire leurs besoins créateurs comme de leur assurer	72	24	14
le vivre et le couvert.	76	25	15
Ces aspirations profondes sont liées à un désir de consi-	11	29	18
dération. L'être humain a besoin de sentir qu'il a de la valeur et	25	34	20
que son travail a de la valeur. Ce qu'il souhaite, c'est qu'on lui	39	38	23
témoigne de l'intérêt et que sa vie ait un sens.	48	41	25
L'emploi qu'il considère comme idéal serait celui qui lui	12	45	27
donnerait un but dans la vie et l'intégrerait à la société. Un travail	26	50	30
dont il serait fier, où il aurait l'opportunité de développer et de	39	54	33
manifester ses meilleurs talents; où la variété des tâches stimu-	52	59	35
lerait son intérêt et ses aptitudes; où il aurait la liberté de prendre	66	63	38
des décisions.	69	64	39
Accroître le pouvoir de décision du travailleur ou de la	11	4	41
travailleuse c'est satisfaire un besoin profond de sa personna-	24	8	43
lité. Une entreprise qui avait autorisé ses vendeurs à fixer eux-	37	12	46
mêmes leurs normes de travail et leurs objectifs a vu leurs	50	17	49
ventes augmenter de 116 pour cent par rapport à celles obte-	62	21	51
nues dans les services qui étaient privés de cette liberté.	73	24	53
La possibilité d'exprimer sa personnalité est un autre	10	28	55
facteur important. Le travail sous toutes ses formes, qu'il soit	23	32	58

(Suite à la page suivante)

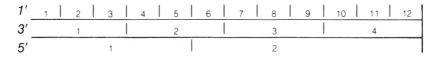

APPENDICE A/Tests de vitesse

S'IL VOUS EST ENCORE NECESSAIRE DE REGARDER LE CLAVIER, RECOM-
MENCEZ LES PARAGRAPHES 1 A 10 EN ESSAYANT DE NE PAS REGARDER LES
TOUCHES.

		1'	3'	5'

Paragraphe 11 Et, malgré la bonne volonté que vous semblez nous témoigner, il
nous faut maintenir que nous demeurons dans l'impossibilité de
vous accorder tout crédit additionnel.

1'	3'	5'
13	4	3
25	8	5
32	11	6

Paragraphe 12 Pour enrayer l'usure de votre pompe nous vous suggérons de
placer un grillage très fin qui empêchera toute particule de se
loger dans le mécanisme.

1'	3'	5'
12	4	2
24	8	5
28	9	6

Paragraphe 13 Notre société désire importer au Canada des chronomètres de
haute précision et nous avons pensé que vous seriez en mesure
de nous renseigner à ce sujet.

1'	3'	5'
12	4	2
24	8	5
30	10	6

Paragraphe 14 Toute personne capable de discerner le bien du mal est responsable du dommage causé par sa faute à autrui, soit par son fait,
soit par imprudence, négligence ou inhabileté.

1'	3'	5'
13	4	3
25	8	5
34	11	7

Paragraphe 15 Nous espérons que les termes en vigueur depuis deux ans vous
conviendront. Dans l'affirmative, cette transaction ne constitue-
rait que la première d'une série de douze.

1'	3'	5'
12	4	2
25	8	5
33	11	7

Paragraphe 16 Nous vous informons que nous entretenons depuis dix ans des
relations suivies avec la maison mentionnée dans votre lettre et
que nos rapports ont toujours été très satisfaisants.

1'	3'	5'
12	4	2
24	8	5
34	11	7

LE PROFIT

	1'	3'	5'
Quelle est la finalité d'une entreprise? Depuis quelques	11	4	2
années, il est de bon ton de se poser ou de poser la question.	23	8	5
Pour la majorité des éléments qui composent l'entreprise, les	35	11	7
actionnaires, la direction et le personnel, il est tout à fait normal	48	16	10
qu'une entreprise saine soit, avant tout, orientée vers la recher-	61	20	12
che du profit. Ce qui ne signifie nullement que la direction ainsi	74	25	15
que les actionnaires écartent toute considération humanitaire.	86	29	17
Mais tout simplement ils n'assimilent pas—parce que juste-	97	32	19
ment ils ne peuvent pas se permettre de le faire—ces considé-	109	36	22
rations aux objectifs de l'entreprise. En fait, à leurs yeux, ces	122	40	24
considérations ne constituent que les responsabilités civiques	134	45	27
ou sociales de l'entreprise.	139	46	28
Dès lors, la question qui se pose est de savoir si une	10	3	30
entreprise qui fait moins de profit est un meilleur citoyen. C'est-	23	8	32
à-dire si elle participe au progrès social et économique du	34	11	35
milieu dans lequel elle mène ses activités. Il est permis d'en	50	17	37
douter. On n'a pour s'en convaincre qu'à constater que les	57	19	39
bourses et les subventions attribuées à des titres divers sont	69	23	42
presque exclusivement le fait de grandes sociétés menant des	81	27	44
activités rentables. Sans oublier que le profit permet aux entre-	94	31	47
prises de financer la recherche et le développement, sans	105	35	49
lesquels il n'y aurait pas d'innovation technologique, donc peu	117	39	51
de perspectives pour l'entreprise et les emplois qu'elle offre.	129	43	54
En somme, le but du profit n'est pas seulement de rému-	10	46	56
nérer le capital et le travail mais aussi de permettre l'innovation	23	51	58
technologique et le développement sans lesquels il n'y aurait	35	55	61
pas de croissance.	38	56	61

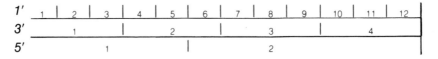

			1′	3′	5′

Paragraphe 17 Nous vous suggérons d'aller chez un concessionnaire de pneus de votre localité. Il est fort possible qu'il puisse vous offrir des pneus usagés, mais en bon état, qui vous permettront de partir en voyage en toute sécurité.

1′	3′	5′
12	4	2
26	9	5
38	13	7
43	14	9

Paragraphe 18 Ce n'est pas avec des économies de bouts de chandelle que nous réduirons la demande croissante d'électricité. Eliminons le gaspillage où ça compte vraiment. Isolons mieux nos maisons et économisons l'eau chaude.

1′	3′	5′
12	4	2
24	8	5
36	12	7
41	14	8

Paragraphe 19 Nous avons le plaisir de vous informer qu'en raison de l'expansion prise par nos affaires depuis quelques années, nous avons décidé d'établir notre magasin dans des locaux plus vastes, situés à l'angle des rues Bloor et Jarvis.

1′	3′	5′
13	4	3
25	8	5
37	12	7
45	15	9

Paragraphe 20 Nous croyons que notre visite contribuera à établir une franche communication entre nos entreprises respectives. Nous serions heureux de vous recevoir à notre usine lors de votre prochain voyage dans la région.

1′	3′	5′
12	4	2
24	8	5
36	12	7
40	13	8

ESSAYEZ DE NE PAS REGARDER LE CLAVIER

Paragraphe 21 Nous avons le regret de vous informer que vous n'avez pas été choisi pour faire partie de l'équipe de formation permanente. Cependant, nous conservons votre dossier et, s'il est opportun de communiquer avec vous à l'avenir, nous nous empresserons de le faire.

1′	3′	5′
12	4	2
24	8	5
37	12	7
48	16	10
50	17	10

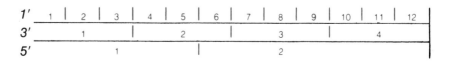

LA LIBERTE DE LA PRESSE

	1'	3'	5'
La liberté de penser comprend la liberté d'expression.	10	3	2
Car lorsque les personnes ne peuvent sans crainte se communi-	23	8	5
quer leurs idées, aucune autre liberté n'est assurée.	33	11	7
La liberté de la presse signifie qu'une idée aura droit de	44	15	9
cité même si les propriétaires ou les directeurs de la presse ne	58	19	12
la partagent pas. La presse n'est pas libre si les gens qui en	70	23	14
assurent le fonctionnement agissent comme si leur position leur	82	27	16
conférait le privilège de rester sourds aux idées que le jeu de la	95	32	19
liberté de parole a signalé à l'attention du public.	106	35	21
La liberté de la presse est un droit fondamental de	11	39	23
l'humanité et, comme tel, exige qu'on la protège. Le Canada	23	43	26
ignore la censure en temps de paix, ne met aucun embargo sur	35	47	28
l'importation ou l'exportation des informations et ne dit pas aux	48	51	31
journalistes quoi imprimer, quelles opinions exprimer ni quelles	60	55	33
"causes" appuyer.	63	56	34
Pourtant, cette liberté ne permet pas de faire preuve	11	4	36
d'inconsidération dans la publication des journaux. La liberté de	23	8	38
la presse n'est pas la liberté dans le sens que les propriétaires	37	12	41
de journaux, les rédacteurs et les reporters puissent faire impri-	49	16	44
mer ce qui leur plaît. C'est plutôt une liberté qui veut dire que le	62	21	46
public a accès à l'information et peut exprimer des opinions.	73	24	48
Si elle est libre, comme il se doit, la presse a aussi des	12	29	51
obligations: elle a la responsabilité envers la société de satis-	25	34	54
faire le besoin d'information du public et de sauvegarder les	37	38	56
droits des individus et les droits presque oubliés des voix qui	50	42	59
n'ont pas l'oreille de la presse.	56	46	60

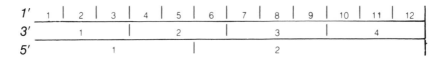

APPENDICE A/Tests de vitesse

		1′	3′	5′
Paragraphe 22	Le développement extraordinaire dans le domaine de la construction et l'augmentation considérable de notre clientèle ont favorisé une expansion systématique de nos opérations. Le résultat? notre production est maintenant doublée.	12 24 35 45	4 8 11 15	2 5 7 9
Paragraphe 23	Auriez-vous l'obligeance de nous faire parvenir, dans l'enveloppe affranchie ci-incluse, une deuxième série de chèques à compter du mois prochain en paiement des versements mensuels mentionnés sur votre tableau d'amortissement.	13 25 36 45	4 8 9 15	3 5 7 9
Paragraphe 24	Comme le Président est d'accord avec ma recommandation, je suggère que ces directives devront s'appliquer à compter de janvier. Le kilométrage que nos salariés auront à effectuer d'ici cette date leur sera rémunéré suivant le plan présentement en vigueur.	12 23 36 48 49	4 8 12 16 19	2 5 7 10 10
Paragraphe 25	La maison dont le nom figure sur la fiche ci-jointe vient de nous passer une importante commande et, comme nous n'avons jamais traité avec elle, nous aimerions avoir des renseignements sur sa solvabilité avant de lui accorder des facilités de paiement.	13 23 35 48 49	4 8 12 16 19	3 5 7 10 10
Paragraphe 26	Malheureusement, la quantité de dépliants requis excède le total dont nous disposons et nous ne pourrons vous expédier que la moitié des exemplaires demandés. Le Directeur du centre se charge de les faire parvenir aux adresses indiquées dans votre lettre.	12 23 35 47 49	4 8 11 16 19	2 5 7 9 10

```
1′   1 | 2 | 3 | 4 | 5 | 6 | 7 | 8 | 9 | 10 | 11 | 12
3′      1    |    2    |    3    |    4
5′          1          |          2
```

VAGABONDS ET PELERINS

	1'	3'	5'

On a dit du voyageur qu'il est ou bien un vagabond ou un _11 | 4 | 2_

pèlerin. On en voit en effet qui, à l'instar des chemineaux, sem- _24 | 8 | 5_

blent mûs par un besoin irrésistible d'aller d'un endroit à un _36 | 12 | 7_

autre. Pour eux, la destination compte moins que ce besoin de _48 | 16 | 10_

mouvement, et voyager devient un véritable état d'esprit. _60 | 20 | 12_

Au moment de s'envoler vers Venise, Madrid ou Rabat, _10 | 23 | 14_

les voyageurs peuvent bien donner l'impression de vouloir ajou- _23 | 28 | 17_

ter quelques nouveaux noms à leur collection d'endroits visités. _36 | 32 | 19_

Mais on peut se demander si, inconsciemment, ils ne vont pas _48 | 36 | 22_

chercher dans quelque lieu exotique, ou dans un sanctuaire _60 | 40 | 24_

médiéval, ou dans les bleus horizons d'une île de l'Egée, cette _72 | 44 | 26_

clé fugitive qui ouvrira chez eux quelque porte intérieure à l'abri _86 | 49 | 29_

de laquelle ils prendront mieux conscience d'eux-mêmes. Pour _98 | 53 | 32_

eux, la destination vers laquelle ils s'envolent compte peut-être _111 | 57 | 34_

moins que l'indéfinissable espérance qui les pousse au départ. _123 | 61 | 37_

Le voyageur pèlerin ne diffère que superficiellement de _11 | 4 | 39_

son cousin vagabond. Il sait de façon précise où il va, et pour- _24 | 6 | 41_

quoi. Il est convaincu que la Grâce qu'il compte trouver à _36 | 12 | 44_

Sainte-Anne, à Lourdes, à Jérusalem ou à la Mecque sera pour _48 | 16 | 46_

lui la récompense des sacrifices et des efforts qu'il a dû consen- _61 | 20 | 49_

tir pour s'y rendre. Cependant, vagabond ou pèlerin, il devra se _74 | 25 | 51_

charger de ce bagage qu'il avait cru pouvoir laisser en consigne _87 | 29 | 54_

jusqu'à son retour: son "Moi" fondamental. _95 | 32 | 56_

C'est pourquoi on peut prétendre qu'il n'existe pas deux _106 | 35 | 58_

personnes qui, voyageant ensemble, font toutes deux le même _118 | 39 | 60_

voyage. _120 | 40 | 61_

APPENDICE A/Tests de vitesse

		1'	3'	5'

Paragraphe 27 N'ayant jamais eu l'occasion de traiter des affaires avec votre pays, nous vous serions obligés de nous mettre en relation avec des fabricants suisses. Nous vous prions également de nous fournir des renseignements sur les droits d'importation et sur les formalités de douane.

1'	3'	5'
13	4	3
25	8	5
36	12	7
49	16	10
53	18	11

Paragraphe 28 Il y a quelques années vous projetiez d'installer une raffinerie dans notre région, mais ce projet fut remis à cause des perturbations du marché de l'huile. Etant donné les changements survenus ces derniers mois, comptez-vous raviver ce projet très prochainement?

1'	3'	5'
13	4	3
25	8	5
37	12	7
49	16	10
51	17	10

Paragraphe 29 Au nom de mes collègues du Service de la faune et des relations publiques qui ont participé à la production du dépliant sur notre centre de pisciculture du saumon de la rivière Madeleine, je vous remercie de vos commentaires. Merci également de nous avoir envoyé de nombreux visiteurs.

1'	3'	5'
12	4	2
25	8	5
37	12	7
48	16	10
55	18	11

Paragraphe 30 Nos amortisseurs, en plus de donner une meilleure direction à votre automobile, assurent une plus grande stabilité et un maniement plus facile. Ils permettent un freinage mieux amorcé et une meilleure traction. Ils éliminent l'oscillation du roulement et améliorent la stabilité dans les courbes.

1'	3'	5'
12	4	2
24	8	5
36	12	7
49	16	10
57	19	11

S'IL VOUS EST ENCORE NECESSAIRE DE REGARDER LE CLAVIER, RECOMMENCEZ LES PARAGRAPHES 11 A 30. ESSAYEZ DE NE PAS REGARDER LES TOUCHES.

Test de vitesse

No 9

LA SITUATION MONETAIRE

	1'	3'	5'
"On n'entend guère parler d'autre chose aujourd'hui que	11	4	2
de la montée des prix, de l'augmentation des immeubles et des	23	8	5
loyers, des grèves que font mécaniciens et ouvriers pour obtenir	36	12	7
de meilleurs salaires et de la hausse quotidienne des denrées	48	16	10
alimentaires."	51	17	10
Cela vous rappelle quelque chose? Ce serait bien éton-	11	21	12
nant, à moins que vous n'ayez une mémoire beaucoup plus	22	24	15
longue que la mienne. Car il s'agit d'une citation d'un texte	34	28	17
publié par le Toronto Globe en juin 1854, il y a plus de cent vingt	47	33	20
ans.	48	33	20
J'ai cru utile de rappeler que si la situation inflationniste	12	37	22
actuelle est certainement l'une des pires que le Canada ait	24	41	24
connues, elle est loin d'être unique. Il n'en demeure pas moins	38	45	27
que nous nous trouvons cette fois-ci en présence de certains	50	49	30
facteurs bien particuliers qui peuvent faire de cette inflation la	63	54	32
plus difficile de celles auxquelles nous avons dû faire face.	75	58	35
Autrefois, les périodes d'expansion étaient généralement sui-	88	62	37
vies de près par des récessions et les hommes d'affaires, les	100	66	40
gouvernements et l'homme de la rue jugeaient sage de faire	111	70	42
preuve d'une prudence de plus en plus grande à mesure que	123	74	44
les prix montaient. A l'heure actuelle, alors que les gouverne-	136	78	47
ments de nombreux pays du monde se sont engagés à une	146	81	49
politique de plein emploi, on croit parfois justifié de ne pas	159	86	51
réduire le niveau des dépenses du fait que les prix sont appelés	171	90	54
à augmenter indéfiniment.	176	91	55

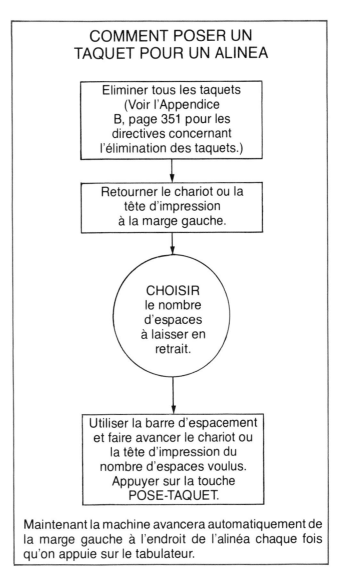

COMMENT POSER UN
TAQUET POUR UN ALINEA

Eliminer tous les taquets
(Voir l'Appendice
B, page 351 pour les
directives concernant
l'élimination des taquets.)

Retourner le chariot ou la
tête d'impression
à la marge gauche.

CHOISIR
le nombre
d'espaces
à laisser en
retrait.

Utiliser la barre d'espacement
et faire avancer le chariot ou
la tête d'impression du
nombre d'espaces voulus.
Appuyer sur la touche
POSE-TAQUET.

Maintenant la machine avancera automatiquement de
la marge gauche à l'endroit de l'alinéa chaque fois
qu'on appuie sur le tabulateur.

UTILISEZ UN RETRAIT DE CINQ ESPACES POUR DACTYLOGRAPHIER LES PARAGRAPHES 31 A 60. CHAQUE PARAGRAPHE EST DACTYLOGRAPHIE A SIMPLE INTERLIGNE. LAISSEZ DEUX INTERLIGNES ENTRE LES PARAGRAPHES.

Paragraphe 31		1'	3'	5'
	Nous avons l'intention d'ouvrir prochainement une suc-	11	4	2
	cursale spécialisée dans la vente d'articles de sport et nous	23	8	5
	aimerions avoir en magasin un choix de vêtements en tissu	34	11	7
	imperméable. Toutefois, avant de vous passer une commande	46	15	9
	ferme, nous aimerions recevoir les renseignements suivants.	56	19	11

1'   1 | 2 | 3 | 4 | 5 | 6 | 7 | 8 | 9 | 10 | 11 | 12
3'   1 | 2 | 3 | 4
5'   1 | 2

ETRE SPECIALISTE DANS SON METIER

	1'	3'	5'
Etre spécialiste est bien connaître son métier. Tout travail,	12	4	2
si humble qu'en soit le niveau, peut être agréable s'il est exécuté	25	8	5
avec adresse. Même s'il ne s'agit que de clouer des planches, le	38	13	8
seul fait de frapper le clou sur la tête est déjà un motif de	50	17	10
satisfaction.	53	18	11
Le désir conscient d'exceller aboutit à un résultat qui	11	21	13
donne de la satisfaction et de la fierté. Quel que soit son métier,	25	26	16
on devrait se souvenir de la prière du médecin qui demandait de	37	30	18
ne jamais devenir assez négligent ou indifférent dans l'exercice	50	34	21
de sa profession pour prendre l'habitude de prescrire "le même	63	39	23
traitement qu'auparavant."	68	40	24
Il serait ridicule de prétendre qu'il est possible de débar-	12	44	27
rasser le travail de tout ce qu'il a de pénible. Mais on peut	24	48	29
l'améliorer selon la façon dont nous le regardons. Il peut être	37	53	32
digne et satisfaisant, qu'il consiste à poser des écrous sur des	49	57	34
boulons, à construire une maison, à diriger une entreprise, à	62	61	37
peindre un tableau, à effectuer des recherches ou à exercer une	74	65	39
profession.	76	66	39
Analysez vos succès, si modestes soient-ils, afin de vous	12	70	42
rendre compte ou de vous convaincre de vos talents et de vos	24	74	44
satisfactions. La personne qui n'est pas satisfaite de son travail	37	78	47
mais qui néglige de rechercher les possibilités que lui offre la vie	51	83	50
dans le travail, ou qui est trop indolente pour essayer d'amélio-	64	87	52
rer sa situation est comparable à un joueur qui tente de marquer	77	91	55
un but à un jeu qu'il déteste.	83	93	56

APPENDICE A/Tests de vitesse

Paragraphe 32 Nous vous offrons une variété d'articles de fabrication artisanale | 14 | 5 | 3

à partir de sculptures sur pierre jusqu'aux sculptures sur bois. | 26 | 9 | 5

Vous y trouverez également des céramiques, des tricots, de la | 38 | 12 | 8

potterie, des émaux sur cuivre qui feront votre orgueil et votre | 51 | 17 | 10

joie. N'hésitez pas à visiter notre kiosque à l'exposition nationale | 64 | 21 | 13

la semaine prochaine. | 68 | 23 | 14

Paragraphe 33 Pourquoi différer davantage le règlement de ce compte? Si vous | 13 | 4 | 3

croyez que nous avons commis une erreur, veuillez nous en | 24 | 8 | 5

aviser immédiatement afin que nous puissions vérifier et, s'il y a | 37 | 12 | 7

lieu, faire les corrections nécessaires. Si non, nous apprécie- | 50 | 17 | 10

rions recevoir un chèque par retour de courrier au montant | 61 | 20 | 12

global de votre état de compte. | 67 | 22 | 13

Paragraphe 34 Vous trouverez ci-joint le programme détaillé de ces trois jours | 13 | 4 | 3

ainsi que des détails au sujet des frais d'inscription. Si vous | 25 | 8 | 5

désirez de plus amples renseignements au sujet du tirage, du | 37 | 12 | 7

concours de Mademoiselle Sud-Ontario et des règlements pour | 48 | 16 | 10

la mise en candidature, veuillez communiquer avec la prési- | 59 | 19 | 12

dente du comité d'organisation, madame Micheline de | 69 | 23 | 14

Bellefeuille-Côté. | 72 | 24 | 14

Paragraphe 35 Les structures sont devenues trop grandes: organisations, | 11 | 4 | 2

hôpitaux, écoles, gouvernements...Le système industriel | 22 | 7 | 4

moderne épuise chaque jour un peu plus de richesses sur | 34 | 11 | 7

lesquelles il s'est édifié. Pour éviter une catastrophe, nous | 46 | 15 | 9

devons susciter un nouveau style de vie et de nouvelles habitu- | 58 | 20 | 12

des de consommation; il faut créer une technologie intermé- | 69 | 23 | 14

diaire et refaire une société à la mesure de l'homme. | 77 | 26 | 15

1' 1 | 2 | 3 | 4 | 5 | 6 | 7 | 8 | 9 | 10 | 11 | 12
3'   1 | 2 | 3 | 4
5'   1 | 2

LA CHANCE NE VIENT PAS EN DORMANT

	1′	3′	5′
Lorsqu'une occasion d'avancement ou de perfectionne-	10	3	2
ment dans notre métier frappe à notre porte elle est ordinaire-	23	8	5
ment en salopette de travail. La poursuite du bonheur suppose	35	12	7
le travail; la liberté exige la volonté de travailler pour avoir ce	48	16	10
qu'on veut: l'indépendance est l'apanage de ceux qui ont mérité	60	20	12
ce qu'ils ont par leur travail.	67	22	13
On doit travailler parce que le travail est une nécessité	11	26	16
économique (à moins qu'on ne se contente de vivre aux cro-	23	30	18
chets d'autrui); parce que c'est une obligation sociale (à moins	35	34	20
qu'on ne se contente de rester à l'état infantil toute sa vie); et	49	39	23
parce que c'est un droit fondamental (si l'on veut connaître le	62	43	26
sentiment de l'épanouissement personnel).	70	46	27
La valeur du travail est quelque chose de subjectif. Ce	11	49	30
que nous faison n'a peut-être qu'une faible importance dans	23	53	32
l'histoire du monde, mais il est très important pour nous d'avoir	36	58	35
du travail à faire. Autrement, une grande partie de la vie nous	49	62	37
échapperait.	51	63	38
Il n'est guère de pays dans tout l'univers où puisse se	62	66	40
trouver un monument plus impressionant en l'honneur du travail	74	70	42
ardu, allié à la perspicacité, à l'économie et au courage, que la	87	75	45
civilisation qui fleurit à l'heure actuelle au Canada.	98	78	47

1′ 1 | 2 | 3 | 4 | 5 | 6 | 7 | 8 | 9 | 10 | 11 | 12

3′   1 | 2 | 3 | 4

5′   1 | 2

APPENDICE A/Tests de vitesse

	1'	3'	5'

Paragraphe 36 Les différents buts exposés par le Conseil d'administration sont les suivants: ouvrir aux femmes de nouveaux horizons et des activités à tous les niveaux; inventorier les recherches éparses d'un océan à l'autre dans les universités, les syndicats, les groupes sociaux; proposer la mise en marche d'enquêtes et veiller à leur utilisation; encourager la recherche, en faire connaître les résultats obtenus et assurer la mise sur pied de programmes adéquats.

1'	3'	5'
13	4	3
25	8	5
38	13	8
50	17	10
61	20	12
74	25	15
87	29	17
90	30	18

Paragraphe 37 Dans son rapport, le ministère accorde une place importante à ce programme qui permet de subventionner des travaux de longue durée, menés par des équipes pluridisciplinaires et comportant plusieurs éléments interdépendants. Au cours de l'année, on a octroyé des subventions de ce genre à cinq équipes de chercheurs. Parmi ces dernières, l'une est attachée à l'Université du Québec à Montréal et l'autre à l'université de Toronto.

1'	3'	5'
12	4	2
23	8	5
34	11	7
45	15	9
56	18	11
68	23	14
80	27	16
81	27	16

Paragraphe 38 Nous parlions du courage dont on devrait faire preuve pour visiter le Canada en hiver alors qu'on pourrait aller se dorer au soleil tout en dépensant moins. En fait, il ne s'agit ni de courage ni de patriotisme. Il est certain que les voyages à l'intérieur du Canada sont encore coûteux. Mais le jour où ils cesseront de l'être, nous n'aurons pas tant besoin de courage pour entreprendre nos préparatifs de vacances: de Banff à la Gaspésie, de Vancouver à la Gatineau, de l'Ile du Prince-Edouard à Calgary, notre pays réserve d'assez heureuses surprises à qui veut bien se donner la peine de le découvrir. Devenir touriste au Canada n'imposera pas de sacrifice. C'est une offre qui ne se refuse pas...

1'	3'	5'
11	4	2
24	8	5
37	12	7
50	17	10
62	21	12
74	25	15
86	28	17
98	32	20
110	37	22
122	41	24
134	45	27
135	45	27

1'	1	2	3	4	5	6	7	8	9	10	11	12
3'	1		2		3		4					
5'	1			2								

CE QU'EST LA NOUVELLE

	1′	3′	5′

La nouvelle est une information exacte au sujet d'un 10 | 3 | 2
événement d'intérêt public ou de nature émotive, ou la mention 22 | 7 | 4
d'actes ou d'opinions de caractère important. Elle parle de 34 | 11 | 7
quelque chose de différent du train-train quotidien. 44 | 15 | 9

Les avions qui volent sans accident et sans être détour- 11 | 18 | 11
nés par des pirates de l'air, les gens sans histoires, les cours 24 | 23 | 14
d'eau qui restent dans leurs lits et les nations qui mènent leurs 37 | 27 | 16
affaires et règlent leurs différends sans recourir à la guerre ne 50 | 31 | 19
sont pas matière à nouvelles. Un homme ordinaire accomplis- 62 | 35 | 21
sant de façon ordinaire un travail ordinaire est sans intérêt pour 75 | 40 | 24
le journaliste, mais un homme ou une femme extraordinaire à 87 | 44 | 26
l'oeuvre, ou un homme ou une femme ordinaire remplissant une 99 | 48 | 29
tâche extraordinaire ou encore une tache ordinaire de façon 110 | 51 | 31
extraordinaire, voilà ce qui constitue une nouvelle. 121 | 55 | 33

Il y a diverses sortes et diverses classes de nouvelles. 11 | 59 | 35
Une chose qui se produit dans un village peut être une nouvelle 24 | 63 | 38
dans cette localité, mais non dans une ville située à quelques 37 | 67 | 40
milles de là. Les fluctuations boursières ne sont des nouvelles 50 | 72 | 43
qu'en page financière et nulle part ailleurs, sauf en cas d'effon- 63 | 76 | 46
drement des cours. 66 | 77 | 46

```
1′ |_1_|_2_|_3_|_4_|_5_|_6_|_7_|_8_|_9_|_10_|_11_|_12_|
3′ |___1___|___2___|___3___|___4___|
5′ |_____1_____|_____2_____|
```

```
                    GUIDE POUR
          DACTYLOGRAPHIER UN TEXTE EN MANUSCRIT

     1. Régler le margeur gauche à 25 mm de la bordure gauche de la feuille.

     2. Régler le margeur droit à 25 mm de la bordure droite de la feuille.

     3. En dactylographiant, écouter attentivement le signal avertisseur qui
        se déclenche à quelques espaces avant le margeur droit. (Vérifier le
        nombre exact d'espaces selon la machine à écrire utilisée.)

     4. Dactylographier chaque ligne aussi près que possible de la marge
        droite. Eviter de couper les mots.

     5. S'il faut deux ou trois frappes au-delà de la marge droite pour complé-
        ter un mot, dépasser la marge en utilisant la touche passe-marges.

     6. S'il est nécessaire de couper un mot, suivre les règles suivantes:
        —diviser entre deux syllabes
        —ne pas diviser un mot d'une syllabe
        —ne pas diviser un nom propre, une abréviation, une date ou une
          valeur numérale.

     Pour les règles complètes, voir l'Appendice B, page 357.

     Exemple:
                                                         margeur droit
                                                              ↓
          Lorsqu'un homme droit découvre ce qui est
          juste et nécessaire et qu'il emploie son
          talent à le réaliser, il est en bonne voie
          d'atteindre la supériorité.  L'homme déve-
          loppe son sens de la bonne qualité et en
          fait preuve dans son travail.
```

REGLEZ LES MARGES DE GAUCHE ET DE DROITE A 25 mm DE LA BORDURE DE LA FEUILLE ET DACTYLOGRAPHIEZ LES PARAGRAPHES SUIVANTS.

		1′	3′	5′
Paragraphe 39	Nous prévoyons une hausse des prix	7	2	1
	dans un avenir rapproché. C'est pourquoi	15	5	3
	nous vous incitons à nous faire parvenir	23	8	5
	vos commandes le plus tôt possible.	30	10	6

```
1′  | 1 |  2  | 3  | 4  | 5  | 6  | 7  |
3′  |        1        |         2         |
5′  |              1              |
```

Test de vitesse

No 5

TRAVAILLER AVEC LES AUTRES

	1'	3'	5'
L'homme qui veut faire quelque chose doit apprendre à	10	3	2
cheminer avec les gens. Il ne saurait vivre en ermite, même si	22	7	4
ses opinions sont très éloignées de celles des hommes et des	34	11	7
femmes qui l'entourent.	38	13	8
Apprendre à aimer les gens et à s'entendre avec eux en	48	16	10
recherchant ce qu'il y a de bon en eux est une manière de vivre	63	21	13
qui est agréable et qui nous gagne des amis.	72	24	14
Il y a avantage à être prévenant pour les autres dans les	11	28	17
petites choses, à traiter chacun avec de tels égards qu'il gar-	24	32	19
dera de nous un bon souvenir. En prenant la peine de veiller à ce	37	36	22
que les autres ne soient pas négligés et en ayant soin de ne rien	50	41	24
faire qui puisse les humilier, nous donnons plus de valeur à la	62	45	27
simple courtoisie et nous nous assurons des relations humaines	75	49	29
satisfaisantes. La bonne entente avec les gens suppose la	86	53	32
communication, et c'est là une voie à deux sens. En étant	97	56	34
tolérant pour les opinions des autres nous pouvons élargir les	110	61	36
nôtres. Le Canada a misé son avenir sur l'espoir que grâce à	123	65	39
l'harmonisation des idées par la liberté de pensée la vérité avait	136	69	42
plus de possibilités de triompher que par tout autre moyen au	158	73	44
monde.	159	74	44

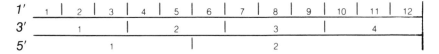

	1'	3'	5'

Paragraphe 40

Auriez-vous l'amabilité d'accueillir notre représentant. Nous espérons
que vous pourrez le faire sans apporter
trop de modifications à votre programme
sans aucun doute déjà surchargé.

1'	3'	5'
6	2	1
13	4	3
20	7	4
28	9	6
34	11	7

Paragraphe 41

Comme nous avons un besoin
urgent de ces classeurs, auriez-vous
l'obligeance de nous expédier le plus
rapidement possible deux modèles à
serrure et de reprendre les autres.

1'	3'	5'
5	2	1
12	4	2
19	6	4
25	8	5
32	11	6

Paragraphe 42

La Corporation des électriciens de
Mississauga nous avise qu'une ins-
pection des installations électriques de
votre atelier s'effectuera dans quelques
jours, à moins d'avis contraire.

1'	3'	5'
6	2	1
12	4	2
20	7	4
28	9	6
34	11	7

Paragraphe 43

Nous accusons réception de votre
lettre où vous attirez notre attention sur
le malencontreux incident dont votre
firme a été la victime. Nous vous
prions de nous excuser de notre
négligence.

1'	3'	5'
6	2	1
14	5	3
21	7	4
27	9	5
33	11	7
35	11	7

Paragraphe 44

Au sujet des tables que vous avez
commandées, puis-je vous référer
aux avis que nous venons de faire
circuler, vous informant que
désormais ces modèles ne seront
plus fabriqués ici.

1'	3'	5'
7	2	1
12	4	2
19	7	4
25	8	5
31	10	6
35	12	7

1'	1	2	3	4	5	6	7
3'		1			2		
5'			1				

Test de vitesse

No 4

UNE QUESTION DE CHOIX

	1′	3′	5′
Il n'est pas nécessaire de dépenser beaucoup pour bien	11	4	2
vivre. L'intelligence et le bon goût jouent un rôle aussi important	24	8	5
que l'argent dans ce domaine.	29	10	6
C'est une affaire de choix. Nous vivons dans un pays où	12	14	8
nous avons le droit de choisir. Nous pouvons examiner les	23	17	10
marchandises étalées dans les magasins et en demander le	34	21	13
prix. Nous pouvons épargner d'un côté pour dépenser d'un	46	25	15
autre. Les uns aiment à s'amuser; les autres préfèrent bien	58	29	17
manger. Quelques-uns se plaisent à s'acheter les vêtements de	71	33	20
dernière mode et les voitures de luxe, d'autres dépensent leur	83	37	22
argent en livres, musique, théâtre et tout ce qui contribue à leur	96	42	25
culture intellectuelle. Impossible de dire qui a tort et qui a raison	110	46	28
dans ces choix.	113	47	28
Mais une chose est certaine: notre revenu demande trop	11	51	31
de travail et trop de temps pour le gaspiller à la légère. Nous	24	55	33
pouvons révolutionner notre mode d'existence en réfléchissant	36	59	36
à l'avance à l'emploi que nous désirons faire de notre temps et	49	64	38
de notre argent pour réaliser nos désirs.	57	66	40

1′	1	2	3	4	5	6	7	8	9	10	11	12
3′		1		2		3		4				
5′			1			2						

Paragraphe 45

Notre représentant veut examiner lui-même les échantillons que vous avez en main, car un fâcheux contretemps vient de se produire chez nous et nous sommes obligés de renouveler notre marchandise dans le plus bref délai possible.

	1'	3'	5'
	6	2	1
	13	4	2
	19	6	4
	25	8	5
	31	10	6
	37	12	7
	43	14	9

Paragraphe 46

Vous nous forcez, cependant, à ne pouvoir tenir compte de la clarification et de la justification de vos retards à payer vos traites de courte échéance. En effet, plusieurs mois se sont écoulés depuis votre dernier versement.

	1'	3'	5'
	5	1	1
	11	4	2
	18	6	4
	24	8	5
	30	10	6
	36	12	7
	40	13	8

Paragraphe 47

Les sacs de farine que vous nous demandez seront remis ce matin même au CN qui vous les livrera d'ici deux jours. Nous espérons qu'ils vous parviendront en bon état et nous ne doutons pas que vous en serez entièrement satisfait.

	1'	3'	5'
	5	1	1
	12	4	2
	18	6	4
	25	8	5
	31	10	6
	37	12	7
	42	14	8

Paragraphe 48

En effet, nous avons omis de vous informer que les appareils électriques que vous avez commandés connaissent une si grande popularité qu'il nous est impossible de

	1'	3'	5'
	5	1	1
	12	4	2
	18	6	4
	24	8	5
	31	10	6

(Suite à la page suivante)

1'	1	2	3	4	5	6	7
3'		1			2		
5'		1					

MODULE II/Développement de la continuité

Test de vitesse

No 3

UNE CLIENTELE SATISFAITE

	1′	3′	5′
Savoir comment attirer les clients en faisant appel à leurs	11	4	2
besoins particuliers, c'est posséder le secret du succès dans la	23	8	5
vente. Les gens achètent les choses, non pas pour elles-	35	12	7
mêmes, mais pour les services qu'elles leur rendent. Ils appré-	49	16	10
cient toujours le geste du vendeur qui s'efforce sincèrement et	61	20	12
avec bienveillance de les aider à trouver ce qui leur convient le	74	25	15
mieux.	75	25	15
Le client sera encore plus satisfait s'il sort de chez le	12	29	17
vendeur avec la ferme certitude que son achat lui plaira. Ce qui	25	33	20
intéresse le client, ce n'est pas autant le complet qu'il vient	37	37	22
d'acheter que l'allure qu'il aura dans ce vêtement; ce n'est pas	50	42	25
tant la voiture qu'il aura achetée que le prestige qu'elle lui	63	46	28
vaudra; ce n'est pas la qualité des services professionnels	75	50	30
reçus, mais le degré auquel ces services lui ont aidé à résoudre	87	54	32
un problème de quelque nature que ça soit. Une agence de	98	58	35
publicité donnait récemment le conseil suivant: "Ne vendez pas	111	62	37
de marchandises, vendez la beauté, le comfort et le sens de	122	66	39
bien vivre."	126	67	40

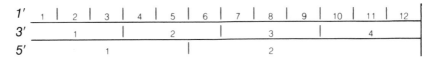

	1'	3'	5'
répondre à la demande. Vous	35	12	7
recevrez sous pli séparé notre	41	14	8
nouveau catalogue, et nous	48	16	10
souhaitons avoir le plaisir	56	19	11
de vous servir bientôt.	64	21	13

Paragraphe 49

	1'	3'	5'
L'innovation est d'un riche rap-	6	2	1
port pour qui la met en action après	13	4	3
avoir examiné une idée et en avoir	19	6	4
vérifié le bien-fondé. Vendre des réfri-	27	9	5
gérateurs aux Esquimaux pour empêcher	34	11	7
les aliments de geler c'est un peu com-	41	14	8
me créer un nouveau produit. C'est l'ima-	49	16	10
gination menant à un nouveau marché.	56	19	11

Paragraphe 50

	1'	3'	5'
Il ne suffit pas à l'industrie ou	6	2	1
au commerçant de connaître à fond son	13	4	3
produit; en matière de vente, il est plus	21	7	4
important qu'il connaisse les désirs et	28	9	6
les dispositions du public. Il doit aussi	36	12	7
tenir compte des caprices de la clientèle.	44	15	9
Sans nécessairement approuver tous les	51	17	10
goûts, il lui faut y accorder de l'attention.	60	20	12

Paragraphe 51

	1'	3'	5'
Nous devons offrir les produits	6	2	1
et les services que désirent les con-	13	4	3
sommateurs aux prix qu'ils sont dis-	20	7	4
posés à payer. Notre marchandise	26	9	5
est de première qualité. Il nous	32	11	6
faut maintenant trouver un	37	12	7
marché et organiser la promotion	42	14	8
des ventes.	44	15	9

1' | 1 | 2 | 3 | 4 | 5 | 6 | 7
3' | 1 | 2
5' | 1

Test de vitesse

No 2

LA PUBLICITE

	1'	3'	5'
D'après les calculs d'un expert, la famille canadienne	10	3	2
moyenne serait exposée à quelque mille messages publicitai-	21	7	4
res par jour. Cette révélation stupéfiante acquiert une certaine	34	11	7
vraisemblance quand on tient compte du nombre d'annonces	46	15	9
que véhiculent les journaux, les magazines, la télévision, la	59	20	12
radio, les panneaux-réclame et les affiches dans les endroits	71	24	14
publics. Et encore omet-on ici le flot de circulaires qui se glissent	84	28	17
dans nos boîtes aux lettres.	90	30	18
Que nous le voulions ou non, il semble que la publicité et	11	34	20
la promotion des ventes fassent maintenant partie de notre vie	24	38	23
quotidienne. Il y a peut-être lieu de se demander si elles ne	36	42	25
prétendent pas y jouer un rôle trop important.	45	45	27
Grâce à l'abondance relative de notre époque nous	55	48	29
avons accès à l'information, en particulier au moyen de la télévi-	68	53	32
sion qui, directement et indirectement, nous exhorte à nous	80	57	34
divitir et à mener une vie plus satisfaisante.	89	60	36

```
1'  |  1  |  2  |  3  |  4  |  5  |  6  |  7  |  8  |  9  |  10 |  11 |  12
3'  ___|____1____|_____2_____|_____3_____|_____4_____
5'  _____1_____|_____2_____
```

Paragraphe 52

Le progrès dans les affaires peut
aller de pair avec le respect des règles
les plus saines et les plus honnêtes pour
réussir dans la vie. Se distinguer par
sa bonne réputation et son sens élevé
de l'honneur commercial est un avan-
tage précieux pour créer et développer
une entreprise.

1'	3'	5'
6	2	1
14	5	3
22	7	4
30	10	6
37	12	7
44	15	9
51	17	10
54	18	11

Paragraphe 53

Toute entreprise commerciale comporte quatre genres d'opérations : le
financement, la production, la comptabilité et la vente. Mais sans la publicité
qui consiste à intéresser, à convaincre
et à garder les clients, aucun des
autres ne pourrait exister.

1'	3'	5'
6	2	1
13	4	3
20	7	4
29	10	6
36	12	7
43	14	9
48	16	10

Paragraphe 54

Dans les moments favorables, lorsque
l'argent pousse dans les arbres, il est
relativement facile aux commerçants
de les secouer et d'en faire tomber une
partie ; mais dans les moments difficiles,
lorsque l'argent vaut surtout par la
sécurité qu'il offre, il leur faut travailler davantage. Il y a des fois où le vérificateur ne peut tailler assez fine la pointe
de son crayon pour inscrire les bénéfices.

1'	3'	5'
7	2	1
15	5	3
22	7	4
29	10	6
37	12	7
45	15	9
54	18	11
62	21	12
70	23	14
77	26	15

1'	1	2	3	4	5	6	7
3'		1			2		
5'			1				

L'EDUCATION DU CONSOMMATEUR

	1'	3'	5'
La nouvelle profusion des produits et services qui	10	3	2
s'offrent à nous de ce temps-ci donne aux consommateurs la	21	7	4
possibilité de vivre dans l'abondance, s'ils savent bien profiter	34	11	7
de l'occasion. Il se peut que l'expérience soit un bon maître	47	16	9
mais, quand il s'agit d'acheter des marchandises ou des servi-	59	20	12
ces, elle peut coûter cher. Tous ceux et celles qui se donnent la	72	24	14
peine d'apprendre exactement ce qu'il faut chercher et la	84	28	17
manière de le trouver s'épargneront bien des frais. En effet, il	97	32	19
existe une grande satisfaction qu'on éprouve d'en avoir pour	109	36	22
son argent quand on agit de façon avisée et intelligente.	120	40	24

> ### COMMENT CALCULER LE NOMBRE DE MOTS A LA MINUTE
>
> 1. *Lire l'échelle à la droite de la page, au bout de la dernière ligne complète dactylographiée. Si la durée du test était d'une minute, utiliser la première colonne; si elle était de trois minutes, utiliser la deuxième colonne; de cinq minutes, la troisième colonne.*
> 2. *Lire l'échelle au bas de la page sous le dernier mot d'une ligne partiellement complétée. Utiliser la première échelle pour un test d'une minute, la deuxième pour un test de trois minutes, la troisième pour un test de cinq minutes.*
> 3. *Ajouter ce dernier nombre de mots au nombre au bout de la dernière ligne complète. Ce total donne le nombre de mots dactylographiés pour la durée du test.*
>
> *NOTEZ BIEN: Si la durée du test est autre qu'une minute, trois minutes ou cinq minutes, utiliser l'échelle d'une minute. Pour calculer le nombre de mots dactylographiés par minute, diviser le total des mots par le nombre de minutes de la durée du test.*
>
> *EXEMPLE: Dans le test d'une minute du "L'éducation du consommateur," le dernier mot dactylographié est "services." En additionnant "59" de la colonne à la droite, qui est le nombre de mots de la ligne complétée, et "1" au bas de la page sous "services," qui est le dernier mot dactylographié, on obtient un total de 60 mots à la minute.*

Paragraphe 55

	1'	3'	5'
Les rapports entre les chefs de ser-	7	2	1
vice et les employés s'établissent par	14	5	3
la communication des idées. C'est une	21	7	4
voie à deux sens. Il est impossible au	28	9	6
chef de faire adopter ses propres idées	35	12	7
sans connaître ce que pensent ses	41	14	8
employés, car leurs idées peuvent être	48	16	10
contraires ou confuses, utiles ou inutiles.	56	19	11
Il faut que la direction fasse comprendre	64	21	13
aux ouvriers ce qu'elle essaie de faire	72	24	15
avant de pouvoir compter sur leur	78	26	16
concours.	81	27	16

Paragraphe 56

	1'	3'	5'
Les affaires consistent soit à fabri-	7	2	1
quer des marchandises et à les vendre,	14	5	3
soit à acheter des marchandises et à	21	7	4
les revendre, soit à assurer des ser-	29	10	6
vices que paient les utilisateurs.	35	12	7
Ceux qui sont dans les affaires ont	42	14	8
pour objectifs le profit et l'expansion.	50	17	10
Les affaires sont utiles à la fois au	57	19	11
vendeur et à l'acheteur, au producteur	64	21	13
et au distributeur, de même qu'au con-	71	24	14
sommateur. Elles offrent de l'emploi	79	26	16
et concourent au bien-être social.	86	29	17

1'	1	2	3	4	5	6	7
3'		1			2		
5'			1				

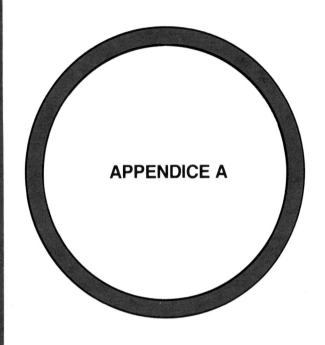

APPENDICE A

TESTS DE VITESSE

PHRASES ALPHABÉTIQUES   II.2   Réglez la machine à écrire pour une ligne de 60 frappes. Les phrases qui suivent contiennent toutes les lettres de l'alphabet. Elles ont pour but principal la maîtrise du clavier alphabétique.

1   Guy Wilbrod, chantez pour moi vos joyeux airs folkloriques.

2   J'ai offert un dictionnaire à Zoël qui veut y chercher les deux belles images du petit wagon et du kiosque.

3   Zacharie et Jean-Paul disent que l'aluminium et le nickel, deux métaux inoxydables, servent à fabriquer des wagons.

4   Je m'empresse de vous signaler que vous aurez beau faire, les taxis new-yorkais ne cessent de faire hurler leurs klaxons.

5   J. K. Barnwell annonce que cette usine peut employer plusieurs ouvriers pour faire le raffinage de la pierre à chaux et du quartz.

6   Voyez ce que j'ai lu, et je résume: la rivière Saskatchewan traverse les prairies, contribuant ainsi à l'expansion des villages.

7   Lisez ces deux articles, vous verrez bien qu'on y parle de Konjiaf et du plumage chatoyant qu'il revêt pour le grand pow-wow.

8   Pensez-vous que M. Wilson voudra féliciter ce jeune orgueilleux qui a brisé le kiosque d'Henry?

9   Sachez que si la guerre froide exige beaucoup de contrôle, les jeunes conducteurs de tramway de la ligne K en requièrent autant dans ce vieux quartier.

10   Entre le kiosque et le wigwam vous avez vu les animaux suivants: un lynx, un zèbre, un éléphant, un cerf et un faon.

CHOISISSEZ DEUX DES PROCEDES ENUMERES PRECEDEMMENT ET REPRODUISEZ LES EXERCICES QUI SUIVENT SUR LES MACHINES QUI VOUS SONT DISPONIBLES.

IX.1 Dactylographiez la lettre circulaire qui suit et qui sera signée par Jacques-L. Thibodeau, Aux Grands Magasins, 37, rue Principale, Penetanguishene, Ontario L0K 1P0.

Compte no _____ (¶) Lors d'un récent examen de votre dossier, nous avons cru bon de porter votre marge de crédit à _____ . (¶) Ce geste de notre part est principalement dû à la façon dont vous vous servez de votre compte et dont vous vous acquittez de vos obligations. (¶) Nous espérons que cette nouvelle marge de crédit vous conviendra et qu'elle vous permettra de donner une importance plus grande au rôle que joue votre compte dans la gestion de vos affaires personnelles. (¶) Agréez mes salutations distingués. Jacques-L. Thibodeau, Directeur.

IX.2 Dactylographiez l'ordre du jour qui suit.

LA MAISON D'AMITIE/Réunion du bureau des gouverneurs/19__04 25/ Local 312/ Ouverture de l'assemblée / Lecture et adoption du procès-verbal de la dernière réunion / Rapports des comités / Affaires nouvelles: a) admissions b) personnel c) octrois disponibles d) répartition des tâches e) révision du budget f) renseignements supplémentaires

IX.3 Dactylographiez les renseignements qui suivent sur une feuille P5 pour reproduction.

Procédés de reproduction

dactylographie	—	nombre de copies	—
offset	—	assembler	—
stencil à encre	—	agraffer	—
stencil à alcool	—	retourner le stencil	—
photocopie	—	détruire le stencil	—
autre (spécifier)	—		

Instructions supplémentaires _____
_____
_____

Date reçu _____ Date remis _____
Demandé par _____ Approuvé par _____

IX.4 Centrez l'annonce qui suit pour reproduction sur feuille P4.

Annonce/ L'ouverture officielle des nouveaux locaux du Cercle laurentien aura lieu le samedi, 14 juin. (¶) Entre autres, il y aura démonstration de toutes les activités organisées par le Cercle. Des orchidées seront offertes à toutes les dames et un grand tirage aura lieu à 18:00 auquel pourront participer tous les visiteurs. (¶) Pour les membres du personnel, il y aura réception et visite des lieux le jeudi, 12 juin à 20:00. Un autobus nolisé quittera le présent local à 19:45 pour se rendre à la nouvelle adresse.

11 J'y pense beaucoup; d'ici deux ans vous verrez que le pétrole des grands oléoducs du Mackenzie sera raffiné à Whitehorse.

12 Le professeur Jacques exige que vous sachiez bien que le kilowatt est une unité de puissance ayant une valeur de mille watts.

13 Mais vous savez bien que Wesleslas, ce joyeux garçon, porte une feuille de houx à son képi.

14 Hier, près du wigwam je voyais facilement un lynx et un zèbre qui pesait plusieurs kilogrammes.

15 Ayez soin de toujours vérifier les nombreux kilowatts qui apparaissent sur la face des huit grands cadrans.

16 Après avoir bu le café Maxwell à ce kiosque, ayez la bonté de nous dire si vous projetez d'en acheter en grande quantité.

17 Le docteur Wilfrid Major demande que vous soyez hospitalisé à deux heures pour une intervention chirurgicale qui, bien qu'il ne s'agisse que de kystes, demeure néanmoins assez grave.

18 Je crois que les skieurs les plus heureux sont ceux qui partent, bien équipés, pour faire du ski à seize kilomètres de Winnipeg.

5. Ne pas retirer le papier carbone, il permet une impression nette et lisible du texte.

6. Introduire le stencil et la feuille protectrice dans la machine en y insérant le bout cartonné.

7. Glisser les coussinets aux extrémités du stencil ou du presse-papier pour bien retenir le stencil.

8. La frappe doit être régulière mais ferme.

9. Corriger les erreurs en utilisant le liquide correcteur pour stencil. Suivre le mode d'emploi indiqué sur la bouteille.

10. Une variété de stylets, de guides de lettrage, de dessins est disponible pour faire les tracés et les dessins.

STENCIL OFFSET

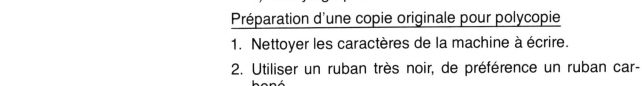

Préparation d'un stencil offset

1. Nettoyer à fond les caractères, le cylindre et les coussinets de la machine à écrire.

2. Utiliser un crayon spécial à encre grasse ou une machine à écrire avec ruban spécial "offset".

3. Introduire le stencil dans la machine à écrire en ayant soin de ne pas laisser d'empreintes digitales sur la partie imprimante.

4. Dactylographier la copie, en suivant les indications données sur le stencil.

5. Corriger les erreurs de la façon suivante:

   a) utiliser une gomme spéciale "offset" ou une gomme très douce pour ne pas endommager la plaque imprimante,

   b) éviter de venir en contact avec la plaque imprimante; glisser une feuille de papier sous la main pour réduire au maximum les points de contact,

   c) d'un mouvement circulaire, effacer l'erreur délicatement mais non totalement (faire attention à ce que le stencil ne soit pas endommagé),

   d) dactylographier la correction.

Préparation d'une copie originale pour polycopie

1. Nettoyer les caractères de la machine à écrire.

2. Utiliser un ruban très noir, de préférence un ruban carboné.

3. Utiliser un papier blanc.

4. Corriger les erreurs en utilisant un papier adhésif, un liquide correcteur ou une gomme.

PHRASES AVEC LETTRES MAJUSCULES

II.3 Réglez les margeurs pour une ligne de 60 frappes. Les phrases qui suivent servent à renforcer l'apprentissage des touches majuscules.

1 Air Canada vous amènera du Pacifique à l'Atlantique ainsi qu'aux Etats-Unis, en Europe, aux Bermudes et aux Antilles.

2 L'Association France-Canada invite ses membres et leurs amis au Gala France-Canada au Château Laurier, à Ottawa.

3 La Société des Acadiens du Nouveau-Brunswick convoque une conférence qui réunira tous les Acadiens des Maritimes.

4 Le ministère des Postes de la Grande-Bretagne a émis un timbre mettant en vedette le palais de Holyrood House à Edimbourg, en Ecosse.

5 Ses frères demeurent ailleurs: Claude à Rockland, Denis à Simcoe, Aurèle à Clarence Creek, René à Orléans et Pierre à Ottawa.

6 Entre Sault Ste-Marie et North Bay nous avons visité Blind River, Elliot Lake, Espanola, Ile Manitoulin, Sudbury, Verner et Sturgeon Falls.

7 Guy Lafleur des Canadiens, Bryan Trottier des Islanders, Darryl Sittler de Toronto, Terry O'Reilly de Boston et Gilbert Perreault de Buffalo sont en lice pour le joueur de l'année de la LNH.

8 Les professeurs Michel Gaulin et Sylvain Simard présenteront le prix du Canada alors que madame Andrée Begens et le professeur Pierre Kuntsmann présenteront le prix Goncourt.

9 Voici les noms de nos représentants: Daniel Hébert, Robert Richard, Paul Lussier, Claire Jutras, Edmond Wielgo, Ernest Chaloux, Raymond Courchesne et Jacqueline Forget.

10 Vous pourrez visiter Charlottetown, Ile du Prince-Edouard; Halifax et Sydney, Nouvelle-Ecosse; Québec, Montréal, Sherbrooke et Rouyn, Québec; Ottawa, Kingston, Belleville, Toronto, Hamilton et Kitchener, Ontario.

STENCIL A ALCOOL

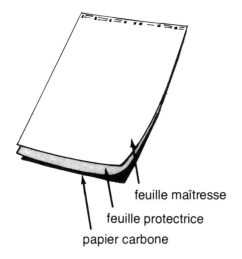

feuille maîtresse

feuille protectrice

papier carbone

STENCIL A ENCRE

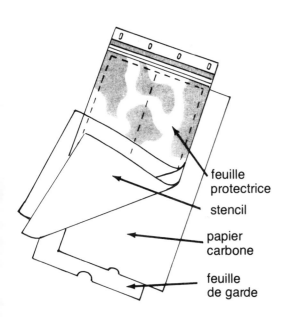

feuille
protectrice

stencil

papier
carbone

feuille
de garde

PREPARATION A LA POLYCOPIE

Un secrétaire se doit de posséder les connaissances pratiques qui lui permettent de reproduire de façon efficace la correspondance, les notes de service, les rapports etc. Les copies faites individuellement à la machine à écrire prennent beaucoup de temps et sont en conséquence fort dispendieuses. Il est donc plus économique d'utiliser les appareils spécialement conçus pour le travail de polycopie, dont certains exigent l'emploi de stencils. Les informations qui suivent peuvent servir de guide pour en préparer quelques-uns, soit les stencils à alcool, à encre et offset.

Préparation d'un stencil à alcool

1. Nettoyer à fond les caractères de la machine à écrire à l'aide d'une brosse, d'un liquide nettoyeur (tétrachlorure de carbone) ou de la plasticine.

2. Glisser les coussinets aux extrémités du presse-papier de façon à ce qu'ils ne reposent pas sur le stencil.

3. Retirer la feuille protectrice qui sépare la feuille maîtresse du papier carbone; éviter de toucher au papier carbone.

4. Introduire dans la machine à écrire la feuille maîtresse et le papier carbone en commençant par le bout détaché du stencil; ceci facilitera les corrections.

5. Ne *pas* neutraliser le ruban.

6. Frapper les touches d'un coup sec et régulier. Un négatif du texte imprimé apparaîtra au verso de la feuille maîtresse.

7. Corriger les erreurs sur le négatif de la façon suivante:
   a) replier la feuille maîtresse vers soi et tourner le cylindre jusqu'à ce que l'erreur apparaisse au verso,
   b) à l'aide d'une lame à rasoir, gratter pour enlever l'erreur sur le négatif, ou couvrir l'erreur d'un papier gommé,
   c) déchirer un coin du papier carbone non utilisé et l'insérer à l'endroit de l'erreur, le côté carboné en contact avec le négatif,
   d) dactylographier la correction et retirer le morceau de papier carbone.

Préparation d'un stencil à encre

1. Nettoyer à fond les caractères de la machine à écrire.

2. Mettre l'indicateur de ruban à stencil (position neutre).

3. Placer la feuille protectrice sur le stencil (feuille paraffinée) ou réduire la tension sur les touches.

4. Suivre les instructions données sur le stencil.

II.4   Réglez les margeurs pour une ligne de 60 frappes. Pour compléter la phrase vous devrez couper un mot. Au son de l'avertisseur, décidez où vous ferez la coupure. (Voir les règles de la division des mots à la page 357.)

1   Il a obtenu une vitesse raisonnable et une précision satisfaisante.

2   Tous les humains recherchent la perfection dans un domaine particulier.

3   Les mauvaises habitudes diminueront l'efficacité et le rendement.

4   La deuxième partie de cet avant-propos donnera plus d'explications.

5   Chaque mot a été soigneusement choisi afin de corriger un défaut particulier.

6   A l'assemblée des actionnaires, il pourra voter sur les propositions.

7   Si tout va bien, un grand nombre d'actionnaires seront présents.

8   Le taux d'intérêt fixe est payé avant les dividendes aux actionnaires.

9   Les ateliers de théâtre ont aidé des comédiens et des régisseurs.

10   Nous devons donc savoir apprécier et encourager ces professionnels.

11   Le développement des loisirs a connu une expansion remarquable.

12   C'est pourquoi les activités de plein air sont devenues si populaires.

13   Cependant, la plupart de ces moyens de détente sont inaccessibles.

14   Il veut donner une formation de base à tous ceux qui s'y intéressent.

15   De plus en plus, nous désirons aller chez un commerçant spécialisé.

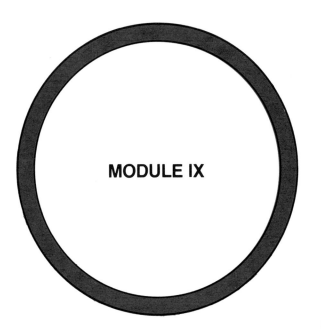

MODULE IX

STENCILS POUR LA POLYCOPIE

OBJECTIFS

1. Apprendre à dactylographier un stencil à alcool, à encre et offset.

2. Apprendre à faire la correction des stencils selon le procédé propre à chacun.

ACTIVITES QUOTIDIENNES

1. La date courante. Dactylographiez trois lignes de la date courante comme suit:

		↓taquet		↓taquet	
19__	05 21	19__	05 21	19__	05 21
19__	05 21	19__	05 21	19__	05 21
19__	05 21	19__	05 21	19__	05 21

2. La vitesse et la précision. Dactylographiez un paragraphe du Module II ou du Module III pour améloirer la vitesse ou la précision. Ou bien, choisissez un texte de l'Appendice A comme test de vitesse.

3. La préparation des stencils. Les exercices du Module IX.

CONTENU

Le Module IX initie l'étudiant aux techniques de base utilisées dans la préparation de stencils pour la polycopie.

PROGRESSION DE VITESSE

II.5 Choisissez une phrase parmi celles qui suivent et qui correspond à votre vitesse de frappe. Dactylographiez cette phrase et, au signal donné par le professeur, revenez à la marge gauche. Si vous n'avez pas complété la phrase, reprenez-la. Si vous l'avez complétée, passez à la suivante. Vous ne devez revenir à la marge qu'au signal. Essayez d'augmenter votre vitesse.

		20″	*30″*	*60″*
1	Ils ont gagné la joute.	14	9	5
2	Yvonne a brisé ce verre.	14	10	5
3	La soupe est trop chaude.	15	10	5
4	Richard a été hospitalisé.	16	10	5
5	Suzanne a brisé la fenêtre.	16	11	5
6	Marie marche très lentement.	17	11	6
7	Julie aura cinq ans vendredi.	17	12	6
8	Nous devons payer aujourd'hui.	18	12	6
9	Nous organisons un long voyage.	19	12	6
10	Elle est plus âgée que sa soeur.	19	13	6
11	Il participera au débat de jeudi.	20	13	7
12	Il ira à la foire avec son projet.	20	14	7
13	La porte s'est ouverte brusquement.	21	14	7
14	Sept garçons ont assisté à la joute.	22	14	7
15	Ils sont à cheval depuis deux heures.	22	15	7
16	Plusieurs personnes étaient présentes.	23	15	8
17	Ils fêtent leur vingtième anniversaire.	23	16	8
18	Achetez vos cartes de fête avant demain.	24	16	8
19	Ils faudra poster les lettres aujourd'hui.	25	16	8
20	C'est sûrement une chance dans un million.	25	17	8
21	J'ai entendu chanter le rossignol ce matin.	26	17	9
22	Daniel édite les publications semestrielles.	26	18	9
23	Comment remplacer un homme aussi intelligent?	27	18	9
24	Une poursuite lui sera intentée prochainement.	28	18	9
25	Il me revient l'embêtement de couper le budget.	28	19	9
26	Il conclut une entente mutuelle avec son patron.	29	19	10
27	Il est le premier à gagner l'épreuve d'endurance.	29	20	10
28	Le courier a fait l'acquisition d'un calculateur.	30	20	10
29	Le postier sollicite le poste d'inspecteur adjoint.	31	20	10

Carte postale	**AID 9**

Composez un message, sur une carte postale, invitant les parents à participer à une activité scolaire telle une exposition artistique ou scientifique.

Dactylographiez dix de ces cartes postales et adressez-les aux parents de dix copains de classe. Utilisez l'adresse de l'école comme l'adresse de l'expéditeur.

AID 10

Préparez dix cartes postales qui pourraient servir de rappel des dates de réunion d'un club social de votre ville.

Formule à compléter	**AID 11**

Composez et dactylographiez dix formules à compléter, format carte postale, que la bibliothèque de votre école pourrait utiliser pour rappeler aux étudiants que la date à laquelle ils devaient remettre leurs livres est passée.

AID 12

Préparez une fiche d'inscription pour un hôtel ou un motel.

Formule de demande d'emploi	**AID 13**

Obtenez une formule de demande d'emploi d'une maison d'affaires locale. Complétez cette formule à la machine à écrire.

AID 14

Préparez une formule de demande d'emploi à compléter pour un emploi de commis dans un magasin de votre ville.

Fiche	**AID 15**

Dactylographiez dix fiches d'adresses des parents qui ont reçu les cartes postales de l'exercice AID 9.

Rapport financier	**AID 16**

Demandez au trésorier d'un club social de votre ville l'autorisation de dactylographier le bilan et l'état des résultats de ce club.

Itinéraire	**AID 17**

Préparez et dactylographiez l'itinéraire de vos vacances d'été.

PARAGRAPHES
AVEC
PROGRESSION

II.6 Réglez les margeurs pour une ligne de 60 frappes. Choisissez un paragraphe parmi ceux qui suivent et qui correspond à votre vitesse de frappe. Votre professeur vous donnera un test de vitesse de cinq minutes, pendant lequel il comptera à haute voix chaque quart de minute écoulé. (Ces quarts de minute sont indiqués par les chiffres en couleur au-dessus des lignes.) Votre but est d'être à l'endroit précis qu'indique le professeur ou, si possible, plus loin. Par exemple, si votre vitesse habituelle est de 9 mots à la minute, vous choisirez le premier paragraphe. Lorsque votre professeur dit le numéro "1", vous devez être en train de dactylographier le mot "compteurs."

10 mots à la minute

Par cette lettre nous désirons certifier que les compteurs et le
matériel que nous avons commandés de votre institution seront
utilisés à des fins éducatives seulement. Notre établissement a
mis sur pied un programme d'entraînement pour lequel nous
nous équipons présentement.

12 mots à la minute

Non seulement ces écrits sont-ils intéressants mais, de plus, ils
serviront à la recherche de programmes, de méthodes et de
manuels qui seront à la portée de tous. Le développement d'une
approche pratique et plus efficace demeure mon premier
souci. Je vous suis donc très reconnaissant de m'avoir fourni
ces renseignements.

14 mots à la minute

Venez visiter nos salles de montre. Vous y découvrirez des
centaines de pièces décorées pour vous inspirer: des accessoires, des couleurs, des meubles de bon goût que vous appré-
cierez dans votre foyer. Vous y trouverez toutes les tendances
nouvelles en décoration, les façons de redonner vie à un appartement et des suggestions de décoration inestimables.

**APPLICATION
INDIVIDUELLE
DE DACTYLOGRAPHIE**

VIII.67 Maintenant que le Module VIII est complété, vous ne devez éprouver aucune difficulté à faire les exercices qui suivent.

Servez-vous toujours de la bonne technique dactylographique quand vous faites ces exercices.

Communiqué
de presse

AID 1

Composez et dactylographiez un communiqué de presse relativement à une activité de l'école. Utilisez un des deux formats illustrés à la page 267.

AID 2

Trouvez des détails intéressants au sujet d'un membre de l'école ou de votre ville. Composez et dactylographiez un communiqué de presse.

AID 3

Si un groupe d'étudiants projette un voyage, interviewez la personne responsable. A partir de ces notes, composez et dactylographiez un communiqué de presse.

Programme

AID 4

Composez et dactylographiez le programme d'une activité scolaire.

AID 5

Composez, disposez et dactylographiez le menu d'un dîner de fête d'un restaurant bien connu.

Ordre du jour

AID 6

Demandez au directeur de l'école l'autorisation de dactylographier l'ordre du jour de la prochaine réunion du personnel.

AID 7

Consultez le président d'un club dont vous êtes membre. Composez et dactylographiez l'ordre du jour de la prochaine réunion du club.

Procès-verbal

AID 8

Demandez au président d'un club social de votre ville l'autorisation de prendre des notes à la prochaine réunion. A partir de ces notes, composez et dactylographiez le procès-verbal de cette réunion.

16 mots à la minute

Nous vous offrons une $^{1/4}$ remarquable collection $^{1/2}$ de complets de $^{3/4}$ printemps de haute qualité, **1** confectionnés avec le $^{1/4}$ plus grand $^{1/2}$ soin dans nos propres ateliers. $^{3/4}$ Les tissus sont **2** d'excellente $^{1/4}$ qualité: pure laine $^{1/2}$ et laine polyester; les styles $^{3/4}$ et coupes sont de **3** dernière mode. Même $^{1/4}$ à leur prix régulier, $^{1/2}$ ces complets consti- $^{3/4}$ tuent des **4** achats extrêmement $^{1/4}$ avantageux. Et pendant un $^{1/2}$ temps limité seulement, $^{3/4}$ nous vous les offrons **5** à rabais.

18 mots à la minute

Pour faire suite à votre $^{1/4}$ demande d'emploi comme $^{1/2}$ secrétaire de direction, $^{3/4}$ vous trouverez **1** ci-incluse toute la documentation $^{1/4}$ que vous nous **2** faisiez $^{1/2}$ alors parvenir. Nous $^{3/4}$ vous la retournons dans le but de vous $^{1/4}$ permettre de renouveler $^{1/2}$ votre demande et de mettre $^{3/4}$ à jour votre dossier. **3** Si le poste vous intéresse $^{1/4}$ toujours, veuillez $^{1/2}$ compléter la nouvelle $^{3/4}$ formule de demande **4** d'emploi ci-jointe et nous $^{1/4}$ la poster aussitôt, $^{1/2}$ accompagnée de toutes les $^{3/4}$ pièces justificatives. **5**

20 mots à la minute

Les avantages offerts $^{1/4}$ doivent être accessibles $^{1/2}$ aux lecteurs et adaptés $^{3/4}$ à leur situation, **1** à leur milieu et à leurs $^{1/4}$ besoins. Une lettre ne peut guère $^{1/2}$ convaincre les habitants $^{3/4}$ de la zone glaciale **2** arctique d'acheter $^{3/4}$ des chapeaux de $^{1/4}$ paille ou faire vendre $^{1/2}$ des landaus aux célibataires. $^{3/4}$ On peut définir le client **3** éventuel comme un $^{1/4}$ individu, une entreprise $^{1/2}$ ou une institution qui a besoin $^{3/4}$ d'un produit ou d'un **4** service, qui dispose $^{1/4}$ d'assez d'argent pour le payer $^{1/2}$ et chez qui on peut $^{3/4}$ susciter un désir d'acquisition. **5**

RAPPORT FINANCIER: LE BILAN

*Le **bilan** fait état de la situation financière d'une entreprise ou d'un organisme à une date déterminée en indiquant ses ressources (l'actif), ses dettes (le passif) et ses capitaux.*

VIII.65 Dactylographiez le bilan qui suit en centrant verticalement et horizontalement sur une feuille P4 les renseignements fournis.

TAXI BELISLE

Bilan

au 31 décembre 19___

Actif

Encaisse		$2 100,00
Fournitures		250,00
Equipement	$7 400,00	
Provision accumulée pour amortissement	200,00	7 200,00
Total actif		$9 550,00

Passif

Comptes à payer		$ 350,00

Capital

Jules Belisle, capital		9 200,00
Total passif et capital		$9 550,00

RAPPORT FINANCIER: ETAT DES RESULTATS

*L'**état des résultats** donne le sommaire des gains et des pertes pour une période donnée.*

VIII.66 Dactylographiez l'état des résultats qui suit en centrant verticalement et horizontalement, sur une feuille P4, les renseignements fournis.

TAXI BELISLE

Etat des résultats

au 31 août 19___

Recettes		$2 000,00
Déboursés		
Salaires	$500,00	
Fournitures	400,00	
Dépréciation	200,00	
Loyer	50,00	
Chauffage et électricité	25,00	
Frais divers	75,00	1 300,00
Revenus nets		$ 700,00

22 mots à la minute

Il est important que l'employeur établisse un contact ¹/₄ humain ½ avec chaque personne ³/₄ qui travaille sous sa direction. **1** Les employés sont en premier ¹/₄ lieu des êtres humains ½ avant d'être des travailleurs. ³/₄ Lorsqu'un employeur **2** manifeste un intérêt sin- ¹/₄ cère au bien-être et aux ½ besoins de ses employés, il ³/₄ encourage chez eux un sentiment **3** de loyauté. Une suggestion ¹/₄ faite par un employé peut ½ sembler n'avoir aucune ³/₄ application immédiate, **4** mais elle pourrait donner lieu à ¹/₄ d'autres suggestions qui ½ s'avéreraient très ³/₄ précieuses.

24 mots à la minute

Pour fournir des renseignements ¹/₄ utiles à leurs clients, ½ les infor- **1** mathèques font l'acquisition ³/₄ de livres, de journaux, d'enregistre- ¹/₄ ments, de films et de bande sonores. ½ Ces pièces d'information **2** sont disposées de sorte qu'elles ³/₄ puissent être repérées rapide- ¹/₄ ment dès que quelqu'un en fait ½ la demande. La tâche **3** d'organiser le matériel ³/₄ pour pouvoir fournir les renseignements ¹/₄ dans un minimum de temps ½ est considérable. Les divers **4** procédés qui permettent de ³/₄ réduire la photographie d'un ¹/₄ imprimé remplissent une fonction ½ importante dans le domaine de l'information.

QUINCAILLERIE DUNCAN LIMITEE

432, Neuvième Avenue, Brandon, Man.

4 avril 19 78 No. 834

13-34 / 420

Payez à l'ordre de   Distribution Livingstone Limitée $ 149,00

———————— Cent quarante-neuf ———————————— XX/100 Dollars

LA BANQUE CANADIENNE NATIONALE
742, avenue Lefebvre, Brandon, Manitoba R7A 0K7

Quincaillerie Duncan Limitée

⑈0308⑈0061: 797⑈550⑈

Détachez ce talon avant de toucher le chèque

A

Distribution Livingstone Limitée
Case postale 121
Oakbank, Man. R0E 1J0

QUINCAILLERIE DUNCAN LIMITEE

432, Neuvième Avenue, Brandon, Man. R7A 4B1

En paiement des factures suivantes

Date	Facture	Montant
19-- 03 10	1456	149,00

Les entreprises acquittent presque toutes leurs factures par chèques. Dans les grandes entreprises, on utilise les ordinateurs ou la machine à libeller qui perfore le montant dans le papier. De nombreuses entreprises utilisent des chèques avec partie détachable. D'autres préparent elles-mêmes leurs chèques manuellement à la machine à écrire.

Les exercices VIII.62 à VIII.64 comprennent des chèques avec talon ou partie détachable à dactylographier.

Vous pourrez vous procurer des formules de chèque aux banques de votre localité.

VIII.63 Utilisez les renseignements fournis à l'exercice VIII.59 et, à titre de dactylographe pour Les Services de sténographie Laura, dactylographiez un chèque payable à l'ordre de Distribution Livingstone Limitée pour le montant indiqué.

VIII.64 Utilisez les renseignements fournis à l'exercice VIII.60 et, à titre de dactylographe pour l'Institut Jeanne-d'Arc, dactylographiez un chèque payable à l'ordre de Distribution Livingstone Limitée pour le montant indiqué.

26 mots à la minute

La révolution que l'ordinateur a provoquée [1/4] dans le domaine des

[1/2] communications et qui a été rendue possible [3/4] grâce aux progrès

[1] techniques qui y ont été réalisés est, [1/4] certes, un événement

[1/2] marquant qui aura sa place dans l'histoire [3/4] au même titre que

[2] d'autres importants bouleversements d'ordre [1/4] économique et

[1/2] social. Ce qui est certain, c'est que les besoins [3/4] de la société en

[3] matière de communications vont continuer [1/4] de croître rapide-

[1/2] ment, et rien ne laisse entrevoir l'arrêt [3/4] de cette tendance.

28 mots à la minute

Pour autant que nous le sachions, les assurances [1/4] remontent à

[1/2] l'époque babylonienne. Lorsque les caravanes [3/4] de chameaux

[1] chargées de joyaux, d'épices, de parfums, [1/4] de bois précieux,

[1/2] d'ivoire et de soieries devaient traverser le désert, les mar-

[3/4] chands assuraient leurs marchandises [2] contre les pillages des

[1/4] tribus barbares. La méthode était [1/2] des plus simples. Les com-

[3/4] merçants des villes faisaient aux marchands [3] des prêts corres-

[1/4] pondant à la valeur approximative [1/2] de leurs marchandises.

Chaque prêt était remboursable, [3/4] capital et intérêt, après

[4] l'arrivée de la caravane à destination. [1/4] Si la marchandise était

[1/2] perdue en route, le marchand conservait [3/4] le montant du prêt à

[5] titre d'indemnité.

*Le **relevé de compte** est une formule qui énumère, par ordre de date, les transactions d'un client durant une période de temps donné.*

VIII.59 En utilisant les renseignements que vous trouverez aux exercices VIII.52 et VIII.56, préparez un relevé de compte à être envoyé par Distribution Livingstone Limitée aux Services de sténographie Laura.

VIII.60 En utilisant les renseignements que vous trouverez aux exercices VIII.53 et VIII.57, préparez un relevé de compte à être envoyé par Distribution Livingstone Limitée à l'Institut Jeanne-d'Arc.

VIII.61 Utilisez les renseignements qui suivent et préparez un relevé de compte destiné à Mme L. Dandeneau.

```
19-- 03 31

MME LOUISE DANDENEAU                    D  LA COMPAGNIE PACIFIQUE LTEE
608, 52E AVENUE OUEST                   E     1205, AVENUE ARLINGTON
VANCOUVER, C.-B.                              SASKATOON, SASKATCHEWAN
V6P 1G2                                                      SLH 2X5

01 03 SOLDE PRECEDENT                                         150,00
   05 FACTURE 4578-N                     50,00                200,00
   10 PAIEMENT RECU, MERCI                        150,00       50,00

02 15 FACTURE 45690-N                   100,00                150,00
   20 PAIEMENT RECU, MERCI                         50,00      100,00

03 31 NOUVEAU SOLDE                                          100,00
```

30 mots à la minute

Le niveau et la composition des importations agricoles au Canada reflètent surtout les changements survenus dans le revenu individuel et l'accroissement de la population. Jusqu'à
vers la fin des années soixante, les importations agricoles du
pays ont enregistré une rapide progression. Plus récemment
encore, une grande partie de l'augmentation de la valeur des
importations a été également attribuable à l'inflation. Ceci est dû
au fait que plus du tiers des importations agricoles est constitué
de denrées que le Canada ne produit pas. Les fruits et les
légumes, dont les légumes hors-saison, représentent une
bonne partie de ces importations, et les produits provenant de
plantations, en particulier le sucre et le café, constituent un
autre groupe important.

32 mots à la minute

En mars le commerce au détail et en gros est resté élevé et les
ventes de biens durables, comme les meubles et les appareils
électriques, l'emportent sensiblement sur celles de l'an dernier.
Toutefois, les conditions climatiques d'un hiver qui persiste ont
entravé quelque peu les ventes de vêtements de printemps,
tandis que la concurrence étrangère a continué de gêner la
vente de chaussures. La vente de camions et de voitures a
atteint un chiffre record au mois de mars, et la demande de
voitures étrangères et de voitures de grosseur moyenne est
particulièrement forte. La production de machines agricoles est
restée élevée sous l'effet de la grande demande étrangère. Les
prix du tabac sont restés assez stables, bien que légèrement
inférieurs à ceux de l'an dernier.

*La **note de crédit** est une formule utilisée pour aviser un client d'un réajustement de son compte en sa faveur.*

VIII.56 Dactylographiez une note de crédit destinée aux Services de sténographie Laura (exercice VIII.52) pour une douzaine de cahiers de sténographie et une douzaine de crayons 3H, GP.

VIII.57 Dactylographiez une note de crédit destinée à l'Institut Jeanne-d'Arc (exercice VIII.53) pour cinq caisses de croustilles.

RELEVE DE COMPTE

VIII.58 Dactylographiez une copie du relevé de compte illustré ci-dessous.

Distribution Livingstone Limitée
C.P. 121, OAKBANK, MANITOBA R0E 1J0
TÉLÉPHONE (204) 681-9311

RELEVE DE COMPTE

Quincaillerie Duncan Ltée
432, Neuvième Rue
Brandon, Manitoba
R7A 4B1

Date: 19-- 03 31

Prière de joindre ce talon à votre chèque.

Montant annexé:

Date	Référence	Débits	Crédits	Solde
19-- 02 28				00,00
19-- 03 10	Facture 1456	181,00		181,00
19-- 03 28	Crédit 4564		32,00	149,00
	Payable dès réception			

Margeur gauche — Taquets —

PHRASES D'ELIMINATION D'ERREURS DE SUBSTITUTION

II.7 Réglez les margeurs pour une ligne de 60 frappes. Les phrases qui suivent servent d'exercices supplémentaires pour corriger les erreurs de substitution.

R et T   1   Certes, il reste trois cartes à retirer.

2   Ce rapport comporte quatre erreurs très évidentes.

3   La lettre contenait une traite de trente jours.

4   Je veux retourner pour rattraper la ration que j'ai ratée.

5   Le Tyrolien veut traiter du système de tarifs à son retour.

G et H   6   Le gérant donne des gants gratuitement au guichet de gauche.

7   L'horloge qu'il a reçue en héritage est dans le hangar.

8   Ce Hongrois fut hébergé par un homme bienveillant.

9   Ce galant jeune homme lui a offert ses gants et son gilet.

10   Il prend des cours de géographie, de graphologie et d'art gothique pour devenir géographe.

M et N   11   Cet homme nous annonce que sa femme est somnambule.

Conditions n/30: 12 caisses de croustilles à $1,60 la caisse; 15 caisses de tablettes de chocolat, boîtes de 24, assorties, à $2,40 la caisse; 1 caisse d'oranges à $2,00 la caisse.

VIII.54 Dactylographiez la facture suivante.

J. H. Lorenz, Marchand général à Deer Horn, Manitoba, R0C 0T0, a placé une commande sur le bon de commande numéro 1425: 1 dz. renforts de ressort, numéro 24-4320, à $3,29; 6 ensembles stabilisateur universel, numéro 26-4110, à $8,99; 2 dz régleurs de chenille, numéro 26-4290x, à $1,85; 5 dz. joints d'axes, AV numéro 26-4520x, à $9,79; 6 barres-support de moteur, 45cm numéro 26-1941, à $2,99. Cette commande a été livrée par camion Livingstone. La facture porte le numéro 1459, conditions 2/10, n/45.

NOTE DE CRÉDIT VIII.55 Dactylographiez la note de crédit illustrée ci-dessous et faites-en une copie pour vos dossiers.

Distribution Livingstone Limitée

C.P. 121, OAKBANK, MANITOBA R0E 1J0
TÉLÉPHONE (204) 681-9311

NOTE DE CRÉDIT

Taquet
↓

A: Quincaillerie Duncan Ltée
    432, Neuvième Rue
    Brandon, Manitoba
    R7A 4B1

Date: 19-- 03 28
No: 4564
Commande No: 946
Facture No: 1456

Votre compte a été crédité comme suit:

Quantité	Description	Prix unitaire	Montant
2 rouleaux	Tapisserie 455-90	16,00	32,00 CRÉDIT

12 A l'automne ma mère louera une maison à la campagne.

13 Ce nouveau couple se mariera mercredi matin.

14 Jasmin et Natalie sont des jumeaux identiques.

15 Les informations nécessaires sont contenues dans le mémorandum ci-joint.

T et Y   **16** Soustrayez ce montant de vos revenus trimestriels.

17 Ayez soin de nettoyer tous les bibelots en onyx.

18 Dactylographiez ces paragraphes à triple interligne.

19 Le doyen de cette faculté est invité aux festivités.

20 Ils ont recours au voyageur pour retrouver le yacht qui disparut mystérieuse-ment.

S et D   **21** Ils nous ont servi une salade et de la sardine.

22 Les résultats du sondage mené par le syndicat ont été publiés.

23 Il n'est pas sage de porter des sandales de suède en été.

24 Les élections seront gagnées par de solides et sympathiques candidats.

                                              MODULE II/Développement de la continuité

VIII.51 Dactylographiez, avec copie au carbone, la facture qui suit. Eliminez tous les taquets et les margeurs. Posez les taquets et réglez le margeur gauche tels qu'indiqués.

Distribution Livingstone Limitée
C.P. 121, OAKBANK, MANITOBA R0E 1J0
TÉLÉPHONE (204) 681-9311

FACTURE

Taquet ↓

VENDU A:	Quincaillerie Duncan Ltée	**DATE:** 19-- 03 10
	432, Neuvième Rue	**NO:** 1456
	Brandon, Manitoba	**COMMANDE NO:** 946
	R7A 4B1	**EXPEDITION:** Camion Livingstone
		CONDITIONS: 2/10, n/30

QUANTITE	NUMERO	DESCRIPTION	PRIX UNITAIRE	MONTANT
6 L	146-33	Peinture tout-usage, rouge	1,50	9,00
1 dz.	146-59	Pinceaux	1,00	12,00
10 rouleaux	455-90	Tapisserie	16,00	160,00
		TOTAL		181,00

Margeur gauche

— Taquets —

---

*Une **facture** est un document sur lequel sont détaillés la quantité, la nature et le prix des marchandises vendues et livrées.*

Les conditions indiquent l'escompte et les dates de paiement.

Exemple: 2/10, n/30

Un escompte de 2% (2) sera accordé si le paiement est effectué dans les dix (10) jours. Le montant total (n) doit être payé avant trente (30) jours.

VIII.52 Dactylographiez sur une facture les renseignements qui suivent. (Voir le modèle précédent pour la disposition.)

Vendu à: Les Services de sténographie Laura, 123, 25e Rue, Brandon, Manitoba, R7B 1Y7/ no de commande 1457/ no de facture 8991/Expédition par autobus Greyhound/ conditions 2/10, n/30.

Quantité	Numéro	Description	Prix Unitaire
10 btes	C955	Papier carbone P4, noir	6,00
12 btes	C956	Papier blanc, no 456	4,10
1 dz.	T600	Cahier de sténographie, reliure spirale	0,20
48	T90	Crayons 3H, GP	0,10

VIII.53 Dactylographiez la facture qui suit.

Vendu à: l'Institut Jeanne-d'Arc, C.P. 490, Killarney, Manitoba, R0K 1G0/ Facture no 1458/ No du client 3221/ Expédition par camion Livingstone/

(Suite à la page suivante)

25 Il faudra décider quelles soumissions seront satisfaisantes.

V et B   **26** Ces deux beaux bébés sont bien vivants.

27 Ce vieux couple veut vivre encore vingt ans dans cette vieille maison.

28 Les bambins ont bifurqué à l'embouchure de la rivière.

29 Le valet de cette veuve est venu visiter ses bons vieux parents.

30 Tu apprendras à bobiner, à débobiner et à rebobiner le ruban sur cette bobine.

E et I   **31** Cette pièce est rodée à une vitesse minimale.

32 C'est vrai, il a gagné un million à la loterie.

33 Cette pluie fine est vivifiante pour les jeunes plantes de mon jardin.

34 Voici l'occasion choisie pour fêter les finissants de cette école.

35 La joute de hockey s'est terminée au compte de trois à deux.

U et Y   **36** Il est ennuyeux que vous ayez essuyé ce revers et que vous ayez fui.

37 Le jury n'est composé que de citoyens tyroliens.

BONS DE COMMANDE

*Un **bon de commande** est une formule employée pour commander des marchandises ou des services auprès d'un fournisseur. Le format varie d'une entreprise à une autre.*

VIII.49 Dactylographiez, avec copie au carbone, le bon de commande qui suit. Eliminez tous les taquets et les margeurs. Réglez le margeur gauche et posez les taquets tels qu'indiqués.

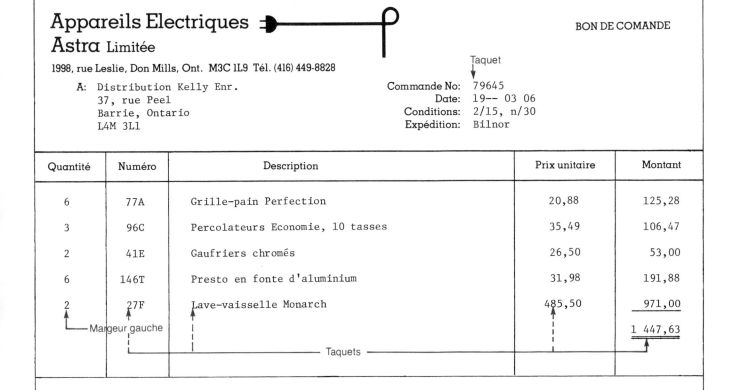

Appareils Electriques Astra Limitée

1998, rue Leslie, Don Mills, Ont. M3C 1L9 Tél. (416) 449-8828

BON DE COMANDE

A: Distribution Kelly Enr.
    37, rue Peel
    Barrie, Ontario
    L4M 3L1

Taquet

Commande No: 79645
Date: 19-- 03 06
Conditions: 2/15, n/30
Expédition: Bilnor

Quantité	Numéro	Description	Prix unitaire	Montant
6	77A	Grille-pain Perfection	20,88	125,28
3	96C	Percolateurs Economie, 10 tasses	35,49	106,47
2	41E	Gaufriers chromés	26,50	53,00
6	146T	Presto en fonte d'aluminium	31,98	191,88
2	27F	Lave-vaisselle Monarch	485,50	971,00
				1 447,63

Margeur gauche

Taquets

Préposé aux achats

VIII.50 En utilisant un bon de commande, dactylographiez les renseignements suivants. (Voir le modèle précédent pour la disposition.)

Avez-vous indiqué le total de la colonne "montant" à l'exercice VIII.50?

A: Jacques Darche Inc., 1100 rue Galt ouest, Sherbrooke, Québec, J1 H 2A1. Commande numéro 78907, par Chouinard Transport.

Quantité	Numéro	Description	Prix Unitaire
48	HG405	Chemises à dossier, haut coupé 20 mm, P4	0,04
12	HF530	Colle mucilage, bouteille de 30 mL	0,11
12	HB522	Cahiers à 3 anneaux, P4	0,41
6	HC560	Planchettes à pince	0,40

MODULE VIII/Formules commerciales

38 Les nettoyeurs asphixiés par la fumée sont sortis en titubant.

39 Ce joyeux musicien joue des airs populaires sur sa lyre.

40 Certains enfants aiment tutoyer leurs parents, je préfère vouvoyer les miens.

I et O   **41** Les policiers saisissent les marchandises volées.

42 Ils ont perdu la totalité de leurs biens dans cette inondation.

43 Il attribue son échec à la monotonie du cours.

44 La séance d'information aura lieu samedi prochain à onze heures.

45 La victoire de cette équipe d'étoiles fut sensationnelle.

Z et X   **46** Veuillez expédier ces eaux gazeuses à notre chalet d'été.

47 Les réflexes de ce boxeur étaient très lents au dixième round.

48 Voyez comme ce sexagénaire est anxieux et ne peut relaxer.

49 Si vous expédiez toutes ces caisses, vous serez exténués.

50 Allez chez ce boxeur pour des exercices de souplesse.

Telegram
Télégramme

CNCP Télécommunications

send this message subject to the terms on back
dépêche à expédier aux conditions énoncées au verso

```
19-- 06 21 10:30

Mme Catherine Ouellette
45, chemin St. Peters
Charlottetown, I.P.-E.
C1A 5N1

Réunion des administrateurs 6 juillet satisfaisante.  Arriverai

cinq juillet midi pour réunion préliminaire.

André Forest
Compagnie financière nordique
```

check mots	12		full rate plein tarif	X	night letter lettre de nuit		tolls coût
charge account no. numéro de compte	5927		cash number numéro de caisse				
sender's name nom de l'expéditeur	Compagnie financière nordique						
address and telephone adresse, téléphone	1121 - 100e rue, North Battleford, Sask. S9A 0V4 306-423-6185					CN–6106–B(11–72) 48–42–725	

NOTES SUR LES TELEGRAMMES

La disposition

1. Le télégramme peut être disposé à un ou à deux alignements.
2. Tout peut être dactylographié en LETTRES MAJUSCULES.
3. Le message est à double interligne (si pas trop long).
4. Le télégramme doit contenir les données suivantes: l'heure et la date de transmission, le nom et l'adresse du destinataire, le message, le nom de l'expéditeur.
5. La partie des références au bas du télégramme doit être remplie: nombre de mots dans le message, centré; catégorie de dépêche—"X" plein tarif ou lettre de nuit; numéro de compte si la compagnie de télégraphe en a donné un, à deux espaces à la droite de l'imprimé; numéro de caisse, si l'entreprise en a un; nom de l'expéditeur; adresse et téléphone de l'expéditeur.

La tarification

1. Tous les mots contenus dans les dictionnaires anglais, allemand, français, italien, hollandais, portugais, espagnol ou latin sont acceptés pour la transmission et ne comptent que pour un mot quelle que soit leur longueur.
2. Les mots des autres langues peuvent être utilisés s'ils s'orthographient dans l'alphabet romain mais ils sont comptés au tarif d'un mot pour chaque groupe de cinq lettres.
3. Les initiales comptent chacune pour un mot.
4. Les abréviations sont comptées pour un mot si les lettres sont réunies; exemple: CNR.
5. Les signes de ponctuation sont transmis sans frais.
6. Chaque chiffre d'un nombre donné compte comme un mot. Par exemple, "11" est compté comme deux mots, "onze" est compté comme un mot. Si un suffixe est ajouté à un chiffre, il compte comme un mot supplémentaire; exemple: 1er est compté comme deux mots.
7. Les signes $, % et & ne peuvent être utilisés. Il faut écrire le mot en entier.
8. Le nom et l'adresse du destinataire ainsi qu'une signature et un titre du signataire sont transmis sans frais.

PHRASES AVEC TOUCHES DIFFICILES D'ACCES

II.8 Réglez les margeurs pour une ligne de 60 frappes. Chaque phrase qui suit permettra de travailler les touches plus difficiles d'accès. Elles aideront également à développer la continuité.

1 La jeune fille sera toujours une excellente comédienne.

2 Il faudrait calfeutrer votre maison l'hiver prochain.

3 Nous essayons d'enseigner les mathématiques en un semestre.

4 Les astronautes font preuve d'un courage exceptionnel.

5 Les nombres quatre et cinq sont frappés avec l'index de la main gauche.

6 Ce bijoutier répare les horloges avec beaucoup d'habileté.

7 Le chloroforme, l'éther et la morphine sont des anesthésiques.

8 La popularité des sports d'hiver s'est accrue de façon importante au cours des dernières années.

9 Un document légal doit être plié d'une façon particulière: le devant de la feuille une fois pliée doit identifier le document.

10 Un texte composé de mots courts ne pourrait être comparé à un autre composé de mots longs.

11 Le consommateur représente une force économique très importante.

12 L'impacte exercé par les annonces télé- visées a contribué à la commercialisation des communications.

13 La prospérité croissante des travailleurs a permis à ceux-ci de consacrer plus d'argent à l'achat de marchandises autres que les denrées essentielles.

SAMEDI, 9 MAI, MONTREAL A WINNIPEG

09:30 Rendez-vous avec M. G. Garneau des Entreprises canadiennes Inc., 2070, avenue Chartier, Dorval (documents dans le dossier no 3). La durée du déplacement en taxi est d'environ 5 min.

18:20 Départ de Dorval sur le vol CP 75 (billet dans le dossier Transport). Vol avec repas.

21:45 Arrivée à Winnipeg.

TELEGRAMMES

Notez bien: Les télégrammes—

*Les **télégrammes** sont habituellement dictés à la téléphoniste du bureau de télécommunications. Occasionnellement, on les dactylographie sur des formules spéciales que fournissent les compagnies de télégraphie. Le télégramme est généralement préparé avec trois copies.*

*Il y a deux catégories de dépêches: **plein tarif** et **lettre de nuit**. Le télégramme à plein tarif a toujours la priorité au moment de la transmission. Le tarif est calculé sur un minimum de 15 mots. La lettre de nuit doit être transmise avant 02:00 pour qu'elle soit remise le matin même. Le prix d'une lettre de nuit—pour un minimum de 50 mots—est d'environ 80% du coût d'un télégramme à plein tarif.*

VIII.46 Dactylographiez le télégramme à la page 295, avec trois copies—une pour les dossiers, une à expédier par la poste au destinataire et une pour le département de comptabilité.

VIII.47 En utilisant les renseignements fournis par André Forest de la Compagnie financière nordique, préparez un télégramme à être envoyé à plein tarif, avec trois copies. Faites en sorte que le message ne contienne pas plus de 15 mots.

M. Cléo Watier, 43, rue Underwood, New Glasgow, N.-É., B2M 3H4, (902) 648-0352. Contactez Vincent Koenig de Frédéricton au sujet des marchandises endommagées. Offrez-lui un délai de six mois pour son prêt. Les assurances couvriront les pertes encourues.

VIII.48 En utilisant les renseignements fournis par André Forest de la Compagnie financière nordique, préparez une lettre de nuit avec trois copies. Faites en sorte que le message ne contienne pas plus de 50 mots.

M. Vincent Koenig, Boutique du disque, 602, rue York, Frédéricton, N.-B. E3B 3R5, (506) 395-8774. Notre représentant Cléo Watier nous informe des récentes inondations qui ont causé des dommages considérables à votre boutique. C'est sans hésitation que nous vous accordons un délai de six mois sur votre prêt et nous sommes disposés à vous offrir un prêt additionnel d'une somme égale au prêt précédent jusqu'à ce que vos assurances aient remboursé les pertes que vous venez d'éprouver. Nous vous envoyons par avion des renseignements supplémentaires et des formulaires. Indiquez-y vos besoins et retournez-les nous le plus tôt possible. Si vous faites affaire avec une autre banque que celle qui est indiquée à votre dossier, veuillez nous donner le nom de cette autre banque où nous pourrons faire le transfert des fonds dans les 24 h qui suivront la réception de vos formules dûment remplies. Nous avons demandé à Cléo Watier de se rendre à Frédéricton pour vous aider en cas de besoin. Il communiquera avec vous sous peu.

MODULE VIII/Formules commerciales

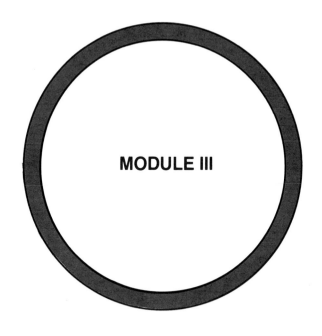

MODULE III

MAITRISE DU CLAVIER
NON-ALPHABÉTIQUE

OBJECTIFS

1. Utiliser le bon doigté pour les touches des chiffres, des signes et des symboles.

2. Utiliser la bonne technique de frappe, soit un mouvement rapide et sec.

3. Dactylographier les chiffres, les signes et les symboles dans des phrases.

4. Développer la précision.

ACITIVITES QUOTIDIENNES

1. Réglez les margeurs pour une ligne de 50 frappes.

2. La vitesse et la précision. Dactylographiez plusieurs fois une phrase alphabétique aux pages 59 et 60.

3. L'élimination des erreurs. Dactylographiez une ou deux phrases d'élimination d'erreurs de substitution, pages 69 à 72, ou une ou deux phrases avec touches difficiles d'accès, page 73.

4. Le clavier non-alphabétique. Les exercices du Module III.

5. La continuité. Dactylographiez un certain nombre de paragraphes aux pages 44 à 58.

6. La vitesse. Dactylographiez un ou deux paragraphes aux pages 46 à 58 comme tests de vitesse d'une minute.

CONTENU

Le module III initie l'étudiant au clavier non-alphabétique. Ces chiffres, signes et symboles s'employent alors dans des phrases servant d'exercices de renforcement.

7. La composition. Choisissez et dactylographiez des exercices d'application individuelle de dactylographie (AID), pages 113 à 117.

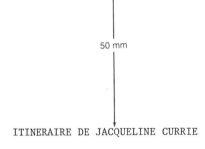

ITINERAIRE DE JACQUELINE CURRIE

MERCREDI, 6 MAI, WINNIPEG A TORONTO

17:10 Départ de Winnipeg sur le vol AC 196 (billet dans le dossier Transport).
       Vol avec repas.

20:15 Arrivée à Toronto. Réservations au Royal York (confirmation dans le
       dossier Voyage). Autobus chaque 20 min de l'aéroport à l'hôtel.

JEUDI, 7 MAI, TORONTO A HALIFAX

09:00 Petit déjeuner au Tudor avec M. Roger Wallace du Service rapide-centre
       au sujet des envois mensuels (documentation dans le dossier no. 1).

12:30 Déjeuner-causerie, Association du service Air-sol, au Roof Garden de
       l'hôtel Royal York. Mme Thérèse Durand est l'invitée. Une copie de sa
       causerie, "Le tirage détermine les coûts," sera dans votre courrier au
       guichet des réservations de l'hôtel à votre arrivée. Président: M. Thé-
       odore Logier, Transport Tip-Top Inc.

18:45 Départ de Toronto sur le vol AC 622 (billet dans le dossier Transport).
       L'autobus pour l'aéroport quitte le Royal York, à l'entrée de la rue
       York, chaque 20 min. Vol avec repas.

22:20 Arrivée à Halifax. Réservations au Chateau Halifax (confirmation dans
       le dossier Voyage). L'autobus à destination de l'hôtel quitte 20 min
       après l'heure d'arrivée du vol. La durée du voyage entre l'aérogare et
       l'hôtel est d'environ 40 min.

VENDREDI, 8 MAI, HALIFAX A MONTREAL

09:30 Conférence sur la vente pour la région de l'Atlantique au salon Kesagosee
       (rapports et documentation dans le dossier no 2).

19:00 Départ de Halifax sur le vol EP 133 (billet dans le dossier Transport).
       La limousine quitte l'hôtel 1 1/2 h avant l'heure de départ du vol. Vol
       avec repas.

20:20 Arrivée à l'aéroport de Dorval. Réservations au Grand Motor Hotel (con-
       firmation dans le dossier Voyage). Un taxi de l'aéroport à l'hôtel
       coûte environ $4.

(Suite à la page 294)

ACTIVITES QUOTIDIENNES

Si c'est le début d'une période, référez-vous aux activités quotidiennes suggérées à la page 74.

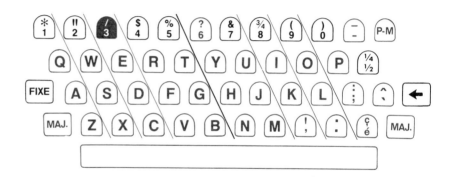

LE CHIFFRE ③

Courbez les doigts et placez-les sur les touches de base

REGARDEZ le clavier et repérez le ③

Faites le trajet de la touche Ⓓ à la touche ③. Gardez l'auriculaire de la main gauche rivé à la touche de base Ⓐ.

Frappez d'un coup sec en répétant à haute voix

3d
espace
3d
espace
3d

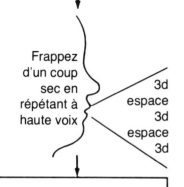

NOMMEZ chaque lettre, chiffre et espace en dactylographiant les lignes 1 à 7.

III.1 UTILISEZ LE ③

1 3d 3d 3d 3d3 3d3 3d3 d3 d3 d3 d3d d3d d33 3d 3d 3d
2 Veuillez faire 33 copies de la formule 33.DI

> *Les nombres dix et moins sont écrits en toutes lettres sauf quand ils sont utilisés dans des séries comportant des nombres de plus de dix.*

3 Nous avons vu trois accidents en janvier.
4 Envoyez-en 3 à Jean, 33 à Léo et 333 à Julie.DI

> *Un espace sépare les tranches de trois chiffres à gauche et à droite de la marque décimale. Cet espace est facultatif s'il n'y a que quatre chiffres à gauche ou à droite de la marque décimale, à moins que l'on ne dispose ces chiffres en colonnes comportant d'autres nombres de plus de quatre chiffres.*

5 Il y avait au moins 3 333 personnes à ce concert.
6 L'intérêt sera payé le 3 mai et le 3 juillet.DI

7 3d 3d 3d 3d3 3d3 3d3 d3 d3 d3 d3d d3d d33 3d 3d 3d

ITINÉRAIRE

VIII.44 Centrez et dactylographiez l'itinéraire qui suit sur une feuille P4, en insérant la partie la plus large dans la machine à écrire. Cet exercice est dactylographié en un tableau de neuf colonnes.

Notez bien: Les itinéraires—

*Dès que les détails d'un voyage se concrétisent, un **itinéraire** est préparé en y indiquant les étapes et les détails pertinents au voyage: les dates de départ et de retour, les noms des villes et des endroits à visiter, les noms des personnes à rencontrer, le but de chaque rendez-vous, le moyen de transport et l'hébergement. Le format de l'itinéraire varie d'une entreprise à une autre. Il est toujours dactylographié avec copies au carbone. Il est important que ces renseignements soient écrits avec précision et disposés de telle façon qu'il soit facile de les lire et de les comprendre.*

Dr Maurice Pelletier

Itinéraire

Départ   Vol

Date	Ville	Heure	Transport	no.
le 2 octobre	Edmonton	09:00	AC	106
le 2 octobre	Montréal	18:45	CP	206
le 8 octobre	Athènes	10:00	AZ	891
le 25 octobre	Rome	09:45	CP	207
le 4 novembre	Amsterdam	13:15	CP	381

Arrivée   Hébergement

Ville	Heure	Hôtel	Téléphone
Montréal	16:10	—	—
Athènes	11:00	Electra	(021)3223 222
Rome	11:00	Grand	06-489-011
Amsterdam	12:00	Schiller	231 660
Edmonton	14:35	—	—

VIII.45 Dactylographiez une copie de l'itinéraire à la page 293. Disposez cet itinéraire comme vous disposeriez un rapport non broché.

ACTIVITES QUOTIDIENNES
Si c'est le début d'une période, référez-vous aux activités quotidiennes suggérées à la page 74.

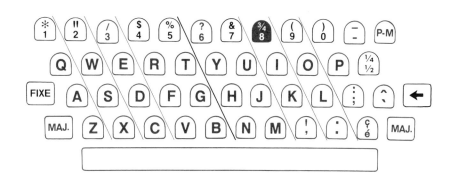

LE CHIFFRE 8

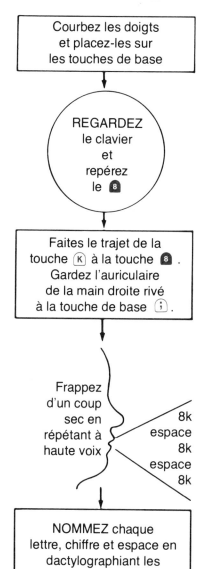

III.2 UTILISEZ LE 8

1 8k 8k 8k 8k8 8k8 8k8 k8 k8 k8 k8k k8k k88 8k 8k 8k
2 Nous arriverons à Toronto le 8 mars. **DI**

3 Il commande 3 pupitres, 38 tables et 83 chaises.
4 Il y a trois filles et huit garçons dans ce local. **DI**

5 La tournée de trois pays se fera en 83 d.
6 La facture numéro 38 est dans la boîte 88. **DI**

7 Nous devons commander des robes de taille 38.
8 Il y a environ 3 388 personnes à Chandler. **DI**

9 8k 8k 8k 8k8 8k8 8k8 k8 k8 k8 k8k k8k k88 8k 8k 8k

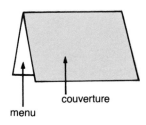

couverture

menu

Menu numéro 2
Jus de pamplemousse
Oeufs et bacon
Pain grillé ou croissants
Beurre, confitures
Café, thé ou lait
$3,75

Menu numéro 4
Jus de fruit
Céréales avec crême
Deux oeufs
Saucisses ou jambon
Croissants ou pain grillé
Beurre, confitures
Café, thé ou lait
$4,75

VIII.43　Préparez un programme en y insérant les renseignements qui suivent.

COUVERTURE

Programme de conditionnement physique à l'automne et au printemps pour les employés de la Corporation Life Limitée, 164, boul. Commander, Agincourt, Ontario, M1S 3C7.

PROGRAMME

Lundi (à partir du 1er octobre)
19:00-20:30 Patinage pour la famille　　　　Arèna Robert Borden
Mardi (à partir du 2 octobre)
20:00-21:00 Danses modernes　　　　　　Salon Rolair
Mercredi (à partir du 3 octobre)
20:00-22:30 Badminton　　　　　　Cairine Wilson
Jeudi (à partir du 3 octobre)
19:00-22:30 Gymnastique et baignade　Collège Algonquin-Woodroffe

RENSEIGNEMENTS SUPPLÉMENTAIRES

Pour de plus amples renseignements et pour l'inscription, communiquer avec les personnes dont les noms suivent.

Patinage　　　　　　　　　Paul Houle
　　　　　　　　　　　　　734-4293

Danses modernes　　　　　Sarah Portelance
　　　　　　　　　　　　　732-5650

Badminton　　　　　　　　Irène Levesque
　　　　　　　　　　　　　732-1255

Gymnastique et baignade　　Donald Hamilton
　　　　　　　　　　　　　834-7317

**ACTIVITES
QUOTIDIENNES**
Si c'est le début d'une période,
référez-vous aux activités quotidiennes suggérées à la page 74.

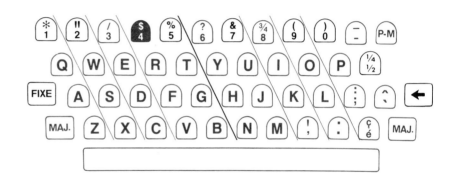

LE CHIFFRE ④

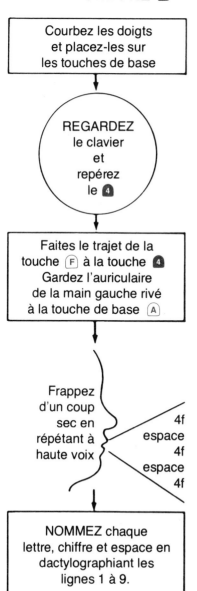

Courbez les doigts
et placez-les sur
les touches de base

↓

REGARDEZ
le clavier
et
repérez
le ④

↓

Faites le trajet de la
touche Ⓕ à la touche ④
Gardez l'auriculaire
de la main gauche rivé
à la touche de base Ⓐ

↓

Frappez
d'un coup
sec en
répétant à
haute voix

4f
espace
4f
espace
4f

↓

NOMMEZ chaque
lettre, chiffre et espace en
dactylographiant les
lignes 1 à 9.

III.3 UTILISEZ LE ④

1 4f 4f 4f 4f4 4f4 4f4 f4 f4 f4 f4f f4f f44 4f 4f 4f
2 La voie maritime du St-Laurent ouvrira le 4 mars. **DI**

3 Chaque unité a 44 pages de cas à discuter.
4 Le numéro de son bureau est 348. **DI**

5 Le pilote a fait part du délai aux 84 passagers.
6 Il y a 3 484 personnes demeurant sur la rue Gai. **DI**

7 Il a travaillé quatre jours en juin, huit en mai.
8 J'ai pris une commande de 843 livres aujourd'hui. **DI**

9 4f 4f 4f 4f4 4f4 4f4 f4 f4 f4 f4f f4f f44 4f 4f 4f

PROGRAMME DE REUNION

*La préparation d'un **programme de réunion** n'est pas une tâche difficile. L'exercice VIII.41 est la préparation et la mise en page d'un programme de deux pages (page de couverture et programme).*

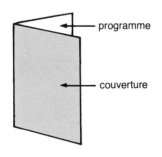

programme

couverture

VIII.41 Pliez une feuille P4 en deux de telle façon que vous obteniez une feuille P5 pour un programme (14 cm par 21,5 cm). Insérez la feuille dans la machine à écrire, la partie pliée à gauche.

En utilisant les renseignements suivants, dactylographiez une page de couverture pour le programme.

CLUB RICHELIEU

Rencontre du printemps

19___ 03 19

Hôtel Glenwood
Edmonton, Alberta

Rabattez la feuille et ré-insérez-la dans la machine à écrire. En utilisant les renseignements qui suivent, dactylographiez le programme d'une façon attrayante. (Pour l'alignement de droite, voir à la page 135.)

P R O G R A M M E

18:30	Symposium	Salon Prince de Galles
19:30	Banquet	Salle Wedgewood
	Mot d'accueil	Roland Hardy, président
	Conférence	"Apprendre à relaxer" Dr Gérard Tanguay, directeur Centre de relaxation, Calgary
	Remerciements	Me Roger Babin, consultant Ministère du Tourisme, Ontario
21:30	Fièvre du Printemps	Salle Wedgewood Le Trio Edwards

VIII.42 Pliez une feuille P4 en deux de telle façon que vous obteniez une feuille P5 format "programme". Insérez la partie pliée dans la machine à écrire et dactylographiez les menus du petit déjeuner qui suivent pour le Bon Jour de l'hôtel Régence-Hyatt. Indiquez qu'en signalant 6 on peut avoir le petit déjeuner à la chambre entre 07:00 et 09:30.

Menu numéro 1
Jus d'orange
Oeufs et saucisses
Pain grillé et beurre
Café, thé ou lait
$3,55

*

Menu numéro 3
Demi pamplemousse
Crêpes au babeurre
avec du sirop d'érable
Café, thé ou lait
$4,25

*

(Suite à la page suivante)

ACTIVITES QUOTIDIENNES
Si c'est le début d'une période, référez-vous aux activités quotidiennes suggérées à la page 74.

LE CHIFFRE 5

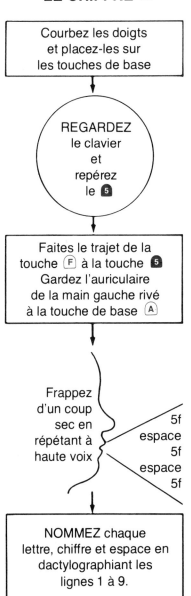

Courbez les doigts et placez-les sur les touches de base

REGARDEZ le clavier et repérez le 5

Faites le trajet de la touche F à la touche 5 Gardez l'auriculaire de la main gauche rivé à la touche de base A

Frappez d'un coup sec en répétant à haute voix

5f
espace
5f
espace
5f

NOMMEZ chaque lettre, chiffre et espace en dactylographiant les lignes 1 à 9.

III.4 UTILISEZ LE 5

1 5f 5f 5f 5f5 5f5 5f5 f5 f5 f5 f5f f5f f55 5f 5f 5f
2 Il prend l'autobus numéro 5 pour aller au travail.**DI**

3 Hier, M. Souci a reçu 55 appels téléphoniques.
4 Le salon de beauté est au 538, Dorchester.**DI**

5 La facture de cette commande porte le numéro 354.
6 Il demeure au 4 544, avenue Duchesne à Régina.**DI**

7 Composez 484-4538 pour savoir l'heure du départ.
8 Numérotez-les: 34, 35, 38, 45, 48, 58, 83 et 85.**DI**

9 5f 5f 5f 5f5 5f5 5f5 f5 f5 f5 f5f f5f f55 5f 5f 5f

VIII.40 **Préparez une étiquette d'envoi pour chaque individu dont l'adresse apparaît à l'exercice VIII.39. Dactylographiez la première ligne à 3 interlignes sous l'adresse de l'expéditeur et à 13 mm à gauche du centre de l'étiquette.**

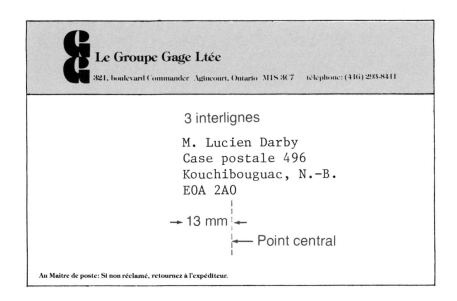

ACTIVITES QUOTIDIENNES

Si c'est le début d'une période, référez-vous aux activités quotidiennes suggérées à la page 74.

LE CHIFFRE 6

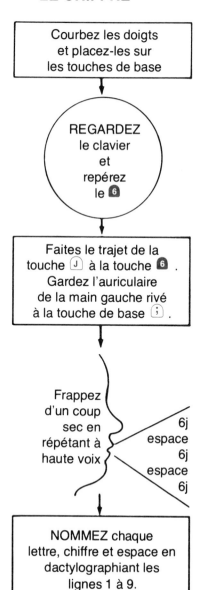

Courbez les doigts et placez-les sur les touches de base

REGARDEZ le clavier et repérez le 6

Faites le trajet de la touche J à la touche 6 . Gardez l'auriculaire de la main gauche rivé à la touche de base J .

Frappez d'un coup sec en répétant à haute voix

6j espace 6j espace 6j

NOMMEZ chaque lettre, chiffre et espace en dactylographiant les lignes 1 à 9.

III.5 UTILISEZ LE 6

1 6j 6j 6j 6j6 6j6 6j6 j6 j6 j6 j6j j6j j66 6j 6j 6j
2 Combien devra-t-il s'il paie le 6 octobre?_{DI}

> *Les symboles des unités du système métrique sont invariables.*
> *Il n'y a pas de point après ces symboles sauf à la fin d'une phrase.*

3 J'ai acheté 3 kg de rosbif et 6 kg de saucisses.
4 Ce meuble est fait de chêne et mesure 3 m._{DI}

5 Revoyez les figures 36, 64, 365, 386, et 684.
6 Toronto est à environ 3 454 km de Calgary._{DI}

> *Exprimer en chiffres un nombre qui suit un nom.*

7 Le problème 4 demande de diviser seize par huit.
8 Utilisez le tableau 6 pour résoudre ce problème_{DI}

9 6j 6j 6j 6j6 6j6 6j6 j6 j6 j6 j6j j6j j66 6j 6j 6j

ÉTIQUETTES   VIII.38 Dactylographiez une étiquette pour chaque nom qui suit. Si vous utilisez des étiquettes individuelles (au lieu d'étiquettes en feuille ou en rouleau), insérez ces étiquettes selon la méthode d'insertion par derrière le cylindre.

Notez bien: Les étiquettes—

Dactylographiez la première ligne de l'étiquette à trois interlignes de la ligne de rabat. Réglez le margeur gauche à trois espaces du bord gauche de l'étiquette. Dactylographiez le nom de famille d'abord, suivi d'une virgule, puis le prénom et/ou les initiales.

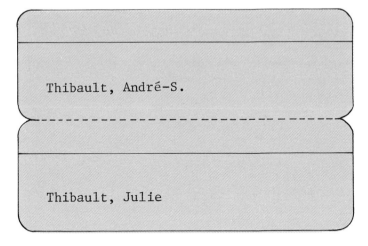

Thibault, Réjean C.
Thibeault, Germaine D.
Thibeault, Lorenzo T.
Thibeaudeau, Pierre A.

Thibodeau, Jacques G.
Thiboutat, Clémence D.
Thiffault, Réjeanne M.
Thivierge, Solange H.

VIII.39 Dactylographiez une étiquette pour chaque adresse qui suit. Laissez au moins un interligne entre le haut de l'étiquette et la première ligne dactylographiée. Réglez le margeur gauche à trois espaces du bord gauche de l'étiquette. Si vous utilisez des étiquettes individuelles, insérez-les selon la méthode d'insertion par devant le cylindre.

```
M. Lucien Darby
Case postale 496
Kouchibouguac, N.-B.
E0A 2A0
```

Mme L. Dumoulin
52, rue Saint Lawrence
Toronto, Ontario
M5A 3N1

Mlle Francine Paradis
C.P. 830
Chibougamau, Québec
G8P 2K8

L. Fortier
1919, terrace Bloomingdale
Halifax, N.-E.
B3H 4E5

J. Sinclair
305, boul. Laird
Montréal, Québec
H3R 1Y3

ACTIVITES QUOTIDIENNES

Si c'est le début d'une période, référez-vous aux activités quotidiennes suggérées à la page 74.

LE CHIFFRE 7

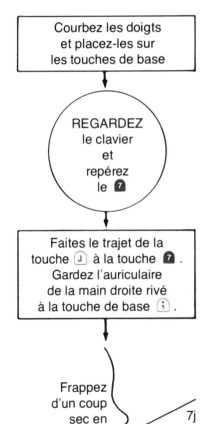

III.6 UTILISEZ LE 7

1   7j 7j 7j 7j7 7j7 7j7 j7 j7 j7 j7j j7j j77 j7 j7 j7
2   Le laboratoire de biologie est au local 7.DI

3   Il nous faudra 77 d pour compléter le voyage.
4   L'autobus numéro 676 va jusqu'à Vancouver.DI

5   Natalie a rapporté 7 paniers de bleuets.
6   La moyenne de tous ses examens est de 77 pour cent.DI

> *Le code postal comprend six caractères—trois alphabétiques (A) et trois numériques (N) dans l'ordre ANA NAN. Un espace sépare le deuxième groupe du premier.*

7   Le code postal pour le 7, rue Dieppe est E3A 4J4.
8   En soustrayant 5 635 de 74 378, on obtient 68 743.DI

9   7j 7j 7j 7j7 7j7 7j7 j7 j7 j7 j7j j7j j77 j7 j7 j7

INSERTION ET ENCHAINEMENT DE FICHES ET D'ENVELOPPES

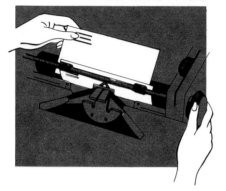

INSERTION PAR DEVANT LE CYLINDRE

INSERTION PAR DERRIERE LE CYLINDRE

Notez bien: Insertion des enveloppes—

Quand on se sert de la méthode d'insertion par devant le cylindre, il est recommandé de mettre les enveloppes à l'envers et de les placer à la gauche de la machine à écrire avant de commencer.

VIII.36 En utilisant la méthode d'insertion par devant le cylindre, dactylographiez une fiche pour chaque adresse donnée ci-dessous. L'organigramme qui suit indique le procédé à suivre pour insérer des fiches en les enchaînant.

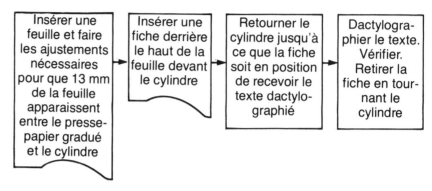

Liste d'envoi

Mlle Marie Quesnel
1585, rue Gauthier
St-Bruno, Québec
J3V 3H8

M. Georges Fernand
203, ave Victoria
Portage La Prairie, Man.
R1N 0G8

M. François Carrière
3605, 207e Rue
Langley, C.-B.
V3A 4X5

Mme Mona Lévis
C.P. 62
Hartland, N.-B.
E0J 1N0

M. Louis Lamontagne
C.P. 3067
Hay River, T.N.-O.
X0E 0R0

Mme Claire Boudreau
C.P. 324
Haines Junction, Yukon
Y0B 1L0

VIII.37 En utilisant la méthode d'insertion par derrière le cylindre, dactylographiez une enveloppe pour chaque personne de la liste d'envoi à l'exercice VIII.36. L'organigramme qui suit indique le procédé à suivre pour insérer des enveloppes en les enchaînant.

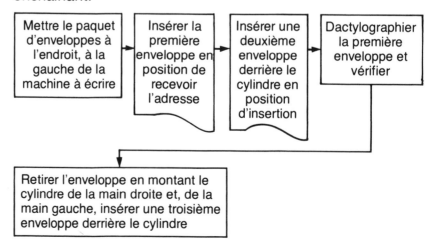

**ACTIVITES
QUOTIDIENNES**
Si c'est le début d'une période,
référez-vous aux activités quotidiennes suggérées à la page 74.

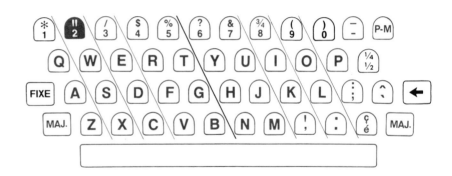

LE CHIFFRE 2

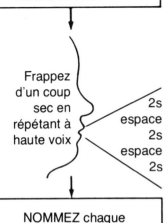

Courbez les doigts
et placez-les sur
les touches de base

REGARDEZ
le clavier
et
repérez
le 2

Faites le trajet de la
touche ⒮ à la touche 2
Gardez l'index de la
main gauche rivé à la
touche de base Ⓕ

Frappez
d'un coup
sec en
répétant à
haute voix

2s
espace
2s
espace
2s

NOMMEZ chaque
lettre, chiffre et espace en
dactylographiant les
lignes 1 à 9.

III.7 **UTILISEZ LE 2**

1 2s 2s 2s 2s2 2s2 2s2 s2 s2 s2 s2s s2s s22 2s 2s 2s
2 Le problème 2 est difficile, mais 22 est facile.DI

3 Le tableau à la page 272 donne les ventes du mois.
4 Prends le vol 624 d'Air Canada de Québec à Gander.DI

5 Les dimensions de la chambre sont 2,7 m sur 5,4 m.
6 Au total, 6 227 délégués ont assisté au ralliement.DI

> *Les sommes d'argent sont exprimées en chiffres. Les
> sommes exactes sont dactylographiées sans marque
> décimale ni zéro.*

7 Le prix de cette marchandise est fixé à 22 cents.
8 J'ai acheté ces deux boîtes pour 25 dollars.DI

9 2s 2s 2s 2s2 2s2 2s2 s2 s2 s2 s2s s2s s22 2s 2s 2s

VIII.34 Préparez une fiche pour chaque représentant nommé à l'exercice VIII.32 et indiquez la clinique choisie et le district de chaque représentant.

VIII.35 Dactylographiez la recette qui suit sur une fiche. Le titre est suivi de trois interlignes. Laissez deux interlignes entre les ingrédients et la préparation.

SOUPE AUX POIS

375 g pois à soupe	1 oignon
2,5 L eau	1 carotte
100 g lard salé	$1/_2$ navet
100 g blé d'inde lessivé	sel et poivre

Faire tremper les pois pendant 3 h. Faire bouillir jusqu'à ébullition, puis rafraîchir immédiatement à l'eau froide. Ajouter l'eau chaude, le lard salé, l'oignon émincé et le poivre. Mijoter 2 à 3 h. Vingt minutes avant la fin de la cuisson, ajouter les légumes coupés en dés. Vérifier l'assaisonnement.

**ACTIVITES
QUOTIDIENNES**

Si c'est le début d'une période,
référez-vous aux activités quotidiennes suggérées à la page 74.

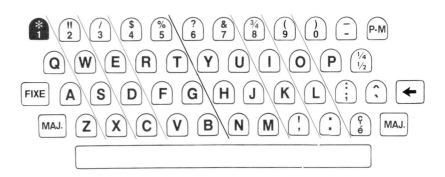

LE CHIFFRE 1

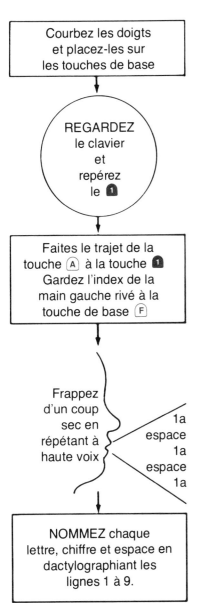

Courbez les doigts
et placez-les sur
les touches de base

REGARDEZ
le clavier
et
repérez
le 1

Faites le trajet de la
touche Ⓐ à la touche 1
Gardez l'index de la
main gauche rivé à la
touche de base Ⓕ

Frappez
d'un coup
sec en
répétant à
haute voix

1a
espace
1a
espace
1a

NOMMEZ chaque
lettre, chiffre et espace en
dactylographiant les
lignes 1 à 9.

III.8 UTILISEZ LE 1

*S'il n'y a pas de chiffre 1 au clavier, utiliser la lettre l
minuscule.*

1 la la la lal lal lal al al al ala ala all la la la
2 Cette famille partira pour Vancouver le 31 juillet. DI

3 J'ai lu 14 pages de ce roman. Elle en a lu 41.
4 Lionel a 146 actions de la compagnie Bramida. DI

5 Les numéros de chèques sont 21, 316 et 481.
6 Ce livre mesure seulement 11 cm sur 18 cm. DI

7 Son numéro d'assurance sociale est 123 415 671.
8 Son père a travaillé 41 a et il n'a que 54 a. DI

9 la la la lal lal lal al al al ala ala all la la la

FICHES

Les fiches sont utilisées à plusieurs fins. En voici quelques-unes:

1. listes d'envoi

2. recettes

3. tables de conversion

4. données de renvoi

5. données de bibliographie

6. notes de lecture

VIII.33 Dactylographiez les fiches illustrées ci-dessous. L'organigramme qui suit indique le procédé à suivre pour dactylographier les fiches.

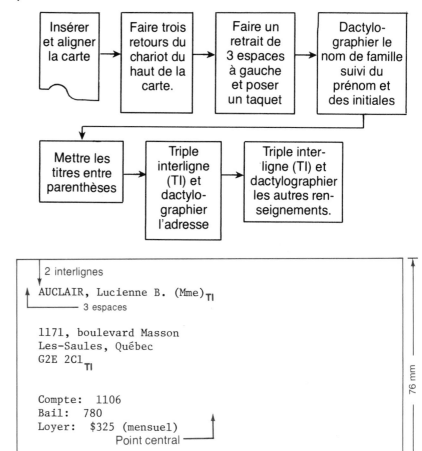

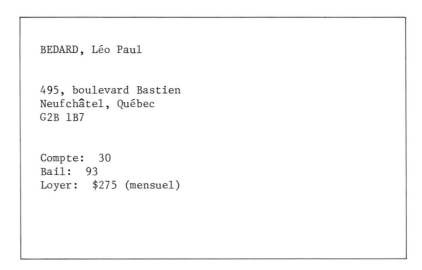

LE CHIFFRE

Courbez les doigts et placez-les sur les touches de base

REGARDEZ
le clavier
et
repérez
le 9

Faites le trajet de la touche L à la touche 9 . Gardez l'index de la main droite rivé à la touche de base J .

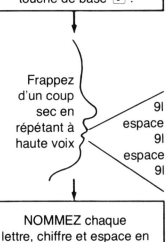

Frappez d'un coup sec en répétant à haute voix

9l
espace
9l
espace
9l

NOMMEZ chaque lettre, chiffre et espace en dactylographiant les lignes 1 à 7.

III.9 UTILISEZ LE 9

1   91 91 91 919 919 919 19 19 19 191 191 199 91 91 91
2   Le taux d'intérêt annuel est de 9 pour cent. DI

3   Tous les quatre ans le mois de février a 29 d.
4   Ce dictionnaire a 793 pages sans illustrations. DI

> *Les numéros de série, de brevet d'invention, d'assurance etc., sont dactylographiés tels qu'ils apparaissent sur le document original.*

5   Le numéro de série de cette machine est C-4319897.
6   Son brevet d'invention porte le numéro 4345599. DI

7   91 91 91 919 919 919 19 19 19 191 191 199 91 91 91

Le Groupe Gage Ltée

321, boulevard Commander Agincourt, Ontario M1S 3C7   téléphone: (416) 293-8411

CLINIQUES DES TECHNIQUES DE LA VENTE

Inscription

ENTREPRISE _____   DATE _____

VILLE _____   DISTRICT _____

Veuillez inscrire les personnes suivantes
à la Clinique des techniques de la vente.
Vous trouverez ci-inclus un chèque cou-
vrant les frais d'inscription de vingt-
sept dollars et cinquante cents pour chaque personne inscrite.

Signé _____

LIEU DE RENCONTRE: Hôtel Parkway
317, boulevard Davignon
Cowansville, Québec
J2K 1P4

Première clinique	Deuxième clinique
Date: du 8 au 10 février	Date: du 9 au 11 février
Heure: 09:00 - 16:30	Heure: 09:00 - 16:30
REPRESENTANTS	REPRESENTANTS
1. _____	1. _____
2. _____	2. _____
3. _____	3. _____
4. _____	4. _____
5. _____	5. _____

ACTIVITES QUOTIDIENNES

Si c'est le début d'une période, référez-vous aux activités quotidiennes suggérées à la page 74.

LE CHIFFRE 0

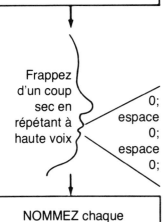

III.10 UTILISEZ LE 0

1 0; 0; 0; 0;0 0;0 0;0 ;0 ;0 ;0 ;0; ;0; ;00 ;0 ;0 ;0
2 Il y a 30 d dans le mois de septembre.DI

3 Y a-t-il un avion qui transporte 1 000 passagers?
4 Il veut que ce soit un Boeing 707.DI

> *On écrit un zéro à la gauche de la marque décimale s'il n'y a pas d'autre chiffre indiqué.*

5 Achète 0,45 kg de beurre et 2 L de lait.
6 Combien devrais-je payer pour 0,5 L de lait?DI

> *La marque décimale peut être soit la virgule, soit le point.*

7 Ces souliers m'ont coûté $41,90.
8 Il lui faut 125 mL de farine et 1,2 mL de sel.DI

9 0; 0; 0; 0;0 0;0 0;0 ;0 ;0 ;0 ;0; ;0; ;00 0; 0; 0;

C. La réponse qui suit fut reçue de M. Sifroi LeBlanc, directeur du personnel, Acadia électrique Limitée, 76, rue Beaverbrook, C.P. 2425, Moncton, Nouveau-Brunswick, E1C 8J3.

"Mlle Monique Brunet fut embauchée par Acadia électrique Limitée comme opératrice de contrôle d'entrée des données. Dernièrement elle fut promue au poste de surveillante des services aux clients. Mlle Brunet est une employée exceptionnelle—ardente, honnête, intelligente et possèdant un sens de responsabilité remarquable. Nous regrettons son départ. Son désir de poursuivre ses études en vue de l'obtention d'un baccalauréat en commerce à l'université Laurentienne nous semble légitime. Nous serions ravis que Mlle Brunet revienne travailler à notre entreprise une fois ses études terminées."

VIII.31 Dactylographiez une copie du formulaire à la page 284. Composez vous-même l'en-tête, qui sera utilisé par le Groupe Gage Limitée, 321, boulevard Commander, Agincourt, Ontario, M1S 3C7, Téléphone (416) 293-8141.

VIII.32 Préparez trois copies du formulaire à la page 284, sous l'en-tête "Clinique des techniques de la vente." Complétez-les en utilisant les renseignements qui suivent.

A. Monsieur Georges Robichaud, directeur de Chrysler-Dodge Motors, district Montréal-nord, 6300, boul. Henri-Bourassa est, Montréal, Québec, H1G 5W9 a fait parvenir les noms suivants:

Première clinique	Deuxième clinique
M. G. Robichaud	Mlle Lise Lizotte
Mme H. Gagnon	
M. A. Germain	

B. Monsieur J. Primeau, directeur de Frédéricton-Toyota Inc., district centre, 190, rue King, Frédéricton, N.-B., E3B 1C9 a fait parvenir le nom de M. D. Middlemin pour la deuxième clinique.

C. Mme M. Gervais, directrice de Voitures Annapolis Ltée, district Annapolis, 117, route Westville, New Glasgow, N.-E., B2H 2J2 a fait parvenir le nom de M. R. Cochran pour la première clinique.

ACTIVITES QUOTIDIENNES

Si c'est le début d'une période, référez-vous aux activités quotidiennes suggérées à la page 74.

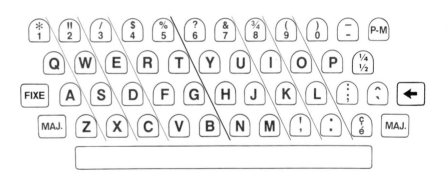

EXERCICES DE CONTINUITE

Dactylographier les phrases telles qu'elles apparaissent

III.11 REVISION DES TOUCHES MAITRISEES

1   Depuis 50 a, le taux de mortalité chez les tuberculeux a diminué considérablement. **DI**

2   Ce journal annonce que plus de 400 sous-entrepreneurs travaillent sur ce chantier maritime où ils fabriquent plus de 8 854 pièces par jour. **DI**

3   Le dernier sondage révèle que 26 635 entreprises au Canada ont 14 employés et moins, alors que 10 385 ont 15 employés et plus. **DI**

4   Cette année, 61 479 unités de logement ont été construites dans les premiers six mois, une augmentation de 27 pour cent en comparaison de l'an dernier. **DI**

5   Depuis 1800, les plongeurs sous-marins ont découvert 58 lingots d'or, 33 lingots d'argent, 4 guinées et 2 shillings du navire naufragé "La Lutine". **DI**

6   Ce livre de 227 pages contenant 27 causeries sur les exploits de la Gendarmerie royale du Canada coûte 79 cents. **DI**

> *L'heure peut être exprimée de façon numérique, suivant la période de 24 h. On utilise alors quatre chiffres dont les deux premiers représentent l'heure, suivis de deux chiffres représentant les minutes. Deux points séparent les minutes des heures. Avant 10:00 on met un zéro comme premier chiffre et après midi (12:00) on continue à compter l'heure jusqu'à 24. Exemples:*
> *08:00   13:30   21:57*

7   Le congé des fêtes a été fixé cette année du 23 décembre à 17:00 au 26 décembre à 09:00. **DI**

T & B SERVICES   ELECTRONIQUES LTÉE

113, rue Ottawa Kapuskasing, Ontario P5N 1Y4 (705) 335-5116

Messieurs

_____ nous a fait parvenir un offre de services.

Auriez-vous l'obligeance de remplir le questionnaire ci-dessous et nous le retourner le plus tôt possible. Nous apprécierions votre évaluation et tout
autre renseignement que vous jugerez pertinent et sujet à nous aider à déterminer si cette personne répond aux exigences de l'emploi qu'elle postule. Nous
vous assurons que ces renseignements resteront strictement confidentiels.

Le directeur du personnel

Yves R. Lefebvre

Cette personne fut à notre emploi de _____ à _____

Genre de travail effectué _____

Compétence: Excellente _____ bonne _____ passable _____ pauvre _____

Rendement: Qualité: Excellente _____ bonne _____ passable _____ pauvre _____

            Quantité: Excellente _____ bonne _____ passable _____ pauvre _____

Personnalité: _____

Raison de terminaison d'emploi _____

Ré-embaucheriez-vous cette personne si l'occasion se présentait? Oui___Non ___

                        _____
                        Signature

                        _____
                        Fonction

EXERCICES DE CONTINUITE

8   Vous êtes priés d'assister à la prochaine réunion du Comité de la formation professionnelle, qui aura lieu le 25 avril, à 16:00 précises, au local 370.

> *Quand il s'agit de la durée d'une action, on exprime le temps écoulé par les symboles "h" pour heures et "min" pour minutes. Exemple:*
> *J'ai mis 4 h à faire ce travail.*

9   En 24 h la fièvre de Jacques a diminué considérablement.

> *Les symboles sont utilisés à la place des noms lorsque les unités sont accompagnées de chiffres.*

10   On peut facilement parcourir la distance de 865 km en 12 h si la circulation n'est pas trop dense.

11   Si on prend 10 min pour faire à pied 1 km, à quelle vitesse déplace-t-on?

12   Le coureur a franchi la distance de 200 m en 5 min sans difficulté.

13   Le congrès des membres du Barreau canadien aura lieu à Ottawa les 24, 25 et 26 février.

VIII.28 Utilisez la formule d'inscription de l'exercice VIII.27 et complétez cette formule pour les personnes dont les noms suivent. Préparez trois copies de la formule d'inscription.

Denis Gratton
696, boul. Sunnypoint
Newmarket, Ontario
L3Y 2Z8

Mlle Rita Soucis
126, avenue Woodward
Thornhill, Ontario
L3T 1E9

M. Samuel Rioux
63, rue Marc
Aurora, Ontario
L4G 3J4

Mlle Debbie Guitar
34, rue Murray
Barrie, Ontario
L4N 2Y2

VIII.29 Dactylographiez la lettre formulaire à la page 282. Composez vous-même l'en-tête dans un espace d'au moins 50 mm, en vous servant des renseignements suivants: La corporation Mattice-Val Côté, C.P. 129, Mattice, Ontario, P0L 1T0, Téléphone (705) 364-6511.

VIII.30 Préparez trois copies de la lettre formulaire à la page 282. Complétez-les en utilisant les renseignements qui suivent.

A. La réponse qui suit fut reçue de M. Roland Cloutier, président de la Hearst Lumbermen's Association, Hearst Ontario, P0L 1N0.

"M. Marcel Bellehumeur a travaillé pour la Hearst Lumbermen's Association de 1976 08 01 à 1978 09 30 comme opérateur de reproduction de constantes dans le traitement des données. La qualité aussi bien que la quantité de son travail étaient excellentes. M. Bellehumeur était ponctuel, consciencieux, courtois et digne de confiance. Il a laissé cet emploi pour poursuivre ses études au collège Cambrian en arts graphiques industriels. Nous n'hésiterions pas à ré-embaucher M. Bellehumeur soit comme employé permanent soit à temps partiel, si l'occasion se présentait."

B. La réponse qui suit fut reçue de M. Jules Lecours, président de la Société coopérative de Mattice, C.P. 130, Mattice, Ontario, P0L 1T0.

"M. Robert Gauvin était un employé de la Société coopérative de Mattice comme correcteur d'épreuves pour une durée de deux ans à compter de 1976 01 01. Nous avons mis fin à son emploi parce que son rendement et la qualité de son travail ne répondaient plus à nos attentes. Nous avons constaté, cependant, qu'il était honnête et de bon caractère."

(Suite à la page 283)

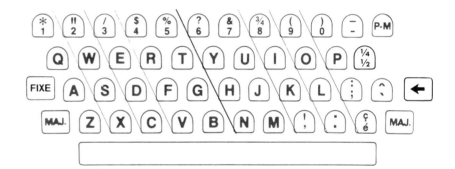

14 *Vérifiez la lettre de Monsieur Jacques Tanguay en date du 22 mars 1979.*

On peut également exprimer la date à l'aide de huit chiffres, écrits dans l'ordre suivant: quatre pour l'année, deux pour le mois et deux pour le jour. Chaque tranche de chiffres est séparée soit par un espace soit par un trait d'union. Exemple: le 23 juillet 1978 pourrait s'écrire 1978 07 23 ou 1978-07-23.

---

15 *Veuillez prendre note que notre nouveau numéro de téléphone est 470-5638.*

16 *Nous vous faisons part des modifications apportées à notre lettre du 11 avril au sujet des formules 57 et 69.*

17 *Les frais de scolarité seront remboursés aux employés qui auront une fiche de présence d'au moins 75 pour cent et qui auront obtenu aux examens une note de 80 pour cent*

VIII.25 Suivez la formule suivante pour préparer une carte postale. Signez en tant que préposé aux réservations de l'hôtel Le Chalet. Adressez cette carte à Monsieur Marcel Vézina, 154, rue Genthon, Winnipeg, Manitoba, R2H 2J5. (Si nécessaire, revoir le procédé à suivre pour dactylographier sur une ligne, à la page 136.)

LE CHALET

Parrsboro N.-E. B0M 1S0

Téléphone:
(902) 293-8141

Monsieur,

Nous confirmons que nous avons réservé une chambre du lundi 5 juillet au mercredi 7 juillet inclusivement.

Nombre de personnes ___1___ Coût $15,60 par jour.

Veuillez noter que nous ne pourrons retenir cette chambre après 18:00 que si les frais ont été payés à l'avance.

_____
Préposé aux réservations

VIII.26 En utilisant la formule préparée à l'exercice VIII.25, adressez une carte postale à chacun des membres de la liste à l'exercice VIII.24.

VIII.27 Préparez la formule suivante dans un format carte postale.

Centre de SKI Limitée
Inscription

C.P. 498
Collingwood, Ont.
L9Y 4O2
(705) 476-7985

Nom _____

Adresse _____

_____

_____

_____

Téléphone _____

ACTIVITES QUOTIDIENNES

Si c'est le début d'une période, référez-vous aux activités quotidiennes suggérées à la page 74.

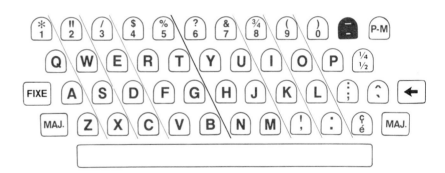

LE TIRET ▭

Courbez les doigts
et placez-les sur
les touches de base

↓

REGARDEZ
le clavier
et
repérez
le ▭

↓

Faites le trajet de la touche Ⓙ à la touche ▭. Gardez l'index de la main droite rivé à la touche de base Ⓙ.

↓

NOMMEZ chaque lettre, chiffre et espace en dactylographiant les lignes 1 à 4.

III.12 UTILISEZ LE ▭

> Le tiret peut être formé de deux façons:
> 1. deux traits d'union sans espace ni avant ni après.
>   Exemple: thème--selon
>
> 2. un trait d'union précédé et suivi d'un espace.
>   Exemple: thème - selon

```
1   Notre équipe--croyez-le ou non--a gagné la partie.
2   Tu aimeras ce panorama--Banff et Jasper. DI

3   Achète la règle de mesure métrique--non impériale.
4   Il est prêt à accepter--mais à une condition.
```

VIII.23 Dactylographiez le recto de la carte postale tel qu'illustré ci-dessous. Ce côté est semblable à une petite enveloppe (89 mm × 140 mm). Revoir l'organigramme à la page 151 pour adresser une enveloppe.

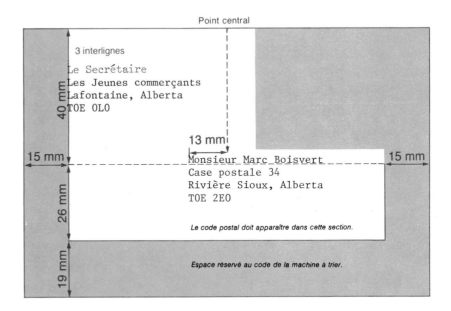

Point central

3 interlignes

Le Secrétaire
Les Jeunes commerçants
Lafontaine, Alberta
T0E 0L0

40 mm

13 mm

15 mm

Monsieur Marc Boisvert
Case postale 34
Rivière Sioux, Alberta
T0E 2E0

15 mm

26 mm

Le code postal doit apparaître dans cette section.

19 mm

Espace réservé au code de la machine à trier.

CARTE POSTALE
"côté adresse"

VIII.24 Dactylographiez le message de l'exercice VIII.21 sur des cartes postales devant être expédiées aux membres dont les noms suivent. Utilisez votre adresse comme adresse de l'expéditeur.

Liste des membres

Monsieur Jean Cantin
Service Rapide Ltée
Cornwall, Ontario
K6H 5B5

Monsieur Paul Champion
Entreprises Champion Inc.
Cornwall, Ontario
K6H 2B9

Mademoiselle Julie Dugas
Restaurant Julie
Cornwall, Ontario
K6H 4V9

Monsieur Allan Edwards
Food-X Limitée
Cornwall, Ontario
K6H 4W3

Madame Corine Bérubé
Industries McGregor Ltée
Cornwall, Ontario
K6H 5P4

Monsieur Marc Jay
Coiffure Brian
Cornwall, Ontario
K6H 2A5

ACTIVITES QUOTIDIENNES

Si c'est le début d'une période, référez-vous aux activités quotidiennes suggérées à la page 74.

LE SIGNE DE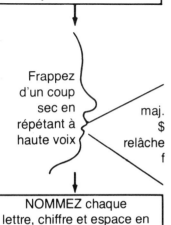

Courbez les doigts
et placez-les sur
les touches de base

↓

REGARDEZ
le clavier
et
repérez
le $

↓

Faites le trajet de la
touche F à la touche $
Gardez l'auriculaire
de la main gauche rivé
à la touche de base A
Appuyez sur la touche-
majuscules droite.

↓

Frappez
d'un coup
sec en
répétant à
haute voix

maj.
$
relâche
f

↓

NOMMEZ chaque
lettre, chiffre et espace en
dactylographiant les
lignes 1 à 7.

III.13 UTILISEZ LE

Le $ est dactylographié en utilisant la touche 4 en majuscule.

> *Un montant d'argent exact est dactylographié sans virgule ni zéro.*

1   $f $f $f $45 $67,45 un gain de $8 $1,95 $24
2   Ce manteau coûte $45.   Il coûtait $55 avant-hier. **DI**

3   J'ai reçu un chèque de $155,22 de notre agent.
4   L'année dernière nous avons fait un profit de $70. **DI**

5   Nous devons encore $56,75 pour les réparations.
6   La facture numéro 139 indique une dette de $37,59. **DI**

7   $f $f $f $45 $67,45 un gain de $8 $1,95 $24

CARTE POSTALE

Les cartes postales (89 mm × 140 mm) *sont employées par les organisations pour des invitations ou des faire-part de nature non-confidentielle. Les messages sont brefs à cause du peu d'espace.*

Puisque l'adresse du destinataire et de l'expéditeur sont au recto, elles sont omises du côté du message (verso).

VIII.21 Dactylographiez le message qui suit sur une carte postale. Si vous n'avez pas de carte, coupez une feuille de papier mesurant 89 mm × 140 mm. L'organigramme suivant indique le procédé à suivre pour dactylographier une carte postale.

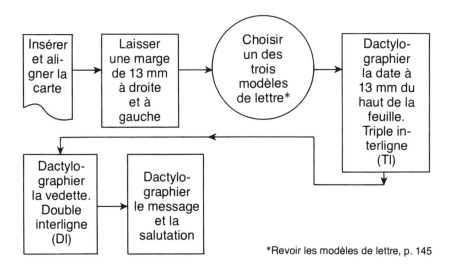

*Revoir les modèles de lettre, p. 145

Notez bien: Le presse-carte—

Utilisez le presse-carte et le presse-papier pour empêcher les cartes de glisser.

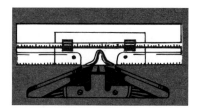

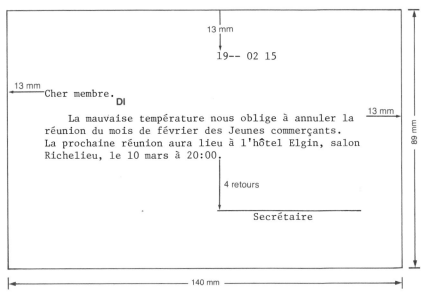

CARTE POSTALE
TROIS ALIGNEMENTS
"côté message"

Redactylographiez le message de l'exercice VIII.21 soit à un alignement soit à deux alignements.

**ACTIVITES
QUOTIDIENNES**

Si c'est le début d'une période,
référez-vous aux activités quotidiennes suggérées à la page 74.

LE SIGNE DE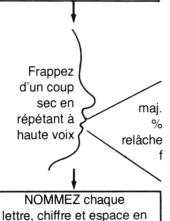

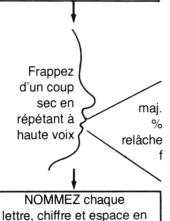

```
Courbez les doigts
et placez-les sur
les touches de base
```

```
REGARDEZ
le clavier
et
repérez
le %
```

```
Faites le trajet de la
touche Ⓕ à la touche % .
Gardez l'auriculaire
de la main gauche rivé
à la touche de base Ⓐ.
Appuyez sur la touche-
majuscules droite.
```

Frappez
d'un coup
sec en
répétant à
haute voix

maj.
%
relâche
f

```
NOMMEZ chaque
lettre, chiffre et espace en
dactylographiant les
lignes 1 à 7.
```

III.14 UTILISEZ LE %

Le % est dactylographié en utilisant la touche 5 en majuscule.

Exprimer les pourcentages en chiffres.

1 %f %f %f 5% 4%, 5% d'intérêt réel, un escompte de 10%
2 Marc Langlois espère augmenter ses ventes de 5%. **DI**

3 Il espère diminuer les dépenses d'au moins 2%.
4 Les salariés recevront une augmentation de 12,5%. **DI**

5 Cette entreprise annonce des rabais de 20% à 50%.
6 Le taux d'intérêt est de 8%--2% de moins qu'hier. **DI**

7 %f %f %f 5% 4%, 5% d'intérêt réel, un escompte de 10%

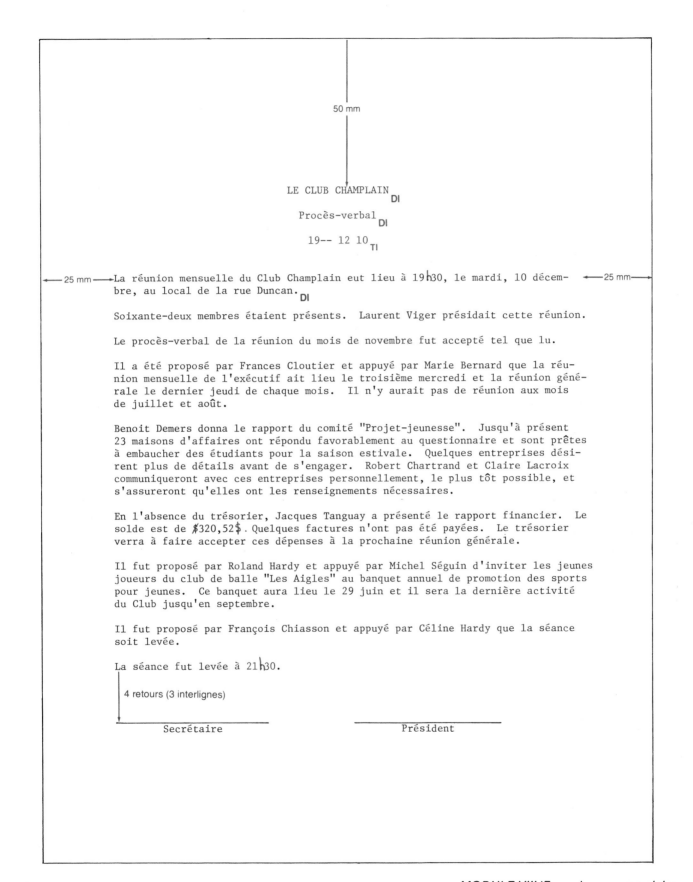

50 mm

LE CLUB CHAMPLAIN DI

Procès-verbal DI

19-- 12 10 TI

25 mm → La réunion mensuelle du Club Champlain eut lieu à 19h30, le mardi, 10 décem- ← 25 mm
bre, au local de la rue Duncan. DI

Soixante-deux membres étaient présents. Laurent Viger présidait cette réunion.

Le procès-verbal de la réunion du mois de novembre fut accepté tel que lu.

Il a été proposé par Frances Cloutier et appuyé par Marie Bernard que la réunion mensuelle de l'exécutif ait lieu le troisième mercredi et la réunion générale le dernier jeudi de chaque mois. Il n'y aurait pas de réunion aux mois
de juillet et août.

Benoit Demers donna le rapport du comité "Projet-jeunesse". Jusqu'à présent
23 maisons d'affaires ont répondu favorablement au questionnaire et sont prêtes
à embaucher des étudiants pour la saison estivale. Quelques entreprises désirent plus de détails avant de s'engager. Robert Chartrand et Claire Lacroix
communiqueront avec ces entreprises personnellement, le plus tôt possible, et
s'assureront qu'elles ont les renseignements nécessaires.

En l'absence du trésorier, Jacques Tanguay a présenté le rapport financier. Le
solde est de $320,52$. Quelques factures n'ont pas été payées. Le trésorier
verra à faire accepter ces dépenses à la prochaine réunion générale.

Il fut proposé par Roland Hardy et appuyé par Michel Séguin d'inviter les jeunes
joueurs du club de balle "Les Aigles" au banquet annuel de promotion des sports
pour jeunes. Ce banquet aura lieu le 29 juin et il sera la dernière activité
du Club jusqu'en septembre.

Il fut proposé par François Chiasson et appuyé par Céline Hardy que la séance
soit levée.

La séance fut levée à 21h30.

4 retours (3 interlignes)

_____   _____
        Secrétaire   Président

**ACTIVITES
QUOTIDIENNES**
Si c'est le début d'une période,
référez-vous aux activités quotidiennes suggérées à la page 74.

LE SIGNE DE &

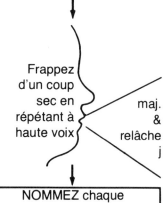

Courbez les doigts
et placez-les sur
les touches de base

↓

REGARDEZ
le clavier
et
repérez
le &

↓

Faites le trajet de la
touche J à la touche & .
Gardez l'auriculaire
de la main droite rivé
à la touche de base ; .
Appuyer sur la touche-
majuscules gauche.

↓

Frappez
d'un coup
sec en
répétant à
haute voix

maj.
&
relâche
j

↓

NOMMEZ chaque
lettre, chiffre et espace en
dactylographiant les
lignes 1 à 7.

III.15 UTILISEZ LE &

Le & est dactylographié en utilisant la touche 7 en majuscule.

1 &j &j &j Bury & Roy, C.-D. Masse & Fils, Cyr & Guy
2 Elle est employée à la firme Poitiers & Marchand. DI

3 La compagnie Bois & Hubert lui a offert un emploi.
4 Savard & Turgeon sont les avocats de l'entreprise. DI

5 Je compte acheter des actions de Cyr & Côté, Ltée.
6 Ce bureau est réservé à Luc Tessier & Associées. DI

7 &j &j &j Bury & Roy, C.-D. Masse & Fils, Cyr & Guy

VIII.19 Dactylographiez le procès-verbal à la page 275, selon le format illustré ci-dessous.

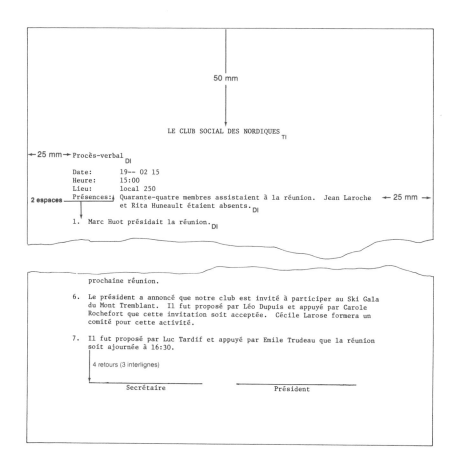

VIII.20 Dactylographiez le procès-verbal à la page 277. C'est un autre format que l'on peut utiliser pour disposer un procès-verbal.

Maintenant que vous connaissez trois formats diffé-rents, choisissez-en un pour votre usage personnel.

**ACTIVITES
QUOTIDIENNES**

Si c'est le début d'une période,
référez-vous aux activités quotidiennes suggérées à la page 74.

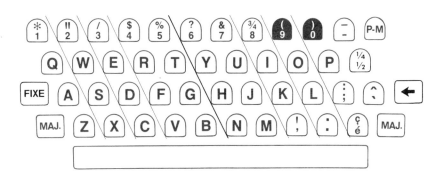

LES PARENTHESES

III.16 UTILISEZ LES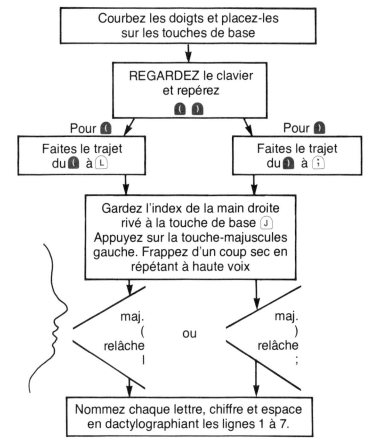

| La (est la touche |
| 9 en majuscule |

| La) est la touche |
| 0 en majuscule |

Courbez les doigts et placez-les
sur les touches de base

REGARDEZ le clavier
et repérez

Pour (

Faites le trajet
du (à L

Pour)

Faites le trajet
du) à ;

Gardez l'index de la main droite
rivé à la touche de base J
Appuyez sur la touche-majuscules
gauche. Frappez d'un coup sec en
répétant à haute voix

maj.
(
relâche
l

ou

maj.
)
relâche
;

Nommez chaque lettre, chiffre et espace
en dactylographiant les lignes 1 à 7.

```
1    (1 (1 (1 ); ); ); (1) (;) due en douze (12) jours.
2    Je pourrai (facile-facilement) faire ces examens.DI

3    Il viendra la semaine prochaine (le 30 septembre).
4    Le prix de cet article ($29,75) est exorbitant.DI

5    As-tu une réservation pour demain (le 28 avril)?
6    Cette machine à écrire (voir page 432) est neuve.DI

7    (1 (1 (1 ); ); ); (1) (;) due en douze (12) jours.
```

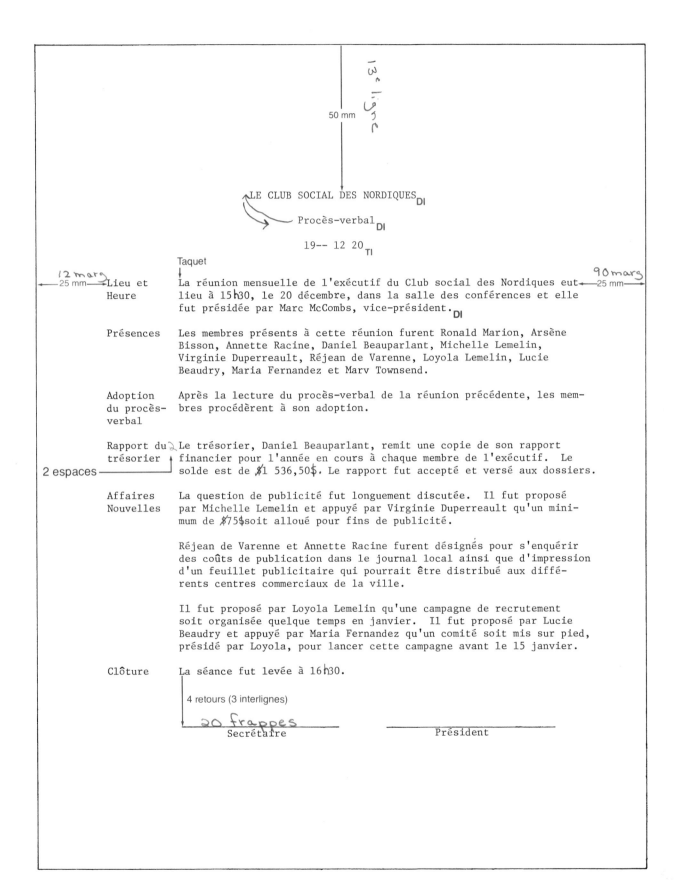

13ᵉ ligne

50 mm

↑LE CLUB SOCIAL DES NORDIQUES**DI**

Procès-verbal **DI**

19-- 12 20 **TI**

Taquet

12 mars

←—25 mm—→Lieu et   La réunion mensuelle de l'exécutif du Club social des Nordiques eut←—25 mm—→ 90 mars
Heure   lieu à 15h30, le 20 décembre, dans la salle des conférences et elle
            fut présidée par Marc McCombs, vice-président.**DI**

Présences   Les membres présents à cette réunion furent Ronald Marion, Arsène
            Bisson, Annette Racine, Daniel Beauparlant, Michelle Lemelin,
            Virginie Duperreault, Réjean de Varenne, Loyola Lemelin, Lucie
            Beaudry, Maria Fernandez et Marv Townsend.

Adoption   Après la lecture du procès-verbal de la réunion précédente, les mem-
du procès- bres procédèrent à son adoption.
verbal

Rapport du Le trésorier, Daniel Beauparlant, remit une copie de son rapport
trésorier   financier pour l'année en cours à chaque membre de l'exécutif. Le
2 espaces —————┘ solde est de 1 536,50$. Le rapport fut accepté et versé aux dossiers.

Affaires   La question de publicité fut longuement discutée. Il fut proposé
Nouvelles   par Michelle Lemelin et appuyé par Virginie Duperreault qu'un mini-
            mum de 75$ soit alloué pour fins de publicité.

            Réjean de Varenne et Annette Racine furent désignés pour s'enquérir
            des coûts de publication dans le journal local ainsi que d'impression
            d'un feuillet publicitaire qui pourrait être distribué aux diffé-
            rents centres commerciaux de la ville.

            Il fut proposé par Loyola Lemelin qu'une campagne de recrutement
            soit organisée quelque temps en janvier. Il fut proposé par Lucie
            Beaudry et appuyé par Maria Fernandez qu'un comité soit mis sur pied,
            présidé par Loyola, pour lancer cette campagne avant le 15 janvier.

Clôture   La séance fut levée à 16h30.

            4 retours (3 interlignes)

            20 frappes
            _____   _____
            Secrétaire   Président

**ACTIVITES
QUOTIDIENNES**
Si c'est le début d'une période,
référez-vous aux activités quotidiennes suggérées à la page 74.

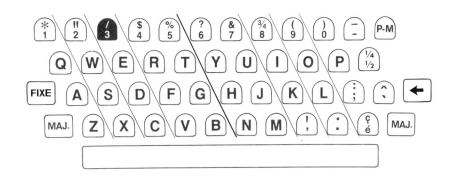

LA DIAGONALE /

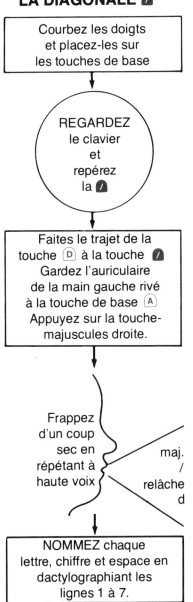

Courbez les doigts
et placez-les sur
les touches de base

REGARDEZ
le clavier
et
repérez
la /

Faites le trajet de la
touche D à la touche /
Gardez l'auriculaire
de la main gauche rivé
à la touche de base A
Appuyez sur la touche-
majuscules droite.

Frappez
d'un coup
sec en
répétant à
haute voix

maj.
/
relâche
d

NOMMEZ chaque
lettre, chiffre et espace en
dactylographiant les
lignes 1 à 7.

III.17 UTILISEZ LA /

La / est dactylographiée en utilisant la touche 3 en majuscule.
Si la diagonale est à un autre endroit sur le clavier, utilisez le
doigt et la touche de base de cette zone.

1   /d /d /d il/elle; et/ou; a/s; par/pour; km/h; m/s
2   Le symbole km/h signifie kilomètres par heure._{DI} DI

3   Regarde, les initiales d'identification sont JWH/am.
4   Les auteurs sont Beauchemin/Langelier/Tourangeau. DI

5   Cette besogne sera confiée à Jean et/ou à Jacques.
6   3/4 ou 0,75; 2/5 ou 0,4; 3/8 ou 0,375; 1/9 ou 0,11 DI

7   /d /d /d il/elle; et/ou; a/s; par/pour; km/h; m/s

ORDRE DU JOUR

*L'**ordre du jour** est une liste des questions qu'une assemblée délibérante doit examiner au cours d'une séance ou d'une session.*

Le format peut varier d'une organisation à une autre, mais en général il est disposé selon les principes de centrage.

On numérote les questions tout comme on le fait pour une esquisse (voir p. 200) sauf que les chiffres sont arabes et non romains.

VIII.17 Dactylographiez l'ordre du jour qui suit.

LA SOCIETE COOPERATIVE DE MATTICE

Réunion de l'exécutif

19___   01 12

20h00

ORDRE DU JOUR

1. Ouverture de l'assemblée

2. Lecture et adoption du procès-verbal de la réunion précédente

3. Questions reportées de la réunion précédente

    a) dates de réunion pour l'année
    b) rapport du project "Embauchons un étudiant"

4. Lecture du rapport du trésorier

5. Affaires nouvelles

    a) banquet pour ceux qui prennent leur retraite
    b) ressources disponibles pour les jeunes travailleurs
    c) proposition d'un programme récréatif pour nos membres
    d) nomination des délégués au congrès annuel

6. Ajournement de l'assemblée

PROCES-VERBAL

*Le **procès-verbal** est le compte-rendu exact de ce qui a été décidé à une réunion. Comme pour l'ordre du jour, le format peut varier.*

Les marges sont les mêmes que celles d'un rapport non broché.

VIII.18 Dactylographiez le procès-verbal à la page 275. Posez deux taquets, un au point central et l'autre deux espaces après le mot, ou le groupe de mots, le plus long dans la marge.

Si c'est le début d'une période, référez-vous aux activités quotidiennes suggérées à la page 74.

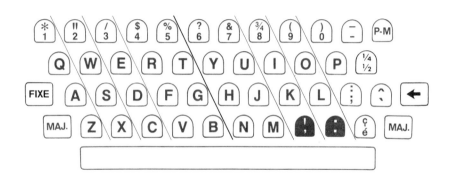

LES SIGNES ADDITIONNELS

Courbez les doigts et placez-les sur les touches de base

REGARDEZ le clavier et repérez le nouveau signe

Faites le trajet de la touche de base au nouveau signe.

Dactylographiez les lignes suggérées. NOMMEZ les frappes de la première ligne.

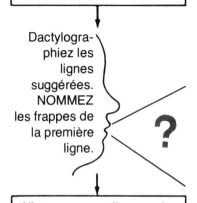

N'essayez pas d'apprendre tous les signes dans une seule journée. Utilisez une partie de la période à travailler la continuité.

III.18 UTILISEZ LES SIGNES ADDITIONNELS

Les touches qui suivent peuvent être ailleurs que là où le diagramme l'indique. Suivez les suggestions de l'organigramme à gauche pour trouver ces touches sur la machine que vous utilisez.

En dactylographiant les trois premiers groupes de frappes de la première ligne de chaque exercice, utilisez le doigt et la touche de base de la même zone que la nouvelle touche.

LE POINT D'EXCLAMATION

Trouvez le ! et utilisez le doigt et la touche de base de cette zone.

> *S'il n'y a pas de point d'exclamation sur le clavier, utiliser l'apostrophe, reculer et frapper le point.*

> *Laisser deux espaces après le point d'exclamation à la fin d'une phrase.*

```
1   !k !k !k saute!  Arrêtez!  Au secours!   Halte-là!
2   Essaie!  Va plus vite!  Contrôle-toi!  Arrêtons! DI

3   Au secours!  Au feu!  Au feu!  Est-ce bien?  Oui!
4   Attendez!  Nous arrivons!  Arrêtez!  C'est fermé! DI
```

VIII.14 Dactylographiez la note de service qui suit.

A: D.-M. Mongeon, agent
De: Marie Savoie, surveillante, Département des comptes recevables.

Veuillez contacter M. Jasmin des Aliments Importés Inc. au sujet de son compte impayé. Il est actuellement en souffrance de $4 122,60. (¶) Advenant qu'il ne vous soit pas possible d'en arriver à une entente avec M. Jasmin, nous devrons commencer les procédures légales habituelles. (¶) Pourriez-vous me tenir au courant de tout progrès concernant ce compte recevable.

VIII.15 Dactylographiez la note de service qui suit en y apportant les corrections indiquées.

> A: L.#-J. Vocial, vice-Président le.
> De: Gaston Benney, comptable
>
> Nous confirmons que les deux entreprises auxquelles vous faites allusion dans votre ~~mémorandum~~ note récente sont toutes deux des corporations Canadiennes le., soumises à la loi sur l'impôt. Les dividendes de notre fonds sont éligibles pour le crédit alloué aux corporations canadiennes. (H)
> N'hésitez pas à me contacter pour tout autre renseignement ~~supplémentaire~~ ~~additionnel~~.

Notez bien: Copies conformes—

Suivez le même procédé que celui indiqué pour les lettres d'affaires. (Voir la page 155.)

VIII.16 Dactylographiez la note de service qui suit en y apportant les corrections indiquées.

> A: John Pratt, ingénieur; cc R. Williams, président
>
> De: R.-K. Henri, directeur des achats, département de la contabilité
>
> Prévoyez-vous commander des générateurs diesels en plus de celui mentionné dans la lettre adressée à D.-H. Houle? Si oui, nous recommandons que cette machinerie soit commandée immédiatement et simultanément pour profiter des meilleures soumissions. Que pensez-vous de cette proposition?

**ACTIVITES
QUOTIDIENNES**
Si c'est le début d'une période,
référez-vous aux activités quotidiennes suggérées à la page 74.

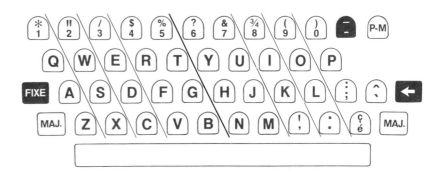

LA TOUCHE DE SOULIGNEMENT

Trouvez la touche 🔲 . Utilisez le doigt et la touche de base de cette zone.

> *Pour souligner, faire marche arrière ou déplacer le chariot manuellement jusqu'à la première lettre du mot à souligner, appuyer sur la touche-majuscules et frapper la touche de soulignement une fois pour cha-que lettre.*

5   _; _; _; <u>pense</u> à ceci; ne <u>pense</u> pas à cela; <u>viens</u> _{DI}

> *Pour souligner un groupe de mots, utiliser la touche fixe-majuscules qui se trouve à la gauche du clavier. En appuyant sur cette touche elle se barre et le clavier est en position "majuscule". Pour retourner à la posi-tion minuscule, appuyer sur la touche-majuscules.*

6   Il est <u>urgent</u> que tu aies une réponse <u>aujourd'hui</u>.
7   Le titre est <u>Le voyage de Marianne aux Etats-Unis</u>. _{DI}

Dactylographiez la formule demande-réponse qui suit. Ensuite, composez et dactylographiez une réponse sur la partie inférieure. (Si vous n'avez pas de formule imprimée, utilisez trois feuilles et deux carbones.)

---

garder cette copie

FORBES Sécurité

1203, rue Retallack Régina, Saskatchewan S4T 2H8   Téléphone (306) 525-1122

DE W.-T. Carson	DEPARTEMENT Comptabilité
J.-T. St-Germain, représentant	**DATE** (Date courante)
	OBJET Etiquettes d'entreposage

MESSAGE

Nous sollicitons à nouveau votre coopération dans l'émission des étiquettes d'entreposage.

Si vous entreposez des graines de colza pour d'autres compagnies que celles qui apparaissent sur nos listes régulières, veuillez indiquer le nom de cette compagnie au haut de l'étiquette d'entreposage afin d'identifier le propriétaire. Lorsque des étiquettes sont émises pour des coffres spéciaux pour certaines compagnies, chaque coffre doit être entreposé dans un lieu désigné à cet effet car nous sommes responsables du nombre total des étiquettes émises.

Veuillez me remettre la liste des compagnies dont les semences sont entreposées dans les coffres 10-14.

WTC:vi

Utiliser la partie inférieure pour répondre   Réponse de   Date

Expéditeur   Formule demande-réponse   Destinataire

Ecrire le message, retirer la feuille jaune et envoyer les deux autres feuilles au destinataire.   Ecrire la réponse. Garder la copie originale et retourner la copie rose.

Si c'est le début d'une période, référez-vous aux activités quotidiennes suggérées à la page 74.

LE SIGNE DE ¢

Trouvez la touche ¢ . Utilisez le doigt et la touche de base de cette zone.

> *Si ce signe n'est pas sur le clavier, utiliser la touche c et superposer la diagonale.*

8   ¢a ¢a ¢a 90 cents ou 90¢, moins deux cents ou 2¢.
9   Ce bonbon coûte 99¢. Ce livre vaut 25¢, non 35¢.**DI**

10   Les derniers prix étaient 25¢, 39¢, 89¢ et 99¢.
11   Chaque article sur ce rayon coûte au moins 75¢.**DI**

LE SIGNE DE @

> *Si ce signe n'est pas sur la clavier, utiliser la touche a et superposer le 0.*

12   @s @s @s voici 195 @ 64 cents et 150 @ 69 cents.
12   @s @s @s voici 195 @ 64 cents et 150 @ 69 cents.**DI**

13   Il a commandé 30 livrets @ 65¢ et 25 @ 75¢ chacun.
14   Lise a acheté 8 m de tissu @ $2,49 et 3 m @ $3,50.**DI**

VIII.9 Dactylographiez la note de service qui suit et qui est écrite par M. Régis Melrose, contrôleur, à M. Jules Forest, représentant.

Nous n'avons reçu aucun renseignement au sujet de la vente du Lexikon 92C, numéro matricule 64331, à Serge Lafortune. Avez-vous discuté d'assurance avec M. Lafortune?

VIII.10 Dactylographiez la note de service qui suit et qui est écrite par Jeanne Higgins à K.-T. Savage.

La fiche d'assurances groupe B et le certificat numéro 666 de M.-L. Malone sont ci-joints. (¶) M. Malone désire changer ses assurances et demande plus de renseignements au sujet de l'assurance vie entière. (¶) Veuillez rencontrer M. Malone et lui expliquer les particularités de chaque type d'assurance et les bénéfices qui en découlent.

VIII.11 Dactylographiez la note de service qui suit et qui est écrite par Louise Charron-Poliquin, secrétaire, Bureau des gouverneurs, à Léon Dubé, Service d'alimentation.

Le Bureau des gouverneurs approuve les rénovations que vous proposez pour la cafétéria de l'édifice Mowatt. Il est entendu que le coût de cette rénovation sera porté au budget de votre service. (¶) Veuillez nous mettre au courant lorsque les travaux seront complétés et votre projet réalisé.

VIII.12 Dactylographiez la note de service qui suit.

A: Clément Raby, président
De: Marcel Rousseau, secrétaire
Objet: Réunion annuel de l'A.P.I.

Le voyage d'affaires de M. Sarazin et la maladie soudaine de M. McDougall ne permettent pas d'avoir quorum pour les délibérations de la prochaine assemblée. (¶) Une copie du rapport du vérificateur comptable est ci-jointe. Vous recevrez les autres rapports aussitôt qu'une nouvelle date de réunion sera arrêtée.

Si c'est le début d'une période,
référez-vous aux activités quotidiennes suggérées à la page 74.

LES GUILLEMETS, LE TREMA, ▥

Trouvez la touche ▥ . Utilisez le doigt et la touche de base de
cette zone.

15 "s "s "s il dit "oui", elle dit "non", c'est tout.
16 "Il sera à la cour à l'heure et au jour indiqués."ᴅɪ

17 Il ajouta: "C'est un renseignement confidentiel."
18 "Ne sois pas égoïste le jour de Noël," lui dit-il.ᴅɪ

L'ASTERISQUE ✷

Trouvez la touche ✷ . Utilisez le doigt et la touche de base de
cette zone.

> *Si ce signe n'est pas sur le clavier, utliser la lettre A
> majuscule et superposer le v minuscule.*

19 *a *a *a signe * renvoi * rappel * note * annonce
20 Le signe * réfère à la page 2, ** à la page 4.ᴅɪ

19 ✶a ✶a ✶a signe ✶ renvoi ✶ rappel ✶ note ✶ annonce
20 Le signe ✶ réfère à la page 2, ✶✶ à la page 4.ᴅɪ

21 L'astérisque (*) indique un renvoi, n'est-ce pas?
22 Le signe * précède un <u>mot</u> mais suit un <u>chiffre</u>.

*L'exercice VIII.8 est une illustration d'une formule de **demande-réponse.** Ces formules sont composées de trois feuilles et de deux carbones. L'expéditeur complète la formule, en garde une copie et envoie les deux autres au destinataire. Celui-ci répond sur la partie inférieure, renvoie une des deux copies à l'expéditeur et garde l'autre pour ses dossiers.*

VIII. 8 Dactylographiez la formule de demande-réponse qui suit. Ensuite, composez et dactylographiez la réponse dans la partie inférieure. (Si vous n'avez pas de formule imprimée, préparez trois feuilles avec carbones et utilisez la disposition de l'illustration qui suit.)

garder cette copie

MEMO TANDEM

A: Paul D. Gould

Expédition

DE Sam Booth

Comptes recevables

MESSAGE Réclamation--G.-F. Trudel **DATE** (Courante)

M. G.-F. Trudel nous rapporte que la poignée de porte fut retournée ainsi que les vis le 20 janvier par colis postal, port payé et assuré. Les vis étaient étiquettées et attachées à la poignée.

Veuillez vérifier l'étiquette d'expédition de cet envoi et si les vis n'y sont pas incluses veuillez avertir M. Trudel immédiatement.

réponse

réponse de **Date**

CBL 12166

**ACTIVITES
QUOTIDIENNES**
Si c'est le début d'une période,
référez-vous aux activités quotidiennes suggérées à la page 74.

III.19 Certaines machines à écrire manuelles et électriques ont des
touches pour exprimer les fractions ¹/₄, ¹/₂ et ³/₄. Cependant,
comme dans le système international d'unités (SI) les fractions sont exprimées en décimaux, ces touches ne serviront
que très rarement. Les deux lignes qui suivent vous permettront de trouver ces touches et de vous en servir si nécessaire.

```
1    Nous avons reçu 1/2, 1/4 et 3/4 de nos commandes.
2    Additionnez 2 1/2, 6 1/2, 3 1/4 et 7 1/4.
```
DI

III.20 La plupart des machines à écrire électriques ont une touche ⬛ et ⬛. Si vous avez cette touche sur le clavier, dactylographiez la ligne suivante.

```
3    La somme de 2½ + 6½ + 3¼ + 7¼ est 19½.  Est-ce
     vrai que 19½ = 19,5?  Et que 15¼ = 15,25?
```

Note de Service

A: Armand Béchard
Département de publicité
DE: Lorraine Dubuc
Département des chaussures
OBJET: ↳ LA VARIETE DE COULEURS DES SOULIERS ₜₗ
└── 2 espaces

DATE: ↳ 19-- 03 05
└── 2 espaces

Les souliers qui seront en vente le 25 mars sont disponibles dans une variété de couleurs. L'annonce qui doit paraître en fin de semaine doit souligner ce fait. ᴅₗ

Pourrais-je vous rencontrer dans le plus bref délai pour discuter de la possibilité de produire une annonce en couleurs. Je crois que cela est essentiel pour attirer l'attention des clients et réussir cette vente. ₜₗ

LD:vi

Rappelez-vous de faire une copie au carbone de toute note de service.

VIII.6 **Dactylographiez la note de service qui suit.**

A: Lorraine Dubuc/Département des chaussures; De: Armand Béchard/Département de publicité; Objet: L'annonce pour la vente de souliers; (date courante).

Je suis d'accord qu'une annonce en noir et blanc n'a pas le même effet qu'une annonce en couleurs. Cependant, notre département d'imprimerie éprouve quelque difficulté à reproduire les couleurs exactes que vous désirez. (¶) Que pensez-vous d'un arc-en-ciel comme toile de fond avec, au premier plan, les souliers en noir et blanc? Les prix, cependant, pourraient être en couleurs, selon votre choix.

VIII.7 **Dactylographiez la note de service qui suit.**

A: René Boutin/Directeur-adjoint; De: Marcel Poitras/Directeur; Objet: Banquet pour M. Johnston; (date courante). Il semble que les préparatifs pour la fête que vous organisez en l'honneur de Léonard Johnston qui prend sa retraite le mois prochain vont bon train. (¶) Comme c'est la coutume que je signe les cartes d'invitation personnellement, pourriez-vous me remettre la liste des invité(e)s ainsi qu'une quantité suffisante de cartes d'invitation. (¶) Aussitôt que j'aurai terminé, ma secrétaire se chargera de les mettre à la poste.

Si c'est le début d'une période,
référez-vous aux activités quotidiennes suggérées à la page 74.

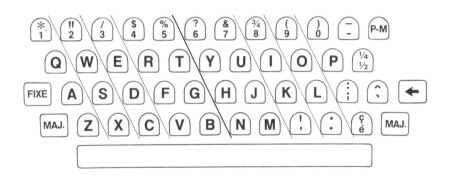

**EXERCICES DE
CONTINUITE**

III.21 REVISION DES TOUCHES MAITRISEES

Avant de passer au Module IV, dactylographiez un nombre de
phrases ou de paragraphes contenant des chiffres, des
signes et des symboles de l'exercice qui suit. Revenez à cette
section périodiquement pour des exercices de révision.

DACTYLOGRAPHIEZ CES PHRASES TELLES QU'ELLES
APPARAISSENT.

1   "Réjouissez-vous, le temps des neiges est passé!"DI

2   Je cite Epictète, "La nature a donné à l'homme une
    langue mais deux oreilles, afin qu'il puisse en-
    tendre deux fois plus qu'il ne parle."DI

3   Notre chèque au montant de $6,78 est en paiement
    de la facture numéro 6231.DI

4   Après vérification, nous constatons que vous ne
    nous avez pas accordé la remise de 5% promise par
    votre représentant et confirmée par votre accusé
    de réception du 25 février.DI

5   Nous vous signalons que nous ne sommes pas assu-
    jettis à la taxe fédérale de 11% (Permis numéro
    135790).DI

6   Réduisez de 20% vos factures de chauffage et
    augmentez de 10% la rentabilité de votre entreprise.DI

7   Gratuit: un magnifique livre relié d'une valeur de
    $15 à tous nos abonnés. DI

8   Certains publicitaires cherchent à "accrocher" le
    lecteur au moyen de ce qu'ils appellent "l'amorçage."DI

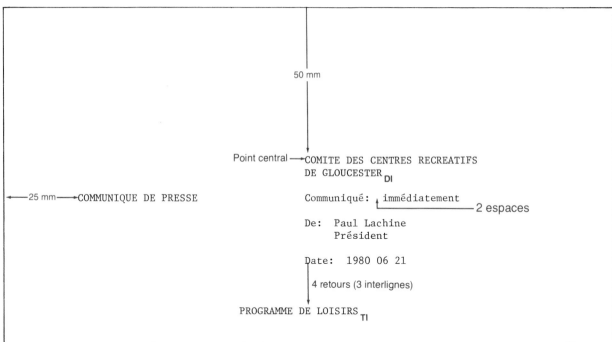

50 mm

Point central → COMITE DES CENTRES RECREATIFS
DE GLOUCESTER DI

25 mm → COMMUNIQUE DE PRESSE

Communiqué: immédiatement
2 espaces

De: Paul Lachine
Président

Date: 1980 06 21
4 retours (3 interlignes)

PROGRAMME DE LOISIRS TI

Le Comité des centres récréatifs de Gloucester et le Conseil de Gloucester DI ← 25 mm
approuvèrent des subventions municipales totalisant $173 447 pour les program-
mes de loisirs organisés au niveau local en 1980 par des organismes bénévoles
sans but lucratif.

Huit associations récréatives locales reçurent un total de $167 510 devant
être réparti entre les groupes bénévoles de leurs secteurs respectifs qui né-
cessitaient une aide financière afin d'organiser leurs programmes.

Dans les secteurs récréatifs qui connurent une hausse de population en
1978, on accorda une subvention pour cet accroissement afin de compenser la
croissance statistique non enregistrée pour cette année. Une somme totale de
$5 957 fut allouée selon une formule approuvée par le Comité des centres récré-
atifs de Gloucester.

Si vous désirez obtenir des renseignements supplémentaires quant à ce programme de subventions, veuillez communiquer avec le président de votre association récréative locale ou avec le co-ordinateur des programmes communautaires
au numéro 741-1350.

EXERCICES DE CONTINUITE

9   Nous avons appris que la lettre se divise en trois grandes parties-- l'introduction, le développement et la conclusion. DI

10   Il lui a donné 17 pièces d'un cent (prix du timbre pour la réponse). DI

11   Nous vous offrons le <u>Dictionnaire orthographique Larose</u> à un prix raisonnable, $25. DI

12   Veuillez vérifier votre lettre, datée du 8 janvier, au sujet de votre commande numéro 10-680-64 au montant de $851,93. DI

13   L'astérisque (*) est un signe qui indique un renvoi ou auquel on attribue un sens convenu. DI

14   Je n'ai pu me procurer ni complet ni manteau chez Guay & Frères. DI

15   Vous trouverez chez Corriveau & Frères Limitée un vaste choix de vêtements pour enfants de 5 à 12 ans: chandails à $5,25, tuques à $1,60 et pantalons à $7,89. DI

16   Le départ du vol 219 d'Air Canada pour l'Australie se fera à 19:45, le 9 février. DI

17   Je ne pourrai vous faire la remise du montant de $47,32 pour la facture du 23 mars avant jeudi à 16:00. DI

18   Au premier recensement du Canada en 1666, il y avait 3 215 habitants. Deux cents ans plus tard, la population atteignait 3,5 millions. DI

COMMUNIQUE DE PRESSE

Un **communiqué de presse** est un avis formel provenant d'une organisation ou d'une entreprise au sujet d'un événement ou d'une activité à venir. Il peut être utilisé textuellement pour publication dans les journaux ou sur les ondes par les média d'information.

Le format de ces communiqués peut varier d'une entreprise à une autre. Deux formats souvent utilisés sont les suivants.

FORMAT A

FORMAT B

NOTE DE SERVICE

Une **note de service** est un document utilisé pour les communications à l'intérieur d'une entreprise.

Certaines entreprises emploient des formules imprimées alors que d'autres s'en remettent aux secrétaires pour préparer et dactylographier ces formules.

Les mentions habituelles sont la date, le destinataire, l'expéditeur, l'objet et, au besoin, les initiales d'identification. Si la note de service est courte, utilisez une demi-feuille (P5, la partie la plus large insérée dans la machine).

VIII.1 Dactylographiez le communiqué de presse à la page 268 selon le format A.

VIII.2 Dactylographiez le communiqué de presse à la page 268 selon le format B.

VIII.3 En utilisant les renseignements qui suivent, dactylographiez un communiqué de presse disposé selon le format A ou le format B.

COMMUNIQUE DE PRESSE du bureau de W. Galen Beston, président de George Beston Limited, Ottawa, Ontario. Date du communiqué: 19___ 01 16.

NOMINATION

M. Douglas McMullen est nommé vice-président de la compagnie "Les Aliments Interbake Ltée" dont le siège social est à Toronto. (¶) A ce titre M. McMullen sera responsable des activités relatives à la fabrication et la distribution de Beston Foods Limited, de McCaramel Limited et de Paulin Fromages Limited. (¶) Avant sa nomination, M. McMullen a été gérant général de la division "Craquelins" de Beston. Il continuera en tant que vice-président de s'occuper de cette division.

VIII.4 Dactylographiez la note de service illustrée à la page 269.

VIII.5 Dactylographiez la note de service qui suit en utilisant le format à la page 269.

Au: Personnel, De: Roch-L. Greene, directeur du personnel, Objet: Les vacances et les congés de maladie, Date: 19___ 04 07.

Les derniers changements à l'article X de la convention collective concernant les congés statutaires, les vacances et les congés de maladie semblent avoir apporté quelque confusion parmi les membres du personnel. Voici quelques précisions relatives aux nouvelles politiques de la compagnie.

Chaque employé, après un an de service, a droit à deux semaines de vacances avec rémunération. Ces vacances doivent débuter un lundi. Si un congé statutaire coïncide avec la période de vacances, l'employé a droit à une journée de congé supplémentaire.

L'employé a droit également à une journée de congé de maladie par mois. Les employés qui sont au service de la compagnie depuis plus de cinq ans, peuvent consulter le Bulletin 58 qui donne plus de détails concernant les congés de maladie supplémentaires possibles.

Une copie de cette nouvelle politique a été distribuée à tous les chefs de secteur. N'hésitez pas à contacter votre surveillant pour discuter de vos droits en matière de congé ou de vacances.

EXERCICES DE CONTINUITE

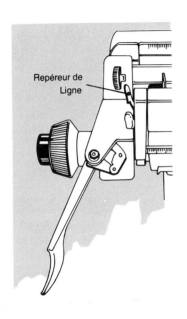

Repéreur de Ligne

19　La première caisse pesait 56,6 kg, la seconde, 98,2 kg et la troisième, 12,75 kg. **DI**

> *Pour dactylographier un exposant (par exemple, deux à la puissance de trois, soit 2³), descendre le cylindre d'un demi-interligne. Utiliser le repéreur de ligne si la machine n'a pas de demi-interligne. (Voir la page 352.)*

20　Nous produisons 21,2 millions m^3 d'huile pour une valeur de \$305,5 millions. **DI**

21　Travaillez cette équation: $2a^2 - 4ab + b^2 = 248$. **DI**

22　Il faut indiquer le nombre de volumes (2 vol.), le numéro du tome (Tome II) et le numéro de l'édition (2e éd.). **DI**

23　"Ma mère est fatiguée aujourd'hui," avoua Suzanne. "Serait-elle malade?" lui demanda le médecin. **DI**

24　Comme ils sont tapageurs! Voulez-vous écouter son histoire? **DI**

25　Vous avez le choix de timbres de 4¢, 8¢ ou 12¢. **DI**

26　J'utilise un astérisque (✳) pour tous les renvois de ce rapport.

APPLICATIONS SPECIALES

Brouillons . . . .　15, 16

Copie manuscrite . . . .　10, 11, 44, 47, 54, 66

Copie mécanographique . .　61

Copie non disposée . . . . . .　3, 5 à 7, 9 à 11, 13 à 17,
19, 22 à 25, 28, 30, 32,
34 à 39, 41 à 44, 46, 48,
50, 52 à 54, 56, 57, 59
à 61, 63 à 66

III.22   NOMBRES CONSECUTIFS

Les lignes qui suivent ne contiennent que des nombres. Choisissez quelques groupes de lignes et dactylographiez-les jusqu'à ce que vous puissiez les dactylographier avec assurance. Ensuite, reprenez ces mêmes lignes en essayant d'augmenter la vitesse et d'améliorer la précision.

```
 1   39 40 57 69 88 19 20 43 78 98 34 19 44 80 74 34 23
 2   38 54 97 21 54 33 54 89 60 12 47 84 24 55 49 18 40

 3   44 31 17 54 90 32 08 54 67 84 50 31 54 23 54 88 20
 4   41 50 44 61 39 65 21 19 14 07 54 37 82 70 32 58 31

 5   49 17 70 54 72 31 50 49 14 88 44 01 43 60 48 20 54
 6   45 19 53 80 65 78 43 18 23 80 35 65 18 48 95 01 54

 7   431 786 309 618 541 320 455 180 777 410 800 320
 8   489 885 410 743 996 402 318 549 361 762 478 444

 9   549 360 541 296 941 823 704 580 173 274 500 050
10   340 570 650 481 389 547 299 319 586 963 243 798

11   579 450 260 410 367 489 194 230 645 788 540 432
12   789 543 170 989 342 779 430 557 319 340 438 659

13   36 678, 32 678, 465 130, 578 243, 9 843 512, 8 948
14   84 902, 91 649, 319 465, 894 503, 4 586 399, 5 779

15   236 000, 546 623, 468 849, 683 855, 891 023, 3 258
16   954 290, 368 795, 349 231, 744 914, 890 118, 4 535

17   366 000,50; 477 843,65; 389 500,93; 798 542,00; 48
18   865 766,98; 642 379,75; 584 150,77; 490 000,63; 63

19   93,74 57,39 33,32 87,43 90,45 68,70 34,50 67,00
20   94,35 89,32 70,50 37,48 34,34 68,50 29,75 88,91

21   09:00 10:00 11:00 12:00 13:25 14:39 15:46 16:52
22   17:27 18:38 19:49 20:00 21:11 22:23 23:34 00:16

23   956 834 403 913 755 304 977 243 989 107 345 987
24   234 405 887 546 203 491 984 763 401 206 405 975

25   9 775, 9 936 854, 305 498, 564 913, 94 619, 20 948
26   8 498, 2 153 489, 342 875, 301 564, 87 623, 87 663

27   19,88 57,92 50,86 43,43 84,73 50,07 23,98 53,49
28   67,00 50,43 70,68 45,90 43,87 32,33 39,57 47,93

29   1976 01 01, 1976 02 09, 1977 03 14, 1977 04 25
30   1978-05-03, 1978-06-11, 1979-07-19, 1979-08-27
```

3. La vitesse de production. Dactylographiez un tableau du Module VII pour améliorer la vitesse de production.

4. La vitesse de frappe. Dactylographiez un paragraphe du Module II ou un test de vitesse de cinq minutes de l'Appendice A.

5. Les formules commerciales. Les exercices du Module VIII.

Supplémentaire:

La composition. Dactylographiez un certain nombre des exercices AID aux pages 303 et 304.

RESUME DES EXERCICES DU MODULE VIII
APPLICATIONS PRINCIPALES

III.23 CODES POSTAUX

Chacune des lignes qui suivent sert d'exercice d'assouplissement. Choisissez quelques lignes et dactylographiez-les jusqu'à ce que vous puissiez les reproduire avec assurance. Ensuite, reprenez ces mêmes lignes en essayant d'augmenter la vitesse et d'améliorer la précision.

1	T8G OX9	M5W 2G6	K2P OB6	S3J 2A5	ROS 5M1		
2	K9X 3B7	A4R 8V3	C2G 1E4	B1T 5P0	E2L 6M8		
3	H4K 8S1	J3V 5S3	G9P 7H5	L4V 8W1	N6N OZ3		
4	P9L 3T8	V9Y 8G2	Y5K 1M0	X2S 6R4	M6L 4Y4		
5	Y8Z 6K9	X7M 5E7	V7Z 4K0	T3C 8J3	S4H 7V0		
6	ROJ 3L2	P8E 7L2	L1B 2C1	N7H 4N0	J3S 1W2		

III.24 PROGRESSION DE VITESSE

Choisissez une ligne parmi celles qui suivent et qui correspond à votre vitesse de dactylographie. Dactylographiez cette ligne et retournez le chariot au signal donné par le professeur. Si vous n'avez pas complété la ligne, reprenez-la. Si vous l'avez complétée, passez à la suivante. Le retour du chariot ne doit s'effectuer qu'au signal. Essayez d'augmenter la vitesse.

1   28 65 47 19 36 74 38

2   38 95 14 44 39 88 21 79

3   48 49 37 43 29 18 43 11 28

4   44 98 30 31 77 29 41 40 75 94

5   33 98 47 53 12 99 43 76 11 39 47

6   38 44 91 27 54 65 77 98 31 47 66 21

7   89 54 33 90 27 69 43 50 99 41 26 77 18

8   12 38 99 54 66 73 17 31 68 39 20 76 11 58

9   78 35 40 28 75 88 91 20 69 65 80 50 55 12 16

10   72 98 96 44 07 11 23 41 17 46 52 09 48 73 65 90

11   489 103 465 788 297 141

12   793 478 129 100 555 782 180

13   196 120 116 886 808 542 199 654

14   183 590 700 442 865 983 120 777 418

15   890 237 915 677 830 892 164 388 270 143

16   890 430 154 672 112 785 670 279 651 555 429

17   707 489 156 730 290 574 656 890 470 956 335 760

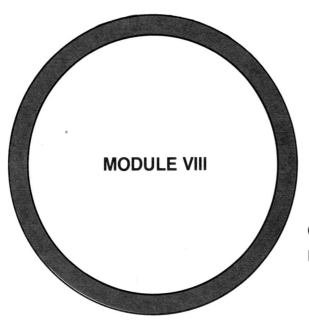

MODULE VIII

FORMULES COMMERCIALES

OBJECTIFS

I. Apprendre à dactylographier, dans un format acceptable, des communiqués de presse, des notes de service, des procès-verbaux, des cartes postales, des fiches, des étiquettes, des programmes, des itinéraires, des télégrammes, des bons de commande, des factures, des notes de crédit, des relevés de compte, des chèques et des rapports financiers.

2. Acquérir une connaissance de base en ce qui concerne l'usage et la disposition des formules commerciales.

3. Apprendre à dactylographier des informations sur des formules imprimées.

ACTIVITES QUOTIDIENNES

Préliminaire:

La date courante. Dactylographiez trois lignes de la date courante comme suite:

		↓taquet		↓taquet	
19__	05 21	19__	05 21	19__	05 21
19__	05 21	19__	05 21	19__	05 21
19__	05 21	19__	05 21	19__	05 21

Principales:

1. L'identification de votre travail. Dactylographiez votre nom, le titre du cours et la date courante.

2. La précision. Dactylographiez un ou deux paragraphes des pages 104 à 112.

CONTENU

Le Module VIII initie l'étudiant à la dactylographie des formules commerciales et à la disposition des communiqués de presse, des notes de service, des procès-verbaux, des cartes postales, des fiches, des étiquettes, des programmes et des rapports financiers.

La préparation des bons de commande, des factures, des notes de crédit, des relevés de compte et des chèques fait aussi l'objet des exercices de ce module.

III.25 Les phrases et les paragraphes qui suivent servent d'exercices supplémentaires pour développer la continuité. Choisissez quelques paragraphes et dactylographiez-les en prenant soin d'utiliser la bonne technique de frappe. Ensuite, choisissez un ou deux paragraphes comme tests de vitesse.

Réglez les margeurs pour une ligne de 60 frappes. L'avertisseur indique que vous devez faire un retour du chariot. Si vous devez diviser un mot à la fin d'une ligne, mettez en application les règles de la division des mots. (Voir l'Appendice B, page 357.)

		1'	3'	5'
1	"Un prisonnier!" cria-t-elle.	5	2	1
2	Qu'avez-vous décidé de faire?	5	2	1
3	Marc interrogea, "Robert, où étais-tu?"	7	2	1
4	"Voyons!" reprit le père, "soyez sérieux!"	8	3	2
5	"Cela me plaît", murmura-t-elle. "Cela me plaît beaucoup."	11	4	2
6	Nous y trouvons trois minéraux: l'or, l'argent et le bronze.	12	4	2
7	Si l'on considère huit heures comme une journée normale de	11	4	2
	travail, dans un an Henri travaille 2000 h.	20	7	4
8	Un homme avançant à 1 m/s marche paisiblement, à 2 m/s court	12	4	2
	lentement, à 5 m/s court vite.	18	6	4
9	Il n'y a pas de nation—peut-être même pas de famille—où	11	4	2
	règne une parfaite unanimité de convictions.	20	7	4
10	Quoiqu'il arrive—le succès ou la faillite, le progrès ou la	12	4	2
	régression—il sera directeur de cette entreprise pendant au	24	8	5
	moins cinq ans.	27	9	5
11	Dans un grand bol, mettez 900 g de farine, 50 g de sel, 35 g de	12	4	2
	graisse végétale, 150 g de fromage cheddar fort râpé fin et la	25	8	5
	pulpe d'une pomme de terre râpée.	31	10	6

1'	1	2	3	4	5	6	7	8	9	10	11	12
3'	1		2		3		4					
5'	1			2								

AID 7

Préparez un inventaire de ce que contient une maison. Utilisez les en-têtes suivantes: quantité, description, date d'achat et prix d'achat.

AID 8

Vous venez d'accepter un poste que vous convoitiez. Estimez votre revenu annuel et préparez un budget pour l'année. Dactylographiez ce budget sous forme de tableau.

AID 9

En vous adressant à votre député au parlement fédéral vous pourrez obtenir les statistiques relativement aux dernières élections générales. Préparez un tableau indiquant le nombre de votes reçus par chaque candidat et le pourcentage du vote populaire que cela représentait.

AID 10

Préparez une liste de 10 magasins de votre quartier. Disposez ces magasins sous forme de tableau selon les produits qui y sont offerts et en y indiquant le nom du propriétaire ou du gérant de chaque magasin.

AID 11

Préparez une liste de 10 emplois que vous pourriez obtenir à la fin de votre cours. Sous forme de tableau indiquez le salaire maximum, le salaire minimum et les congés statutaires pour chacun.

AID 12

En vous référant à l'Appendice A de ce manuel, préparez un tableau donnant la liste des titres des tests de vitesse, le nombre de mots que contient chacun ainsi que les numéros de page correspondants.

**EXERCICES
SUPPLEMENTAIRES**

12 Lors d'un vote secret les journalistes ont accepté le rapport du médiateur dans une proportion de 76 pour cent, soit 66 en faveur et 20 contre.

1'	3'	5'
12	4	2
24	8	5
28	9	6

13 La consommation d'électricité de cet ensemble est faible: 25 W, au total. Une consommation se décompose ainsi: 11 W pour la tête de la caméra, 1,5 W pour le téléviseur et 12 W pour le coffret électronique complémentaire.

1'	3'	5'
12	4	2
25	8	5
38	13	8
44	15	9

14 "Jeux de mots et d'images," une exposition de poésie-photographie, se poursuit jusqu'au 14 avril prochain au Centre universitaire, 85, rue Hastey, au local 215. Les heures d'ouverture sont de 10:00 à 22:00.

1'	3'	5'
10	3	2
23	8	5
36	12	7
41	14	8

15 Un relevé effectué auprès des 300 plus grandes entreprises indique que les investissements réels avaient progressé de 1 pour cent en 1977, alors qu'ils avaient subi un déclin de 3,2 pour cent en 1976.

1'	3'	5'
11	4	2
22	7	4
36	12	7
39	13	8

16 Pour ce qui est de la consommation d'essence, avec la boîte automatique livrable en option la distance parcourue au quatre litres est de 35 km en ville, de 52 km sur la route et de 41 km dans les essaies combinés ville-route.

1'	3'	5'
11	4	2
23	8	5
37	12	7
42	14	8

17 Le rapport indique les ventes de ski de fond comme suit: Nouveau-Brunswick 71 459, Terre-Neuve 4 214, Ile du Prince-Edouard 47 279, Nouvelle-Ecosse 32 744, Québec 148 036, Ontario 346 568, Manitoba 21 560, Saskatchewan 31 015, Alberta 32 876 et Colombie-Britannique 28 830.

1'	3'	5'
11	4	2
22	7	4
33	11	7
44	15	9
53	18	11

18 Les médecins enregistrent un nombre croissant de blessures de mois en mois. En 1976, on dénombre 125 000 personnes blessées par les éclats de verre provenant de bouteilles contenant des boissons douces. En 1977, ce nombre de blessés dépasse 155 000.

1'	3'	5'
11	4	2
22	7	4
35	12	7
46	15	9
45	16	10

APPLICATION INDIVIDUELLE DE DACTYLOGRAPHIE

VII.48 Ayant maîtrisé la technique de la mise en colonnes, il vous sera dorénavant facile de dactylographier des tableaux de votre propre chef. En faisant les exercices AID qui suivent, rappelez-vous que tout tableau doit avoir un titre qui lui convient et des têtes de colonnes appropriées.

Servez-vous toujours de la bonne technique et suivez toujours les règles que vous avez apprises relativement à la disposition des tableaux. Vous développerez ainsi plus de dextérité.

AID 1

Dactylographiez les noms qui suivent dans l'ordre alphabétique, sur quatre colonnes.

Michaud, Allard, Tessier, Smith, Poliquin, Beaulieu, McDonald, Ouimet, Monglau, Auclair, Morency, Ledoux, Sabourin, Trépanier, Mailhot, Brault, Vincent, Yelland, Lamontagne, Biron, Salazar, Joainsse, Emond, Charron, Portelance.

AID 2

Dactylographiez la liste des étudiants de votre cours, ainsi que leurs adresses et leurs numéros de téléphone.

AID 3

Composez une annonce pour la mise en vente de voitures usagées. Disposez et dactylographiez ces informations sous forme de tableau.

AID 4

On vous demande de préparer une annonce pour un encan de mobilier. Dactylographiez un tableau indiquant le genre de meuble, la condition (assez bonne, bonne, excellente) de chacun et le prix minimum.

AID 5

Trouvez un article du journal local que vous pouvez disposer en tableau. Préparez et dactylographiez ce tableau.

AID 6

Préparez une commande de meubles pour une des pièces suivantes: un bureau, une salle de dactylographie, un gymnase, un salon pour étudiants, une cuisine. Dactylographiez cette commande sous forme de tableau en y indiquant le numéro de catalogue, la description, la couleur et le prix.

EXERCICES SUPPLEMENTAIRES

19 Riche en minerai, le Canada est la source principale d'asbestos dont les gisements majeurs se trouvent dans les Cantons de l'Est, au Québec. Sa valeur de production passa de $24 700 en 1800, à $24,5 millions en 1946 et à $106,5 millions en 1957.

1'	3'	5'
12	4	2
23	8	5
36	12	7
48	16	10

20 Il y aura 100 chasseurs de plus cette année dans le parc La Vérendrye, dans le cadre de la chasse contrôlée à l'orignal. En effet, le nombre de groupes de deux chasseurs passent de 300 à 350 et le nombre de chasseurs, il y va de soi, de 600 à 700.

1'	3'	5'
11	4	2
23	8	5
35	12	7
48	16	10

21 Bien que surprenante à certains égards, la victoire du vieux routier a été décisive. Dès le premier tour de scrutin il a dépassé la majorité absolue en récoltant 771 votes contre 593 pour son plus proche adversaire et 67 pour le troisième candidat.

1'	3'	5'
12	4	2
25	8	5
38	13	8
49	16	10

22 L'Iron Ore estime que ses employés ont gagné en moyenne $21 000 en 1977. Selon Revenu Canada, le revenu moyen de la ville de Schefferville fut de $13 641 en 1975, soit le troisième plus élevé au Canada. En 1974, le revenu moyen de la ville était le plus élevé au Canada: $12 592.

1'	3'	5'
10	3	2
22	7	4
35	12	7
48	16	10
55	18	11

1'	1	2	3	4	5	6	7	8	9	10	11	12
3'		1			2			3			4	
5'			1				2					

23 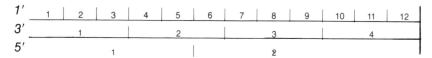 Au secours! Au secours! Je n'en peux plus.

1'	3'	5'
8	3	2

24 Ils se reposent sur l'herbe humide.

1'	3'	5'
7	2	1

25 "Regarde! Qu'est-ce.?" demande-t-il en indiquant l'objet.

1'	3'	5'
7	2	1
11	4	2

26 Madame Sanschagrin — c'est son nom — a gagné $500 au bingo.

1'	3'	5'
6	2	1
11	4	2

1'	1	2	3	4	5	6	7
3'		1		2			
5'			1				

Une feuille de papier P4, la partie la plus large insérée dans la machine à écrire, contient 51 lignes verticales de dactylographie.

VII.47 Centrez le tableau qui suit sur une feuille P4, la partie la plus large insérée dans la machine à écrire.

CHAMPIONS DE TENNIS

Simple 1964-1978

Année	Champion Masculin	Pays de Citoyenneté	Champion Féminin	Pays de Citoyenneté
1964	Roy Emerson	Australie	Maria Bueno	Brésil
1965	Roy Emerson	Australie	Margaret Smith	Australie
1966	Manuel Santana	Espagne	Billie J. King	Etats-Unis
1967	John Newcombe	Australie	Billie J. King	Etats-Unis
1968	Rod Laver	Australie	Billie J. King	Etats-Unis
1969	Rod Laver	Australie	Ann Jones	Angleterre
1970	John Newcombe	Australie	Margaret Smith Court	Australie
1971	John Newcombe	Australie	Evonne Goolagong	Australie
1972	Stan Smith	Etats-Unis	Billie J. King	Etats-Unis
1973	Jan Kodes	Tchécoslovaquie	Billie J. King	Etats-Unis
1974	Jimmy Connors	Etats-Unis	Chris Evert	Etats-Unis
1975	Ilie Nastasie	Roumanie	Chris Evert	Etats-Unis
1976	Jimmy Connors	Etats-Unis	Chris Evert	Etats-Unis
1977	Bjorn Borg	Suède	Chris Evert	Etats-Unis
1978	Jimmy Connors	Etats-Unis	Chris Evert	Etats-Unis

	1'	3'	5'

27 Le vilebrequin peut avoir une tolé-
rance de plus ou moins 0,001 mm.

1'	3'	5'
7	2	1
12	4	2

28 A noter: le vendredi, 14 avril, à
20:45, il y aura répétition de danse
au Centre communautaire.

1'	3'	5'
8	3	2
15	5	3
19	6	4

29 Savez-vous que le mont Everest a
une hauteur de 8840 m et le Nil
a une longeur de 6670 km?

1'	3'	5'
9	3	2
16	5	3
18	6	4

30 Vous n'avez qu'à remplir le formulaire,
à y joindre un chèque au montant de
$13,50 et à envoyer le tout à notre bureau
au 26, avenue Laurier; local 305, Montréal,
Québec.

1'	3'	5'
7	2	1
15	5	3
23	8	5
31	10	6
33	11	7

31 Le point de congélation de l'eau est de
273,15 k et le point d'ébullition, de
373,15 k; ce qui correspondent à 0°C
et à 100°C respectivement.

1'	3'	5'
8	3	2
16	5	3
27	9	5
28	9	6

32 L'évaluation respective de ces deux
secteurs pour l'année 1978-79 est de
$142 millions et de $69,5 millions.

1'	3'	5'
8	3	2
16	5	3
21	7	4

33 Nous devons à tout prix vendre 215
voitures d'ici le 10 mai. Voyez un de
nos représentants courtois et faites-lui
votre offre.

1'	3'	5'
8	3	2
17	6	3
25	8	5

1'	1	2	3	4	5	6	7
3'		1		2			
5'		1					

VII.45 Centrez le tableau qui suit.

LES ECOLES ELEMENTAIRES ET SECONDAIRES DU CANADA*

1973-74

Province	Ecoles	Professeurs	Etudiants
Terre-Neuve	749	6 920	160 660
Ile du Prince-Edouard	101	1 562	29 197
Nouvelle-Ecosse	667	10 190	209 541
Nouveau-Brunswick	562	7 925	171 519
Québec	3 780	79 270	1 542 283
Ontario	5 027	92 960	2 063 203
Manitoba	829	12 507	248 309
Saskatchewan	1 082	10 546	230 943
Alberta	1 355	20 793	428 302
Colombie-Britannique	1 754	24 588	561 780
Yukon et Territoires du Nord-Ouest	87	920	16 976
Défense nationale (outre-mer)	11	311	4 607
Total	16 004	268 492	5 667 320

*Ecoles publiques, fédérales et privées.

VII.46 Centrez le tableau qui suit.

CHAMPIONS DE LA LIGUE NATIONALE DE HOCKEY

Finales de la coupe Stanley
1973-1979

Année	Equipe Perdante	Division	Equipe Gagnante	Division
1973	Black Hawks Chicago	ouest	Canadien Montréal	est
1974	Bruins Boston	est	Flyers Philadelphie	ouest
1975	Sabres Buffalo	est	Flyers Philadelphie	ouest
1976	Flyers Philadelphie	ouest	Canadien Montréal	est
1977	Bruins Boston	Adams	Canadien Montréal	Norris
1978	Bruins Boston	Adams	Canadien Montréal	Norris
1979	Rangers New York	Patrick	Canadien Montréal	Norris

	1'	3'	5'

34 La structure en bois de cet édifice est
composée de milliers de poutres de
charpente dont plusieurs mesurent 5,08 cm par 30,48 cm par 3,66 m.

1'	3'	5'
8	3	2
18	6	4
26	9	5
27	9	5

35 Nous prévoyons dépenser $9 928 682 en 1979-80,
dont $556 518 en dépenses inadmissibles.
Enfin, les prévisions budgétaires pour 1980-81
s'élèvent à $10 453 324, dont $692 241 en
dépenses inadmissibles.

1'	3'	5'
9	3	2
17	6	3
26	9	5
34	11	7
39	13	8

36 Au Québec, on a enregistré une diminution
de revenu de 9,4 pour cent en 1978 mais on
prévoit une hausse de 4,4 pour cent
en 1979. Dans les prairies, ces prévisions sont de 0,8 pour cent de plus
seulement.

1'	3'	5'
10	3	2
18	6	4
26	9	5
34	11	7
39	13	8

37 Le micromètre à lecture métrique a
50 filets par 25 mm sur la vis de la
tige ou un pas de 0,5 mm. Par conséquent,
il faut 50 révolutions complètes pour
avancer la tige de 0 à 25 mm.

1'	3'	5'
6	2	1
15	5	3
22	7	4
29	10	6
35	12	7

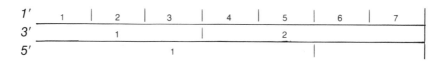

VII.43 Centrez les renseignements suivants.

```
          INVENTAIRE DES FOURNITURES
              SECTEUR COMMERCE

            EN DATE DE 1978 04 23

                                    LIEU D'EN-
       CODE      TITRE    QUANTITE   TREPOSAGE

    538-018Y37   A84-3      136       86-5W
    538-029307   B93         72       85-9B
    538-063106   F31          2       86-9C
    538-076305   G63          -       87-3R
    538-087501   H75          8       88-3A
    538-113707   K37         56       84-1B
    538-131101   M11        101       90-FT
    538-181109   R11          9       90-LS
    538-195703   557         63       90-LD
    538-205407   T54        901       90-JG
```

(Notes au bas de tableaux)   **VII.44** Centrez les renseignements suivants.

SUPERFICIE APPROXIMATIVE DE TERRE
ET D'EAU DOUCE DU CANADA*

Mesurée en kilomètres carrés

Notez bien: Notes au bas de tableaux—

Les notes au bas de tableaux sont dactylographiées à la suite du tableau. Une note d'une ligne requiert trois lignes—une pour le filet, une pour l'interligne et une pour la note dactylographiée.

La note peut être soit alignée à la marge gauche soit en retrait de 5 espaces.

Province Territoire	Terre	Eau douce	Total
T.-N.	370 485	34 032	404 517
I.P.-E.	5 657	—	5 657
N.-E.	52 841	2 650	55 491
N.-B.	72 092	1 344	73 436
Qué.	1 356 791	183 889	1 540 680
Ont.	891 194	177 388	1 068 582
Man.	548 495	101 592	650 087
Sask.	570 269	81 631	651 900
Alb.	644 389	16 796	661 185
C.-B.	930 528	18 068	948 596
Yuk.	531 844	4 481	536 325
T.N.-O.	3 246 389	133 294	3 379 683
Total	9 220 974	755 165	9 976 139

*Source: Annuaire du Canada, 1975/1976

	1'	3'	5'

38 Il y aura solde de verres à pied que vous pourrez vous procurer à prix vraiment intéressant. Parmi tant d'autres il y a le verre à bourgogne, 739 mL; la flûte tulipe à champagne, 414 mL; le verre usages multiples, 296 mL.

1'	3'	5'
7	2	1
13	4	3
22	7	4
30	10	6
38	13	8
43	14	9

39 Suivez cette méthode: couper le poulet (2,5 kg) en morceaux et enlever la peau. Saupoudrer de cari et fariner les morceaux. Faire sauter au beurre le poulet avec les échalotes et les oignons. Couvrir et faire cuire au four à 180°C pendant une heure.

1'	3'	5'
7	2	1
15	5	3
22	7	4
30	10	6
38	13	8
47	16	9
49	16	10

40 En vertu de cette réforme, la cotisation serait portée à 1,2 pour cent du salaire, alors que 0,6 pour cent irait au Conseil central et 0,42 pour cent à la fédération comme telle. Auparavant, la cotisation syndicale était fixée à $2,10 par mois par membre.

1'	3'	5'
8	3	2
16	5	3
24	8	5
32	11	6
40	13	8
50	17	10

1'	1	2	3	4	5	6	7
3'		1		2			
5'		1					

VII.41 Centrez les renseignements suivants.

Voyage en Europe

Hôtels par catégorie

Ville	Première Classe	Classe Touriste	Classe Économique
Amsterdam	Die Port van Cleve	Doelen	Centraal
Bruxelles	Palace	Reine Anne	Herman
Copenhague	Scandinavia	Globus	Sibertsen
Francfort	Continental	Sonnenhof	Lohrana
Genève	Royal	Athénée	Kaufman
Lisbonne	Trivoli	Roma	Caravela
Londres	Claridge	Savoy	Corton
Madrid	Mindanao	Mayorazgo	Asturias
Nice	Negresco	Napoléon	Beau Rivage
Paris	Crillon	Scribe	Lutétia
Rome	Quirinale	San Giorgio	Forti
Zurich	Stoller	Limmathaus	Titlis

VII.42 Centrez les renseignements suivants en y apportant les corrections qui sont indiquées.

LEFEBVRE ET LEMIEUX LTEE.
HORAIRE DES VACANCES

1978

Nom	Nombre de jours	Période
Audette, Jacques	15	3-23 juillet 5-26
Berger, Denis	15	7-25 janvier 28
Campeau, Lucie	10 9	19-29 juin 14-28
Daigneault, Guy	15 10	2-16 août 23
Gagnon, Hélène	15	3-23 mai 24
Houle, Réjean	15	23-27 juillet 6
Le Blanc, Yvette	9 5	4-9 juin 14
Morrisey, Suzanne	15 12	13-27 août 6
Pacquet, Diane	15	4-24 septembre 25
Rivard, Michel	15	7-28 décembre
Zachary, Louise	15	4-22 février 25

	1'	3'	5'

38 Les entrepreneurs qualifiés seront avisés au plus tard le 16 mai et pourront alors obtenir les plans et devis en se présentant à l'endroit indiqué et après le versement de $50 par provision. La date de fermeture des soumissions sera le 26 mai courant.

1'	3'	5'
8	3	2
16	5	3
23	8	5
31	10	6
38	13	8
45	15	9
49	16	10

39 Les accidents augmentent en nombre. Actuellement, 6,5% des véhicules immatriculés au Canada sont impliqués annuellement dans des accidents et le coût de l'indemnisation atteint en moyenne $731. En 1979, les frais de règlement des accidents atteignaient une moyenne quotidienne de $1 200 000.

1'	3'	5'
7	2	1
14	5	3
21	7	4
28	9	6
35	12	7
42	14	8
49	16	10
57	19	11

40 Le nombre de logements mis en chantier a également légèrement baissé. En mai, le taux annuel était de 2075 millions d'unités contre 2189 millions en avril, tandis que les permis de construction baissaient de 8,8% après avoir augmenté de 5,6% en avril et 7,4% en mars.

1'	3'	5'
5	2	1
12	4	2
19	6	4
25	8	5
31	10	6
39	13	8
47	16	9
52	17	10

1'	1	2	3	4	5	6	7
3'		1			2		
5'			1				

Notez bien: L'utilisation d'une double ligne pour souligner, telle qu'illustrée à l'exercice VII.39, est facultative. Pour ce faire, soulignez une première fois. Utilisez le repéreur de ligne et montez la feuille légèrement. Soulignez une deuxième fois et retournez le repéreur de ligne à sa position première.

Janet Lemieux 1958 04 11 Toronto, Ont.
Jacques Roux 1961 02 06 Moncton, N.-B.
Elaine Renaud 1958 03 04 Winnipeg, N.-E.
Maria Caron 1960 08 16 Halifax, N.-E.
Constance Robert 1959 07 27 Ile d'Orléans, Qué.
Wilfrid Gagnon 1960 10 14 Hamilton, Ont.
Alfred Saulnier 1959 05 03 Régina, Sask.

VII.37 Centrez les renseignements de l'exercice VII.36 dans l'ordre chronologique.

VII.38 Centrez les renseignements de l'exercice VII.36 dans l'ordre alphabétique selon les provinces.

(Lignes doubles) VII.39 Centrez les renseignements suivants.

Reproduction à Offset
Liste des coûts -- circulation 400

Article	10 pages	20 pages	30 pages
Composition	$10,00	$20,00	$30,00
Papier	8,00	16,00	24,00
Plaques et négatifs	15,00	30,00	45,00
Collation et agrafage	10,00	10,00	10,00
Adressage	4,00	4,00	4,00
Papier avec en-tête	13,20	13,20	13,20
Imprimerie	15,00	30,00	45,00
Total	$ 75,20	$ 123,20	$ 171,20

(Tête de colonne de deux lignes) VII.40 Centrez les renseignements suivants.

Notez bien: Tête de colonne de deux lignes—

Chaque ligne d'une tête de colonne est centrée séparément. Si les têtes de colonne n'ont pas le même nombre de lignes, alignez horizontalement la dernière ligne de chaque tête de colonne.

Trois interlignes séparent la première ligne de chaque tête de colonne du titre ou du sous-titre.

ASSURANCE-CONVALESCENCE

L'AGE DES CONTRACTANTS DETERMINE LA PRIME

AGE	REGIME FAMILIAL	REGIME INDIVIDUEL
18 A 44 ANS	$ 9,75	$4,50
45 A 54 ANS	12,75	7,00
55 A 64 ANS	14,50	8,00
65 ANS ET PLUS	15,00	8,25

	1'	3'	5'

41 Tandis que les géants se disputent la suprématie sur le marché, quelles sont les chances de survie du petit commerce? Bien souvent la lutte semble désespérée. En 1979, par exemple, les ventes du secteur indépendant ont baissé de 1,8%. Par contre, le chiffre d'affaires des chaînes de magasins a augmenté de 10,3% par rapport à 1978.

1'	3'	5'
7	2	1
15	5	3
23	8	5
31	10	6
39	13	8
48	16	10
57	19	11
65	22	13

42 Les flottes de bateaux étrangers ont entrepris une exploitation massive du poisson avec du matériel moderne très efficace et sur une échelle jusqu'alors inconnue. Il en est résulté une forte augmentation des débarquements cumulatifs de poissons venant des zones de pêche de la côte est, qui dépassèrent de 1,26 Mt de poissons de fond (tels que la morue et l'aiglefin) en 1970 à 2,8 Mt lors d'un sommet atteint en 1978.

1'	3'	5'
7	2	1
14	5	3
21	7	4
28	9	6
35	12	7
43	14	9
50	17	10
57	19	11
65	22	13
73	24	15
80	27	16
83	28	17

1'	1	2	3	4	5	6	7
3'		1		2			
5'		1					

TABLEAUX AVEC APPLI-CATIONS SPECIALES

(Copie corrigée)

VII.34 Centrez le tableau qui suit en y apportant les corrections indiquées. Utilisez une feuille P5, en insérant la partie la plus large dans la machine à écrire.

DéPARTEMENT DES FINANCES

Postes budgétaires	prévisions	Budget Réel
main-d'œuvre temporaire	$ 250	$270
Reproduction	505	600
Equipement à remplacer	9000	—
Impimerie	6500	7600
Frais de ports	500	45 600
Réparations	030	8 600
Fournitures	800	900
Téléphone	900	900
Location—voiture	444 00	250

(Copie mécanographique)

VII.35 Centrer le tableau qui suit sur une feuille P5 en insérant la partie la plus large dans la machine à écrire.

VAISSELLE EN FAIENCE

VENDUE A LA PIECE

ARTICLES	CROCUS	TREFLE	COSMOS	HOUX
ASSIETTE A PAIN	$2,83	$3,11	$3,56	$2,36
TASSE A CAFE	-	3,38	3,21	2,96
TASSE A THE	2,90	3,35	3,15	2,90
BOL A SOUPE	2,06	3,94	2,95	2,97
LEGUMIER OVAL	7,12	6,47	7,28	6,71
LEGUMIER ROND	4,87	5,97	5,19	6,21
CASSEROLE	9,95	8,85	-	-
SUCRIER	9,27	6,56	7,24	5,62
POT A LAIT	5,21	3,71	2,97	2,96
SAUCIERE	9,71	7,46	8,40	6,71
THEIERE	9,95	7,75	8,20	9,25
CAFETIERE	8,90	9,35	9,85	9,50

(Titre de deux lignes)

VII.36 Centrez le tableau qui suit sur une feuille P5, en insérant la partie la plus large dans la machine à écrire. Dactylographiez les noms dans l'ordre alphabétique.

K. L. M.
Ligne aérienne hollandaise
Nouveaux candidats

Nom	Date de naissance	Lieu de naissance
Caroline Forbes	1960 01 07	Calgary, Alb.

(Suite à la page suivante)

Notez bien: Titre de deux lignes—

Un titre de deux lignes est dacty-lographié à simple interligne et chaque ligne est centrée. Le titre est suivi d'un double interligne s'il y a un sous-titre. S'il n'y a pas de sous-titre, le titre est suivi d'un tri-ple interligne.

	1'	3'	5'
43 Depuis 1950, les placements hypothé-	7	2	1
caires et immobiliers des compagnies	14	5	3
d'assurance – vie ont financé la construc-	22	7	4
tion de plus d'un million de logements	30	11	6
au Canada. A la fin de 1979, les compagnies	39	13	8
d'assurance -vie détenaient environ 36%	46	15	9
des obligations en circulation de compagnies	54	18	11
canadiennes, 21% des obligations muni-	62	21	12
cipales, 12% des obligations provinciales	71	24	14
et 5% des titres du gouvernement du	78	26	16
Canada. En 1979, les compagnies d'assurance-	87	29	17
vie ont rapporté au gouvernement 60 à	94	31	19
70 millions de dollars d'impôts.	100	33	20

TITRES ET SOUS-TITRES

VII.30 Centrez le tableau à deux colonnes qui suit sur une feuille P5. Simple interligne.

FINISSANTS ECOLE SECONDAIRE PELLETIER ◄── *Titre*
DI

Inscriptions au post-secondaire ◄── *Sous-titre*
TI

Nom	Institution post-secondaire	Etudes
Doris Hardy	Université de Montréal	Biologie
France Cloutier	Collège Cambrian	Nutrition
Roch Fournier	Université Laval	Médecine
Robert Blais	Collège Algonquin	Musique

VII.31 Centrez le tableau qui suit, à double interligne, sur une feuille P4.

CENTRE COMMUNAUTAIRE DE RENSEIGNEMENTS

Heures: 09:00 à 17:30

Comité	Responsable	Téléphone
Service juridique	Jocelyne Tanguay	732-5650
Récréation	Lionel Beauparlant	732-2085
Logement	Jacqueline Doucet	732-6888
Service familial	Pierre Ouellet	888-1718
Bureau sanitaire	Aurélia Bazinet	835-5896
Consommateur	Rita Tremblay	356-0539
Service d'hygiène	Gérald Blanchard	735-0390
Eglises	Rita André	685-9706
Garderie d'enfants	Marcel Landry	358-0219
Pré-maternelle	Normand Bibeau	735-4835
Adoption	Denise Cloutier	732-2816
Ecoles	Jean Lauzon	358-3734
Echevins	Gisèle Trudel	735-5917
Centre de dépannage	Suzanne Côté	735-0012
Troisième âge	Anne David	732-7258
Bénévolat	Gérard Dionne	732-4829
Droits de la femme	Marguerite Glaude	735-7463
Programmes d'été	Ronald Génier	834-6231

VII.32 Dactylographiez le tableau de l'exercice VII.31 sur une feuille P5, la partie la plus large insérée dans la machine à écrire. Redactylographiez le tableau en mettant les comités dans l'ordre alphabétique.

VII.33 Dactylographiez le tableau de l'exercice VII.31 sur une feuille P5. Redactylographiez le tableau en mettant les noms des responsables dans l'ordre alphabétique.

APPLICATION INDIVIDUELLE DE DACTYLO- GRAPHIE (AID)

III.26 Maintenant que vous avez maîtrisé le clavier et la technique dactylographique, il vous sera facile de composer en dactylographiant.

Au début, choisissez un ou deux exercices qui ne requièrent qu'une phrase comme réponse. Graduellement, passez aux exercices un peu plus compliqués.

Utilisez toujours la bonne technique de frappe.

AID 1

Dactylographiez une réponse aux questions qui suivent. Cette réponse doit être une phrase complète. (Voir l'exemple dans la marge gauche.)

La machine à écrire que j'utilise est une Olympia.

A. Quelle marque de machine à écrire utilisez-vous?

B. Quelle en est sa couleur?

C. Est-elle manuelle ou électrique?

D. Quelle est la longueur du chariot?

E. De quels caractères est-elle?

F. Quel est le nom de votre professeur?

AID 2

Dactylographiez une réponse aux questions qui suivent. (Voir l'exemple dans la marge gauche.)

La capitale de ma province est Toronto.

A. Quelle est la capitale de votre province?

B. Qui en est le Premier ministre?

C. Dans quelle municipalité demeurez-vous?

D. Quelle est votre ambition dans la vie?

E. Quel est le plus grand fleuve du Canada?

AID 3

Dactylographiez un paragraphe traitant du travail. Choisissez parmi les suggestions qui suivent ou composez un paragraphe de votre choix.

A. Le travail a-t-il une valeur?

B. L'adolescent et le travail.

C. Comment se préparer à une profession.

D. Travail égal, salaire égal.

E. Embauchez un étudiant!

VII.28 Centrez le tableau suivant sur une feuille P5, à simple interligne. (Ce tableau est composé de deux sections de deux colonnes. Vous pouvez varier l'espacement entre la deuxième et la troisième colonne. Cependant, l'espacement entre la première et la deuxième colonne, ainsi qu'entre la troisième et la quatrième colonne, doit être le même.)

INDICATIFS REGIONAUX POUR INTERURBAINS

Code	Ville	Code	Ville
613	Arnprior	514	Montréal
416	Aurora	416	Niagara Falls
519	Aylmer	705	Noëlville
705	Azilda	613	Ottawa
705	Blind River	418	Port Cartier
416	Brampton	418	Québec
705	Capreol	514	Rigaud
613	Cornwall	519	Simcoe
519	Delhi	705	Sudbury
613	Embrun	705	Timmins
416	Fort Erie	416	Toronto
613	Gloucester	613	Tweed
519	Guelph	416	Welland
705	Haileybury	416	West Hill
416	Hamilton	416	Weston
705	Hanmer	416	Willowdale
613	Hawksbury	519	Windsor
705	Hearst	416	Woodbridge

VII.29 Centrez le tableau suivant sur une feuille P5, en insérant la partie la plus large dans la machine à écrire.

CODE POUR IDENTIFIER LES LETTRES ALPHABETIQUES

Lettre	Code	Lettre	Code
A	Alain	N	Normand
B	Bernard	O	Orléans
C	Carmen	P	Paul
D	Donald	Q	Québec
E	Ernest	R	Robert
F	François	S	Suzanne
G	Gaston	T	Thérèse
H	Hélène	U	Ursule
I	Ida	V	Victor
J	Jean	W	William
K	Klaxon	X	Xavier
L	Louis	Y	Yves
M	Marc	Z	Zénon

AID 4

Dactylographiez les rimettes qui suivent. Composez une cinquième ligne qui rimerait avec une des précédentes.

A. Un jour un jeune homme en chaloupe
   Trouva une souris dans sa soupe
   Il poussa un cri
   Qui fit rire ses amis

   -------------------------------.

B. "Le tonnerre" dit le sage du Pérou
   "C'est très beau, mais le son n'est pas doux
   Mais, un point important
   Qu'on oublie trop souvent

   -----------------------------.

AID 5

Complétez l'anecdote qui suit.

En nous rendant au centre commercial, mon amie et moi entendons des cris stridents venant d'une ruelle. Curieuses...

> On peut préparer une copie brouillon à la machine à écrire, la corriger et ensuite la redactylographier. Il est préférable alors de dactylographier le texte à double interligne pour faciliter la correction. Autant que possible, ne pas hésiter à mettre ses idées sur papier; ignorer les erreurs de frappe. Les corrections seront faites quand la feuille sera retirée de la machine à écrire.

AID 6

Dactylographiez une solution aux problèmes qui suivent:

A. Votre ami veut acheter une automobile usagée. N'ayant jamais été propriétaire d'une auto, il vous consulte pour cet achat. Quels conseils lui donneriez-vous?

B. La semaine dernière j'ai trouvé un billet de $50 près de la caisse dans un grand magasin. Qu'aurais-je dû faire?

C. Je dois me présenter à une entrevue lundi pour un poste de réceptionniste. Je désire réussir. Que suggérez-vous comme préparation à cette entrevue?

AID 7

Une compagnie d'assurances bien connue vous offre un emploi comme préposé au courrier. Expliquez à votre ami vos responsabilités.

AID 8

Le chef de la section commerciale vous demande de préparer une description du cours de dactylographie que vous suivez présentement. Il a l'intention de se servir de votre description dans le livret des cours qui seront offerts aux étudiants de votre école. Préparez cette description.

BROUILLON

Nous nuos difigeons
dans cete direction
Nous nen croions
pas nos yeyx. Deux
hommess masquées
s'enfuietn d'une

COPIE CORRIGEE

Nous ~~nuos~~ ^nous^ ~~difigeons~~ ^dirigeons^
dans ~~cete~~ ^cette^ direction.
Nous ~~nen croions~~ ^n'en croyons^ ^
pas nos ~~yeyx~~ ^yeux^. Deux
hommes~~s~~ ~~masquées~~ ^masqués^
~~s'enfuietn~~ ^s'enfuient^ d'une

VII.26 Centrez le tableau suivant sur une feuille P5.

RELEVE DE NOTES—JEAN DROUIN

Titre du cours	Crédits	Note
Dactylographie	2	A
Sténographie	2	A
Compatabilité	1	B
Mathématiques	1	B
Français	2	A
Droit	1	A
Economie	1	B

CENTRAGE D'UNE TETE DE COLONNE
(Plus longue ou plus courte que la largeur de la colonne)

VII.27 Centrez le tableau qui suit sur une feuille P4.

TEMPERATURES D'AUJOURD'HUI

Ville	Maximum	Minimum
Brandon	24	13
Calgary	22	10
Charlottetown	19	17
Dauphin	27	14
Edmonton	20	12
Estevan	23	11
Fort Smith	26	11
Frédéricton	24	15
Halifax	18	14
Inuvik	17	7
Kamloops	31	15
Kenora	26	15
Montréal	28	21
Norman Wells	27	16
North Bay	24	18
Ottawa	28	21
Penticton	29	13
Prince Albert	19	12
Prince George	27	10
Prince Rupert	18	13
Québec	26	19
Régina	20	13
Saint-Jean	14	9
Saskatoon	19	12
Swift Current	17	12
Thompson	25	13
Thunder Bay	18	17
Toronto	29	18
Vancouver	23	13
Victoria	21	10
Whitehorse	17	8
White River	27	17
Winnipeg	25	15
Yellowknife	24	14

AID 9

Exprimez vos opinions:

A. Les mathématiques ne devraient pas être obligatoires au niveau secondaire.

B. On accorde trop d'importance aux examens.

C. Les annonces publicitaires sont nécessaires aux consommateurs.

D. On devrait limiter l'expansion des villes.

E. Toute personne devrait apprendre à dactylographier.

Dactylographiez un paragraphe ou deux pour chacune des illustrations qui suivent.

AID 10

AID 11

AID 12

AID 13

200	Gibraltar Inc.	25,00	5 000
25	Consumer Gas Ltd.	62,00	1 550
200	La Canadienne Ltée	12,50	2 500
50	Copper Ltd.	31,00	1 550

CENTRAGE D'UNE TETE DE COLONNE
(Plus longue que la largeur de la colonne)

VII.24 Centrez le tableau qui suit, à simple interligne. L'organigramme indique comment centrer une tête de colonne plus large que la colonne.

LOCAUX DISPONIBLES

Annexe ouest	Dimensions des salles	Capacité
Borduas	17,4 m x 9,6 m	230
Jade	17,4 m x 12,0 m	320
Vendôme	8,4 m x 4,8 m	40
Caravelle	8,4 m x 4,8 m	40
Tyrolien	17,4 m x 21,6 m	550

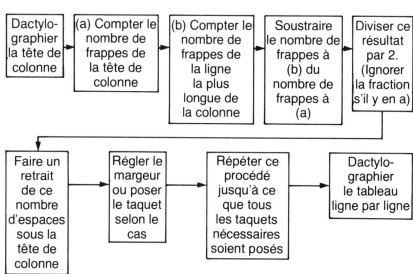

VII.25 Centrez le tableau suivant sur une feuille P5, en insérant la partie la plus large dans la machine à écrire.

REVISION DES TERRITOIRES

Jacques S. Larouche	Hugues St-Martin	Jeanne Desnoyers
Toronto #32	Winnipeg	Stratford
Sudbury	Oakville	London
North Bay	Toronto #18	St. Thomas
Barrie	Cornwall	Windsor
Hamilton	Brockville	Pembroke
Kitchener	Thunder Bay	Peterborough

AID 14　　　　　　　　　　　　AID 15

En y mettant beaucoup d'imagination, dactylographiez une anecdote en vous inspirant des illustrations qui suivent.

AID 16

VII.21 Centrez le tableau suivant sur une feuille P5 en insérant la partie la plus large dans la machine à écrire. Simple interligne.

COUT D'OPERATION D'UNE VOITURE

Dépenses	Coût
La dépréciation	$1 268,00
Les assurances	160,00
Les plaques d'immatriculation	50,00
L'essence et l'huile	550,00
L'entretien	150,00
Les pneus	100,00
Le stationnement etc.	75,00
Les frais de financement à 11%	324,00
	$2 677,00

VII.22 Centrez le tableau suivant sur une feuille P4. Double interligne.

EDUCATION PERMANENTE

Cours	Jour	Heure	Coût
Psychologie des enfants	Lundi	19:00	$50
Relations humaines	Lundi	20:30	$30
Relations syndicales	Lundi	19:00	$30
Artisanat	Lundi	20:30	$30
Beaux-arts	Mardi	19:00	$35
Arrangement floral	Mardi	20:30	$30
Horticulture et paysagisme	Mardi	19:00	$35
Sténographie Gregg	Mardi	20:30	$30
Sténographie Pitman	Mercredi	19:00	$30
Sténographie Forkner	Mercredi	19:00	$30
Dactylographie I	Mercredi	20:30	$30
Dactylographie II	Jeudi	19:00	$30
Gestion	Jeudi	19:00	$35
Etudes en loisirs	Jeudi	19:00	$40
Couture	Jeudi	20:30	$40

VII.23 Centrez le tableau suivant sur une feuille P4. Double interligne.

Liste des transactions

No.	Titre	Prix	Valeur
25	Abitibi Inc.	$68,00	$1 700
100	Banque Internationale	25,00	2 500
100	Amalgamated Oils	0,72	72
200	Brameda Inc.	0,35	70
10	Algoma-Rio	4,75	47
30	Commonwealth Ltée	5,50	165

(Suite à la page suivante)

AID 17

AID 18

AID 19

CENTRAGE D'UNE TETE DE COLONNE
(Plus courte que la largeur de la colonne)

VII.19 Centrez le tableau à trois colonnes qui suit, à simple interligne, sur une feuille P5, en insérant la partie la plus large dans la machine à écrire. L'organigramme indique comment procéder pour centrer une tête de colonne plus courte que la largeur de la colonne.

SEMAINE DE L'ENVIRONNEMENT

Sujet	Invité	Profession
La pollution par le bruit	Robert Gilbert	Ergonome
L'aménagement du territoire	Jean Blais	Urbaniste
Lois sur la consommation	Jean-Paul Dionne	Avocat
L'alimentation	Lise Cournoyer	Nutritionniste
L'écologie urbaine	Pierre Dansereau	Ecologiste
La purification des eaux	Robert Thibault	Hydrologue
L'air qu'on respire	Jeanne Sylvestre	Urbaniste

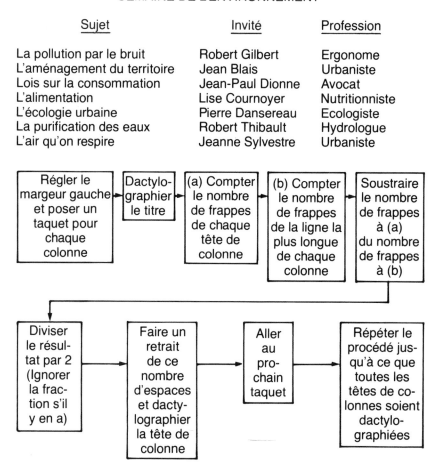

VII.20 Centrez le tableau à deux colonnes qui suit sur une feuille P5, en insérant la partie la plus large dans la machine à écrire. Double interligne.

GUIDE DE DUREE DE CONGELATION DES VIANDES

Viande	Durée
Rôti de boeuf	Dix à douze mois
Rôti d'agneau	Six à huit mois
Rôti de porc	Quatre à cinq mois
Rôti de veau	Quatre à cinq mois
Viandes hachées	Deux à trois mois
Viandes fumées	Un à deux mois
Lard salé	Un mois
Viandes cuites	Cinq à huit semaines

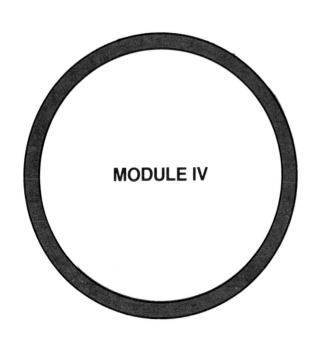

MODULE IV

CENTRAGE

OBJECTIFS

1. Apprendre comment centrer un texte dactylographié.

2. Développer la vitesse et la précision.

3. Améliorer la dextérité.

4. Mettre en application les techniques dactylographiques dans des travaux de type commercial.

ACTIVITES QUOTIDIENNES

Préliminaire:

La date courante. Dactylographiez trois lignes de la date courante comme suit:

	↓taquet		↓taquet	
19__ 05 21	19__	05 21	19__	05 21
19__ 05 21	19__	05 21	19__	05 21
19__ 05 21	19__	05 21	19__	05 21

Principales:

1. L'identification de votre travail. Dactylographiez votre nom, le titre du cours et la date courante.

2. La précision. Choisissez et dactylographiez plusieurs fois une phrase alphabétique aux pages 59 et 60.

3. La vitesse. Choisissez et dactylographiez un certain nombre de paragraphes aux pages 44 à 58 pour améliorer votre vitesse.

4. Le centrage. Les exercices du Module IV.

Supplémentaire:

La composition. Choisissez et dactylographiez un certain nombre des exercices AID aux pages 137 à 140.

CONTENU

Le Module IV initie l'étudiant au centrage horizontal et vertical en utilisant du papier de différents formats.

VII.15 Dactylographiez le tableau de l'exercice VII.14 sur une feuille P4, à double interligne.

VII.16 Centrez l'exercice qui suit en tableau de trois colonnes sur une feuille P5, la partie la plus large insérée dans la machine à écrire. Dactylographiez à simple interligne.

MAGASIN EVANGELINE

Rayon / Etage / Surveillant(e)
Confiserie / Premier / Carmen Babin
Vêtements / Premier / Vivianne Hardy
Chapeaux / Premier / Rachel Tanguay
Papeterie / Premier / Yves Lefebvre
Mercerie / Premier / Solange Beauparlant
Lingerie / Deuxième / Pâquerette Robert
Souliers / Deuxième / Ralph Suppanee
Radios-téléviseurs / Deuxième / Jean-Louis Bégin
Jouets / Troisième / Natalie Collin
Appareils menagers / Troisième / Marc Girard
Sports / Quatrième / Marie Bernard Rodrigue
Ameublement / Quatrième / Marie Delisle
Accessoires / Quatrième / Paul Tisi
Tapis / Quatrième / Gérald Blanchard
Epicerie / Sous-sol / Donald Santerre
Cafétéria / Sous-sol / Rita Landry

VII.17 Dactylographiez le tableau de l'exercice VII.16 à double interligne sur une feuille P4.

VII.18 Centrez les renseignements suivants sur trois colonnes. Utilisez une feuille P5, la partie la plus large insérée dans la machine. Double interligne.

STATIONNEMENT

Type / Endroit / Prix
Intérieur privé / S.S. "A" / $100
Intérieur libre / S.S. "B" / $90
Réservé avec prise / Section "A" / $80
Réservé sans prise / Section "B" / $75
Extérieur libre / Section "C" / $50
Soir seulement / Section "X" / $25
Motocyclette/ vélomoteur / Section "X" / $15

RESUME DES EXERCICES DU MODULE IV

APPLICATIONS PRINCIPALES

Centrage horizontal sans en-tête
  Application générale . . . 1, 2
  Feuille P5 (partie
    large insérée) 3, 4, 5, 6

Centrage horizontal et vertical sans en-tête
  Feuille P5 8
  Feuille P5 (partie
    large insérée) 7, 9, 10

Centrage horizontal et vertical avec en-tête
  Feuille P4 . . . . 16, 17, 18, 19, 20, 21,
                                        22
  Feuille P5 . . . . 12, 15, 26, 33
  Feuille P5 (partie
    large insérée) 11, 13, 14, 23, 24, 25,
                                    29 à 32

APPLICATIONS SPECIALES

Centrage dans un cercle . . AID 10 à 13

Centrage sur une ligne . . . 36 à 38

Copie manuscrite . . . . 24 à 28

Dactylographie sur
  une ligne 34, 35

Déploiement . . . . 27 à 29, 31 à 33

Copie non disposée 1, 2, 3, 4, 5, 6, 8, 9, 10,
                                   13, 14, 15, 16, 17, 18,
                                   20, 22, 23, 24, 25, 26,
                                   33 à 39

Margeur gauche réglé à
  partir du titre 19

Margeur gauche réglé à
  partir de la ligne la
  plus longue 21

Mots écrits en majuscules 9, 11, 16, 17, 23, 30 à
                            33

Variation dans le
  nombre d'espaces
  entre les mots . . . . 17, 30 à 33

Variation dans les
  interlignes 14, 15, 18, 30, 32, 33

VII.12 Centrez horizontalement et verticalement le tableau qui suit sur une feuille P5, en insérant la partie la plus large dans la machine à écrire. Laissez un nombre convenable d'espaces entre les colonnes et dactylographiez à simple interligne.

CALENDRIER DE CONSTRUCTION

Edifice	Début	Fin
Charpente	4 août	7 août
Goudronnage	7 août	11 août
Electricité	7 août	8 septembre
Portes et fenêtres	15 août	30 août
Chauffage	21 août	15 septembre
Plomberie	14 août	15 septembre

VII.13 Centrez le tableau qui suit sur une feuille P4. Laissez un nombre convenable d'espaces entre les colonnes dactylographiées à double interligne.

Liste de fournisseurs

Entreprise	Produit
Louis-P. Lamoureux Inc.	Carburateurs
J.-H. Gallant Ltée	Pneus radiaux
Rock-K. Gilbert Ltée	Batteries
J.-L. Spillette & Fils Ltée	Pièces d'allumage
Jean-C. Bourminot Ltée	Pièces de direction
Gilles Séguin Inc.	Freins
Magasin Turcotte Ltée	Silencieux
Marcel-E. Savard Inc.	Transmissions

VII.14 Centrez les informations suivantes sur trois colonnes. Utilisez une feuille P5 et dactylographiez les colonnes à simple interligne.

CENTRES COMMERCIAUX REGIONAUX

Centre / Administrateur / Téléphone
La Canardière/ J.-B. Alie / 421-7341
Fairview /E.-O. Morinville /342-3604
Le Normand / S.-T. Lemay /327-6970
Duberger /R.-M. Godard / 843-6314
Place Tanguay / R.-N. Martin / 243-1659
Acadie / W.-T. Renaud / 624-1673
Niagara / L.-D. Scott / 542-9113
Caribou / C.-A. Poirier / 411-7821
Meadowvale / V.-M. Brisebois / 723-5942
Espanola / W.-C. Lascelles / 373-4896
Jean-Talon / T.-R. Simms / 834-7317
St-Laurent / R.-R. Durant /690-4442

Notez bien: Le professeur indiquera si les erreurs doivent être corrigées dans les exercices qui suivent.

LA CORRECTION DES ERREURS

Dans la plupart des travaux dactylographiés, les erreurs doivent être corrigées à même la copie originale. Voici quelques façons d'y procéder:

Gomme à effacer

1. Choisir une gomme qui est spécialement faite pour effacer des travaux dactylographiés et qui convient à la qualité du papier utilisé.

2. Monter la feuille de papier de quelques lignes de façon à ce que la ligne qui contient l'erreur puisse s'appuyer contre le cylindre. (Si l'erreur est au bas de la feuille, tourner la molette en sens inverse jusqu'à ce que la ligne où se trouve l'erreur paraisse de l'autre côté, d'où on peut l'appuyer sur le cylindre. De cette façon la feuille de papier ne glissera pas pendant la correction.)

3. Faire revenir le chariot ou la tête d'impression mobile à l'extrême gauche (utiliser la touche passe-marges) pour éviter que les débris de la gomme à effacer ne tombent à l'intérieur de la machine.

4. En appuyant légèrement avec la gomme, effacer dans un sens seulement. Enlever les débris de gomme qui se sont déposés sur la feuille.

5. Aligner le texte et dactylographier la correction.

Papier correcteur

1. Faire marche arrière jusqu'au début de l'erreur.

2. Insérer le papier correcteur entre le ruban et la copie à corriger. (Ce papier correcteur est disponible dans une variété de couleurs qui se marient avec la couleur du papier utilisé).

3. Redactylographier l'erreur exactement telle qu'elle est et retirer le papier correcteur.

4. Revenir au début du mot corrigé et dactylographier le mot correctement.

Liquide correcteur

1. Monter la ligne de texte de quelques interlignes. Si l'erreur est au bas de la feuille, descendre celle-ci jusqu'à ce que la ligne paraisse au-dessus du cylindre.

2. Déplacer le chariot ou la tête d'impression mobile à l'extrême gauche ou à l'extrême droite (utiliser la touche passe-marges). Ceci empêche le liquide correcteur de tomber à l'intérieur de la machine.

CENTRAGE D'UNE TETE DE COLONNE
(Alignée à la marge gauche et au taquet)

VII.10 Centrez horizontalement et verticalement le tableau à deux colonnes sur une feuille P5, en insérant la partie la plus large dans la machine à écrire. Laissez suffisamment d'espace entre les colonnes. Les colonnes sont dactylographiées à simple interligne. L'organigramme qui suit indique comment procéder pour disposer une tête de colonne alignée à la marge gauche et au taquet.

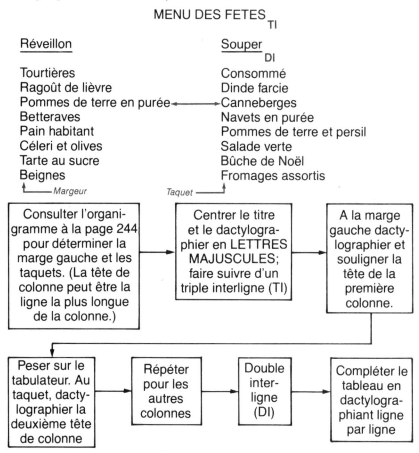

MENU DES FETES ᵀᴵ

Réveillon	Souper ᴰᴵ
Tourtières	Consommé
Ragoût de lièvre	Dinde farcie
Pommes de terre en purée ◄──►	Canneberges
Betteraves	Navets en purée
Pain habitant	Pommes de terre et persil
Céleri et olives	Salade verte
Tarte au sucre	Bûche de Noël
Beignes	Fromages assortis

└─ *Margeur*   *Taquet* ─┘

| Consulter l'organigramme à la page 244 pour déterminer la marge gauche et les taquets. (La tête de colonne peut être la ligne la plus longue de la colonne.) | → | Centrer le titre et le dactylographier en LETTRES MAJUSCULES; faire suivre d'un triple interligne (TI) | → | A la marge gauche dactylographier et souligner la tête de la première colonne. |

| Peser sur le tabulateur. Au taquet, dactylographier la deuxième tête de colonne | → | Répéter pour les autres colonnes | → | Double interligne (DI) | → | Compléter le tableau en dactylographiant ligne par ligne |

VII.11 Centrez horizontalement et verticalement le tableau à trois colonnes qui suit sur une feuille P5, en insérant la partie la plus large dans la machine à écrire. Laissez un nombre convenable d'espaces entre les colonnes; dactylographiez-les à simple interligne.

CALENDRIER DES CONCERTS ᵀᴵ

Mois	Artiste invité(e)	Théâtre ᴰᴵ
Octobre	Nana Mouskouri	Alexandra
Décembre	Gilles Vigneault	Neptune
Janvier	Félix Leclerc	O'Keefe
Février	Ginette Reno	Jubilee
Mars	Anne Murray	Massey Hall
Mai	Gordon Lightfoot	Landsdowne

3. Choisir le liquide de la même couleur que le papier. Secouer la bouteille, l'ouvrir et enlever le surplus de liquide sur le pinceau en l'essuyant sur le bord de l'ouverture.

4. Appliquer le liquide légèrement et rapidement sur l'erreur à corriger. Ne pas badigeonner la feuille.

5. Refermer la bouteille fermement.

6. Dès que le liquide est sec, aligner et dactylographier la correction.

LA CORRECTION D'UNE COPIE CONFORME

1. Lorsqu'on se sert du papier carbone pour faire des copies conformes, les erreurs doivent être corrigées quand les feuilles sont encore dans la machine. Monter la liasse de feuilles pour avoir facilement accès à l'endroit où se trouve l'erreur. Corriger une feuille à la fois.

2. Insérer un carton derrière la feuille qu'on veut corriger pour la séparer des autres feuilles et ainsi éviter de les salir. Effacer avec une gomme molle et s'assurer que tout débris de gomme est enlevé de la copie. Répéter pour chaque copie. Quand toutes les copies ont été corrigées, retirer le carton. Aligner à nouveau le texte et faire la correction nécessaire.

3. La correction des copies conformes faites au papier carbone est plus facile si l'on se sert d'une gomme plutôt que du liquide correcteur.

LA CORRECTION D'UNE ERREUR QUAND LA FEUILLE N'EST PLUS DANS LA MACHINE A ECRIRE

1. Effacer l'erreur.

2. Ré-insérer la feuille dans la machine à écrire.

3. En utilisant le bouton d'interligne variable, aligner horizontalement le texte dactylographié de sorte que les lettres soient un peu au-dessous de l'échelle de la ligne de frappe.

4. Utiliser le levier dégage-papier pour déplacer la feuille à droite ou à gauche de façon à ce qu'une lettre "i" ou "l" dans le texte soit alignée verticalement avec l'indicateur du point d'impression.

5. Vérifier le point d'impression; pour ce faire, trouver un point (.) dans le texte dactylographié et—après avoir mis le régleur de ruban à stencil—y dactylographier un point par-dessus. Faire les ajustements nécessaires jusqu'à ce que le point dactylographié et le point "stencil" coïncident.

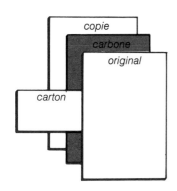

Si vous n'avez pas de carton, insérez une feuille de papier derrière le papier carbone.

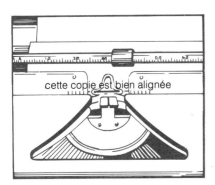

TABLEAU AVEC TITRE

VII.7 Centrez horizontalement et verticalement le tableau suivant. Employez une feuille de papier P5 en insérant la partie la plus large dans la machine à écrire. Le titre doit être centré et écrit en majuscules. Laissez trois interlignes après le titre; cependant les colonnes sont dactylographiées à simple interligne.

VOCABULAIRE DU CONSOMMATEUR

Gouvernement	Appareils ménagers	Epargne
Entreprise	Ameublement	Emprunt
Milieu	Automobile	Investissement
Economie	Maison	Obligations
Achats	Condominium	Rentes
Services	Appartement	Pensions
Budget	Chauffage	Actions
Comptes	Impôts	Fonds mutuels
Crédit	Services publics	Intérêts
Inflation	Assurances	Rapports

Notez bien: Espacement—

*Une feuille de **papier P5** contient 51 lignes verticales de texte dactylographié.*

VII.8 Redactylographiez le tableau à trois colonnes de l'exercice VII.7 sur une feuille P5. Faites-le à double interligne et changez le nombre d'espaces entre les colonnes.

VII.9 Disposez les renseignements suivants sur trois colonnes et centrez-les horizontalement et verticalement sur une feuille P5, la partie la plus large insérée dans la machine. Simple interligne.

CHOIX D'EMPLOIS

Garagiste	Secrétaire
Policier	Cordonnier
Mécanographe	Décorateur
Chauffeur	Rédacteur
Nettoyeur	Compositeur
Commis	Reporter
Architecte	Professeur
Boulanger	Expéditionnaire
Réceptionniste	Editeur
Sauveteur	Fonctionnaire
Maître-nageur	Journalier
Annonceur	Bûcheron
Surintendant	Pêcheur
Artiste	Agent de sécurité
Entraîneur	Portier
Dresseur	Journaliste
Comptable	Représentant
Surveillant	Camionneur
Jockey	Electricien
Concierge	Rembourreur
Jardinier	Plombier
Expéditeur	Menuisier
Caissier	

6. Remettre le régleur de ruban à sa position normale et dactylographier la correction.

7. Quoiqu'on puisse tenter de corriger les copies conformes en même temps que la copie originale en les ré-insérant ensemble dans la machine à écrire, il est recommandé de faire la correction de chaque copie conforme séparément. Suivre le procédé précédant mais ne pas dactylographier directement sur la copie. Insérer un morceau de papier carbone entre le ruban et la copie avant de dactylographier la correction.

VII.3 Centrez horizontalement et verticalement l'exercice VII.2 sur une feuille P5, en insérant la partie la plus large dans la machine à écrire. (Revoir le centrage vertical à la page 128, si nécessaire.)

VII.4 Centrez horizontalement les deux colonnes qui suivent sur une feuille P5, en insérant la partie la plus large dans la machine à écrire. Laissez 10 espaces entre les colonnes et 75 mm au haut de la feuille.

Paule Royer	Céramique
Charlotte Bégin	Tissage
F. Desrochers-Drolet	Emaux
Claude Pouliot	Poterie
Christine Amyot	Arts variés
Mariette Rousseau-Vermette ←10 espaces→	Tapisserie
Marc-André Beaudin	Orfèvre
Albert Mélançon	Vitraux
Ghislaine Lamarche	Batik

VII.5 Centrez horizontalement les trois colonnes qui suivent sur une feuille P5, en insérant la partie la plus large dans la machine à écrire. Laissez un nombre convenable d'espaces entre les colonnes et un espace de 50 mm au haut de la feuille.

janvier	oeillet	grenat
février	violette	améthyste
mars	jonquille	aigue-marine
avril	pois de senteur	diamant
mai	rose	émeraude
juin	anémone	perle
juillet	glaïeul	rubis
août	reine-marguerite ←→	péridot
septembre ←→	aster	saphir
octobre	calendule	opale
novembre	chrysanthème	topaze
décembre	narcisse	turquoise

Notez bien: Espacement—

*Une feuille de **papier P4** contient 66 lignes verticales de texte dactylographié.*

VII.6 Centrez horizontalement et verticalement le tableau de l'exercice VII.5 sur une feuille P4; dactylographiez à double interligne.

CENTRAGE HORIZONTAL D'UNE LIGNE

IV.1 Centrez horizontalement la ligne suivante.

Clubs de dames et d'échecs

Autovérification

Examinez votre copie. Est-ce qu'elle paraît centrée?

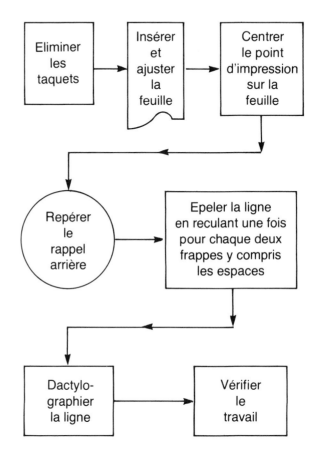

Notez bien: En comptant les frappes, rappelez-vous d' y inclure les espaces.

IV.2 Centrez horizontalement la ligne suivante.

Club de dames et d'échecs

Ignorer toute frappe isolée à la fin d'une ligne.

CENTRAGE HORIZONTAL DES COLONNES

VII.1 Centrez horizontalement les colonnes suivantes à simple interligne. L'organigramme qui suit aidera à centrer n'importe quel nombre de colonnes.

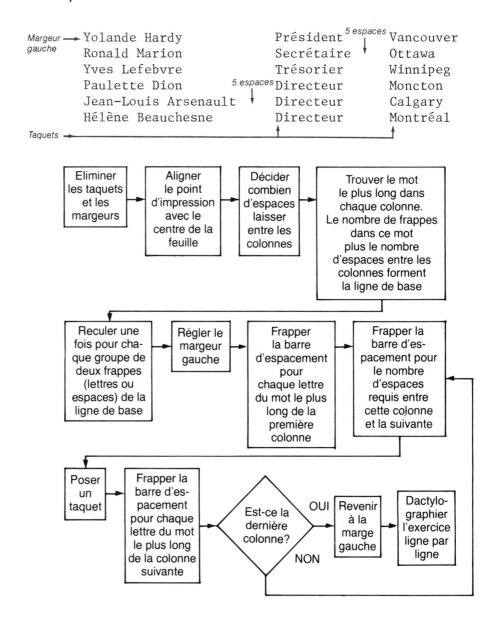

Margeur → Yolande Hardy   Président *5 espaces* Vancouver
gauche   Ronald Marion   Secrétaire   Ottawa
            Yves Lefebvre   Trésorier   Winnipeg
            Paulette Dion *5 espaces* Directeur   Moncton
            Jean-Louis Arsenault Directeur   Calgary
            Hélène Beauchesne   Directeur   Montréal

Taquets →

| Eliminer les taquets et les margeurs | → | Aligner le point d'impression avec le centre de la feuille | → | Décider combien d'espaces laisser entre les colonnes | → | Trouver le mot le plus long dans chaque colonne. Le nombre de frappes dans ce mot plus le nombre d'espaces entre les colonnes forment la ligne de base |

| Reculer une fois pour chaque groupe de deux frappes (lettres ou espaces) de la ligne de base | → | Régler le margeur gauche | → | Frapper la barre d'espacement pour chaque lettre du mot le plus long de la première colonne | → | Frapper la barre d'espacement pour le nombre d'espaces requis entre cette colonne et la suivante |

| Poser un taquet | → | Frapper la barre d'espacement pour chaque lettre du mot le plus long de la colonne suivante | → | Est-ce la dernière colonne? | OUI → | Revenir à la marge gauche | → | Dactylographier l'exercice ligne par ligne |

NON

Notez bien: Dans l'exercice VII.1 la ligne de base est
`Jean-Louis ArsenaultXXXXXSecrétaireXXXXXVancouver`

Notez bien: Espacement—

*Une feuille de **papier P5,** la **partie** la plus **large** insérée dans la machine à écrire, contient 33 lignes verticales de texte dactylographié.*

VII.2 Centrez horizontalement le tableau de l'exercice VII.1 sur une feuille P5 en insérant la partie la plus large la machine à écrire. Laissez un espace de 50 mm au haut de la feuille et 10 espaces entre les colonnes.

CENTRAGE HORIZONTAL DE PLUSIEURS LIGNES

IV.3 Centrez horizontalement chaque ligne de l'exercice suivant sur une demi-feuille (21,5 cm x 14 cm). Insérez la partie la plus large dans la machine à écrire. Dactylographiez à simple interligne en laissant une marge d'environ 38 mm (9 inter-lignes) au haut de la feuille.

Notez bien: Les formats de papier—

Une feuille 66 et 102
P4 *mesure*
   21,5 cm *par* 28 cm
P5 *mesure* 33 et 51
   14 cm *par* 21,5 cm
P5 *est une demi-feuille de P4.*

Verticalement, une ligne dactylo-graphiée mesure environ 0,4 cm.

```
Vente
de
Machines à écrire
IBM
Selectric
A prix de rabais·
Facilités de paiement
```

Référez-vous à l'organigramme qui suit pour centrer un texte de plusieurs lignes.

Notez bien: Les équivalences métriques—

0,4 cm	=	4 mm
1 cm	=	10 mm
14 cm	=	140 mm
21,5 cm	=	215 mm
28 cm	=	280 mm

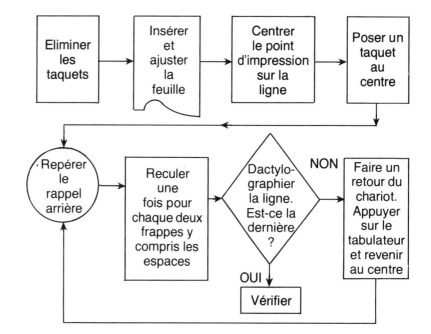

Notez bien: Pour écrire à double interligne, mettez le régleur d'interligne à 2.

IV.4 Centrez horizontalement chaque ligne de l'exercice suivant sur une feuille P5 (14 cm par 21,5 cm) en insérant la partie la plus large dans la machine à écrire. Dactylographiez à double interligne et laissez une marge d'environ 38 mm au haut de la feuille.

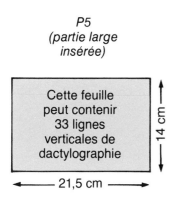

P5
(partie large insérée)

Cette feuille peut contenir 33 lignes verticales de dactylographie

14 cm

◄─── 21,5 cm ───►

```
      Le processus de distribution
                                  DI
      Producteur de base
                          DI
      Fabricant
                DI
      Distributeur
                   DI
      Grossiste
                DI
      Détaillant
                 DI
      Consommateur
```

IV.5 Centrez horizontalement chaque ligne de l'exercice suivant sur une feuille P5 en insérant la partie la plus large dans la machine à écrire. Dactylographiez à double interligne et laissez une marge d'environ 38 mm au haut de la feuille.

```
      Emplois permanents disponibles

      Excellentes conditions de travail

      Orthophoniste-radiologiste

      Vérificateur d'impôts

      Responsable de projets industriels

      Préposé à l'expédition

      Secrétaire bilingue

      Commis aux assurances et à la comptabilité
```

RESUME DES EXERCICES DU MODULE VII

APPLICATIONS PRINCIPALES

Tableaux à deux colonnes
    Application générale . . .   4
    Avec titre et têtes de
      colonnes 10, 13, 20, 21

Tableaux à trois colonnes
    Application générale . . .   1, 2, 3, 5, 6
    Avec titre 7, 8, 9
    Avec titre et têtes de
      colonnes 11, 12, 14, 15, 16, 17,
                             18, 19, 24, 25, 26, 27,
                             34

    Avec titre, sous-titre et
    têtes de colonnes 30, 31, 32, 33, 36, 37,
                             38, 42

    Avec titre, sous-titre et
    têtes de colonnes de
    deux lignes   40

Tableaux à quatre colonnes
    Avec titre et têtes de
      colonnes 22, 23, 28, 29
    Avec titre, sous-titre et
      têtes de colonnes 35, 39
    Avec titre, sous-titre et
      têtes de colonnes de
      deux lignes 41, 43, 44, 45

Tableaux à cinq colonnes
    Avec titre, sous-titre et
      têtes de colonnes de
      deux lignes 46, 47

APPLICATIONS SPECIALES

Copie brouillon 34, 42
Copie manuscrite . . . .   13, 23, 36 à 39, 41
Copie mécanographique . . .   35, 40, 43
Copie non-disposée . . . .   2 à 6, 8, 9, 11 à 47

Format de papier
    Non-spécifié 1, 43, 45, 46, 48
    P4 . . . .   6, 13, 15, 17, 22, 23, 27,
                             31

    P4 (partie large)   47
    P5 . . . .   8, 14, 26, 28, 33

IV.6 Centrez horizontalement chaque ligne de l'exercice suivant sur une feuille P5. Insérez la partie la plus large dans la machine à écrire. Dactylographiez à simple interligne et laissez une marge d'environ 50 mm au haut de la feuille.

```
          Mandat-poste
          Envoi contre remboursement
          Assurance
          Envoi recommandé
          Courrier certifié
          Distribution par exprès
```

Notez bien:
Les équivalences métriques—

14   cm = 140 mm
21,5 cm = 215 mm
28   cm = 280 mm

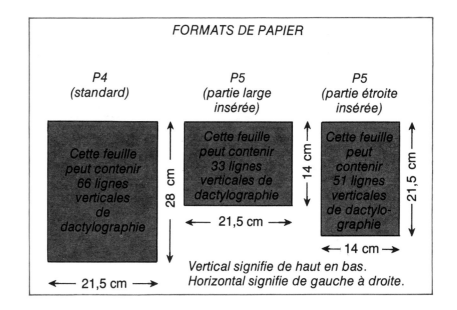

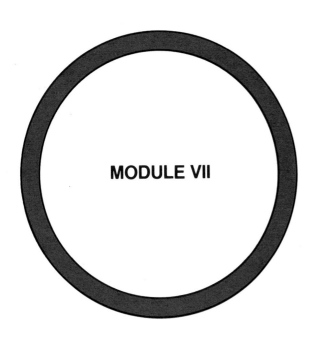

MODULE VII

TABLEAUX

OBJECTIFS

1. Apprendre et mettre en application les règles relatives à la disposition des tableaux de deux, de trois, de quatre colonnes ou plus.

2. Apprendre et mettre en application les règles relatives à la disposition de tableaux dont les têtes de colonnes sont de différentes longueurs.

3. Dactylographier des tableaux à partir de textes dactylographiés et de manuscrits non disposés.

4. Accroître la vitesse dans la disposition de tableaux.

ACTIVITES QUOTIDIENNES

Préliminaire:

La date courante. Dactylographiez trois lignes de la date courante comme suit:

		↓ taquet		↓ taquet	
19__	05 21	19__	05 21	19__	05 21
19__	05 21	19__	05 21	19__	05 21
19__	05 21	19__	05 21	19__	05 21

Principales:

1. L'identification de votre travail. Dactylographiez votre nom, le titre du cours et la date courante.

2. La vitesse et la précision. Dactylographiez plusieurs phrases contenant des chiffres, des signes et des symboles aux pages 104 à 112.

3. La vitesse. Dactylographiez une lettre du Module V pour améliorer votre vitesse de production.

4. Les tableaux. Les exercices du Module VII.

Supplémentaire:

La composition. Dactylographiez un nombre d'exercices AID aux pages 262 et 263.

CONTENU

Le Module VII initie l'étudiant à la dactylographie des tableaux à deux, à trois, à quatre colonnes ou plus à partir de textes disposés, non disposés, dactylographiés et manuscrits.

CENTRAGE VERTICAL

IV.7 Centrez verticalement l'exercice suivant sur une feuille P5 en insérant la partie la plus large dans la machine à écrire. Centrez horizontalement chaque ligne à double interligne.

Notez bien: Interlignes—

SI signifie simple interligne
DI signifie double interligne

Retour du chariot	Nombre d'interlignes
SI 1 fois	0
DI 2 fois	1

Pantalons côtelés _{DI}

Coton et polyester _{DI}

Jeans en denim de coton _{DI}

Jambes évasées ou droites _{DI}

Laver et sécher à la machine

Référez-vous à l'organigramme qui suit pour centrer verticalement un texte de plus d'une ligne.

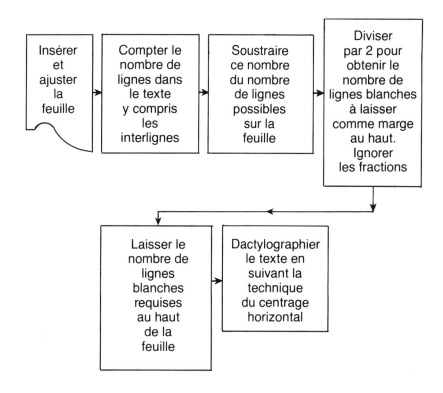

AID 10

Composez un paragraphe ou un court rapport à la machine à écrire. Echangez ce texte avec celui d'un compagnon. En utilisant les signes de correction, indiquez les corrections à apporter au texte. Remettez celui-ci à qui il appartient et faites la mise au net de votre propre texte.

AID 11

Choisissez un chapitre d'un manuel de classe et composez un plan de son contenu. Dactylographiez ce plan en ayant soin de le bien disposer.

AID 12

Préparez une table des matières de l'Appendice B de ce manuel. (S'assurer que chaque titre indique bien le contenu de cette section.)

AID 13

En utilisant ce manuel, préparez un rapport donnant le contenu de ce cours de dactylographie. Utilisez les titres des différents MODULES comme sous-titres et le "Contenu" et les "Objectifs" comme intertitres de chaque section. Ce rapport pourrait servir de guide pour qui aimerait connaître le contenu de ce cours.

AID 14

Préparez et dactylographiez une page de titre pour un rapport, broché à gauche, sur le sujet: "Qu'est-ce que le silence." Indiquez votre nom, le nom de l'école et la date courante.

AID 15

"Les lois de notre pays n'ont pas pour but de limiter la liberté des individus." Dactylographiez un essai qui commence par cette citation. Indiquez au bas de la page que cette citation a été tirée de la page quatre du livre Les jeunes et la loi, 2e édition, W. T. McGrath, Les éditions éducatives Gage Limitée, Scarborough, 1973.

AID 16

"Le regard, plus que toute autre partie du corps, révèle ce que l'on pense" ou "L'oeil est le reflet de l'âme." Dactylographiez un essai qui commence par une de ces deux citations. Indiquez par une note au bas de la page qu'elle a été tirée de la page 12 du livre Les principes de base de l'élocution dont Jean-Paul Lemaire est l'auteur et qui est publié par Lidec Inc., Montréal, 1973.

*Notez bien: Quand on emploie le terme **feuille P5** tout seul, on indique que la partie la plus étroite doit être insérée dans la machine. Voir à la page 126.*

P5

Cette feuille peut contenir 51 lignes verticales de dactylographie

21,5 cm

◄—14 cm—►

IV.8 Centrez verticalement et horizontalement l'exercice suivant sur une <u>feuille P5</u> à simple interligne.

```
Théâtre Passe-Muraille
Le dimanche, 12 octobre
Fête des Mille et deux nuits
En l'honneur de André Corbet,
Jean Roger, Margot Lefebvre,
Jean Noël, Jacques Desrosiers,
Ti-Chat, Ti-Souris,
Monique Labelle, Paul Robert,
Robert Lamontagne etc.
Impressario:  Charles Landry
Entrée:  $6, $10
493-2336
```

Notez bien: Pour dactylographier un mot ou un groupe de mots en LETTRES MAJUSCULES, appuyez sur la touche fixe-majuscules. Pour enlever les majuscules appuyez sur l'une ou l'autre des touches-majuscules.

IV.9 Centrez verticalement et horizontalement l'exercice suivant sur une feuille P5, la partie la plus large insérée dans la machine à écrire. Double interligne.

```
Imperméables DI

Quantité limitée DI

Tailles 8 à 14 ans DI

Le jeudi, 8 décembre seulement DI

BOUTIQUE BIANCA DI

623, rue Régent DI

569-3456
```

Autovérification

Avez-vous pris 13 lignes pour faire l'exercice IV.9?

B. Notre société a plus besoin de meneurs que de suiveurs.

C. Le consommateur est roi.

D. On ne peut mettre sa confiance en qui a le regard fuyant.

E. Si vous n'aviez qu'une semaine à vivre, comment la vivriez-vous?

F. L'école que j'aimerais fréquenter.

G. Si vous étiez exilé sur une île lointaine, qu'apporteriez-vous? Pourquoi?

H. Les avantages de vivre à la campagne.

I. Les avantages de vivre en ville.

AID 5

Relisez l'article "Le crédit—une aide ou une entrave?" à l'exercice VI.30. L'auteur ne donne pas de conclusion à cet article. Dactylographiez un paragraphe ou deux exprimant votre opinion: Est-ce une aide ou une entrave?

AID 6

Lisez un article dans un journal (disponible en classe, à la bibliothèque ou à la maison), composez et dactylographiez le résumé. Dans ce résumé, utilisez au moins une citation et une référence à la bibliographie.

Utilisant les signes de correction, corrigez votre brouillon et redactylographiez le texte dans un rapport non broché, avec page de titre et bibliographie.

AID 7

Redactylographiez le rapport de l'exercice AID 6 en utilisant les renvois et les notes au bas de la page.

AID 8

Apportez en classe un rapport préparé pour un autre cours et qui a été corrigé par le professeur. Dactylographiez ce rapport en y faisant toutes les corrections indiquées.

AID 9

Choisissez un paragraphe de ce manuel et dactylographiez-le le plus rapidement possible. Echangez votre copie avec celle de votre compagnon de classe. Corrigez sa copie en utilisant les signes de correction à la page 231 et remettez-la-lui pour qu'il la redactylographie. Faites la mise au net de votre copie corrigée.

IV.10 Centrez verticalement et horizontalement l'exercice suivant sur une feuille P5, la partie la plus large insérée dans la machine à écrire. Double interligne.

```
Tout nouveau! DI

Le Val Boisé DI

Appartements meublés et complètement équipés DI

Renseignements au bureau de location DI

700, boul. Orléans DI

(613) 749-6717
```

IV.11 Centrez verticalement et horizontalement l'exercice suivant sur une feuille P5, la partie la plus large insérée dans la machine à écrire. Simple interligne.

```
SAUVE UNE VIE TI


Tu peux aider
en donnant de ton sang
n'attends pas
APPELLE LE BUREAU DE LA CROIX ROUGE
PRENDS UN RENDEZ-VOUS
AUJOURD'HUI
```

Notez bien: Les en-têtes—

Les en-têtes et les titres sont habituellement écrits en MAJUSCULES et séparés du texte par un triple interligne.

Notez bien: Interlignes—

TI signifie triple interligne

IV.12 Centrez verticalement et horizontalement l'exercice suivant sur une feuille P5. Triple interligne après l'en-tête, le reste à double interligne.

```
CARRIERES ET EMPLOIS TI


Comptable DI

Secrétaire-juridique

Commis-dactylo

Caissière

Agent de sécurité

Secrétaire-réceptionniste

Préposé(e) à la tenue des livres
```

Retour du chariot		Nombre d'interlignes
SI	1 fois	0
DI	2 fois	1
TI	3 fois	2

APPLICATION INDIVIDUELLE DE DACTYLOGRAPHIE (AID)

VI.33 Maintenant que vous avez une connaissance suffisante de la disposition et des particularités d'un rapport, il vous sera possible de composer, de disposer et de dactylographier des rapports de toutes sortes.

Utilisez la bonne technique en composant et en dactylographiant les exercices qui suivent.

AID 1

Apportez en classe des livres se rapportant aux sujets étudiés cette année. Préparez une bibliographie pour un sujet spécifique, au choix.

AID 2

Choisissez parmi les romans que vous avez lu celui qui vous a le plus intéressé. Préparez un rapport de lecture et dactylographiez-le dans le format non broché. Les titres et intertitres pourraient être les suivants.

L'auteur—le nom et une esquisse bibliographique

Le thème—l'idée principale du roman. Inclure une courte description des personnages principaux. Les noms de ces personnages peuvent servir d'intertitres.

Les faits intéressants—Les faits qui piqueront la curiosité du lecteur et l'inciteront à lire le roman.

Vos commentaires—Pourquoi ce roman vous a-t-il intéressé? Votre conclusion.

AID 3

Composez et dactylographiez un court rapport, broché à gauche, sur un des sujets suivants:

A. Comment rédiger un essai.

B. Comment rédiger une nouvelle.

C. Comment disposer et dactylographiez un rapport. (Ce sujet pourrait servir de révision de Module VI.)

D. La fonction et l'organisation d'un Conseil des étudiants.

E. La contribution que votre ville apporte à votre province ou au Canada.

AID 4

Composez et dactylographiez un rapport non broché sur un des sujets qui suivent.

A. Le client a toujours raison.

(Suite à la page suivante)

IV.13 Centrez verticalement et horizontalement l'exercice suivant sur une feuille P5, la partie la plus large insérée dans la machine à écrire. Double interligne.

```
LA RESERVE


Golf sur un parcours de neuf trous

Tir à l'arc

Badminton et ballon-volant

Piscine extérieure chauffée

Appelez 525-5535
```

IV.14 Centrez verticalement et horizontalement l'exercice suivant sur une feuille P5, la partie la plus large insérée dans la machine à écrire. Simple interligne.

*Notez bien: **L'espacement** entre les groupes de **lignes** peut varier pour attirer l'attention sur un point. Servez-vous de votre jugement pour déterminer l'espacement le plus attrayant.*

```
MINISTERE DE LA CONSOMMATION
        ET DU COMMERCE

Coordonnateur en chef
Vérificateur en chef
Spécialiste de la technologie
Analyste intermédiaire des programmes
Analyste fonctionnel
Programmeur fonctionnel

Faire parvenir votre demande à
M. Valère Richard
Division des cadres
Fonction publique de l'Ontario
```

IV.15 Centrez verticalement et horizontalement l'exercice suivant sur une feuille P5. Variez l'espacement.

```
APPARTEMENTS

Meublés, chauffés, éclairés
Télécâble

643-1298
```

NOTES AU BAS DE LA PAGE

[1]Ligue nationale de hockey, Livre des règlements 1976-1977, Montréal: Les Editions de l'Homme, 1976, p. 11.

[2]Corps d'aviation royal du Canada, Hockey: manuel de l'entraîneur, Ottawa: Imprimerie et Edition Ottawa, 1973, p. 3

[3]Howie Meeker, ABC du hockey, Montréal: Les Editions de l'Homme, 1973, p. 7.

[4]Ibid, p. 3.

BIBLIOGRAPHIE

Boulonne, Gérard. L'offensive rouge. Montréal: Editions du Jour, 1976.

Corps d'aviation royal du Canada. Hockey: manuel de l'entraîneur. Ottawa: Imprimerie et Edition Ottawa, 1973.

Dyotte, Guy. Technique du hockey en U.R.S.S. Montréal: Les Editions de l'Homme, 1976.

Hood, Hugh. Puissance au Centre: Jean Beliveau. Scarborough: Prentice-Hall, 1970.

Hull, Bobby. Le hockey, c'est ma vie. Montréal: Editions du Jour, 1970.

Ligue nationale de hockey. Livre des règlements 1976-1977. Montréal: Les Editions de l'Homme, 1976.

Meeker, Howie. ABC du hockey. Montréal: Les Editions de l'Homme, 1973.

TABLE DES MATIERES

VI.32 Redactylographiez l'exercice VI.31 dans un rapport broché à gauche. Remplacez les renvois par des références à la bibliographie.

IV.16 Centrez verticalement et horizontalement l'exercice suivant sur une feuille P4. Double interligne.

```
               AVIS DE REUNION

               ELECTION AU COMITE
               CONSULTATIF DE LANGUE FRANCAISE DU
               CONSEIL EDUCATIF DE CARLETON
               A 20:00 le mercredi 6 décembre
               ECOLE SECONDAIRE GARNEAU
               Rue Carrière
               Orléans, Ontario
```

*Notez bien: **L'espacement** entre les **mots** ou les groupes de mots d'une ligne peut varier pour une meilleure disposition.*
Par exemple:
le 9 novembre   20:00

3-4 espaces

Servez-vous de votre jugement pour déterminer l'espacement le plus attrayant.

IV.17 Centrez verticalement et horizontalement l'exercice suivant sur une feuille P4. Variez l'espacement aux lignes 2, 3 et 7. Double interligne.

```
          AVIS D'AUDITION

          Théâtre Le Tilleul
          Dimanche   16 septembre   14:00
          Lundi      17 septembre   20:00
          "DEUX SUR UNE BALANCOIRE" de William Gibson
          Mise en scène:  Louis-Georges Carrier
          Dates de présentation:  13 au 24 novembre
          Comédiens    Comédiennes    Techniciens
```

IV.18 Centrez verticalement l'exercice suivant sur une feuille P4. Variez l'espacement entre les groupes de lignes.

```
          CENTRE D'ENTRAIDE RICHELIEU

          Vêtements neufs et usagés
          Articles de maison
          Livres
          Articles de sports, jeux etc.

          Cours d'artisanat

          Heures:  Lundi au vendredi:
                   10:00 à 20:00
                   Samedi:
                   10:00 à 18:00

          777, rue Rodrigue ouest
          848-1855
```

Les jambières

Les jambières permettront une bonne flexibilité au niveau des genoux tout en apportant la protection nécessaire. Lorsqu'on place la jambière sur la jambe, la rotule doit se situer en plein centre de la fibre ovale. Si ce n'est pas le cas, les jambières sont trop grandes ou trop petites. Vérifiez bien si une pièce de fibre existe entre le protecteur de la jambe et du genou.

Les gants

Il faut faire l'essayage des gants avec un bâton en main. Les doigts doivent bouger aisément et recevoir toute la protection nécessaire. Vérifiez si le poignet sera à l'abri des coups les plus durs.

Les bas et les jarretières

Si possible, choisissez des bas blancs en laine et voyez à ce qu'ils soient lavés après chaque partie. Les bas seront attachés par des jarretières et non par des élastiques. Les jarretières qui s'attachent autour de la taille sont absolument nécessaires pour maintenir les bas en place.

Les coudes-épaulettes

Les coudes en fibre avec doublure en caoutchouc-mousse et avec un prolongement sur l'avant-bras conviendront à tous les besoins. Assurez-vous que les épaulettes se prolongent jusqu'au-dessus du coude. Celles des défenseurs doivent être doublées sur les parties antérieures et postérieures.

Les chevillères

Les joueurs de défense qui évoluent dans les catégories midget, juvénile et junior ont intérêt à porter des chevillères; elles ajoutent du poids aux pieds mais on s'y habitue assez rapidement. Elles assurent une très bonne protection sur le devant et sur le côté du pied qui est susceptible de recevoir la rondelle lors des lancers.

Le suspensoir

La coquille en métal du suspensoir possèdera une doublure de caoutchouc-mousse ou de caoutchouc. Si jamais, à l'usage, il y a des problèmes d'échauffement sur les cuisses, la ouate peut être placée à l'intérieur du suspensoir de façon à éviter les frottements.

Conclusion

La sécurité, la flexibilité et l'enthousiasme de votre jeune joueur de hockey dépendront, en grande partie, de l'équipement que vous lui aurez procuré. N'hésitez pas à prendre le temps qu'il faut pour acheter ce qui conviendra à votre enfant. Si cela s'avère nécessaire, consultez les recommandations de l'Association canadienne du hockey amateur pour plus de renseignements.

(Suite à la page suivante)

*Notez bien: L'exercice IV.19 mon-
tre une méthode qu'on peut utiliser pour centrer une seule
colonne d'une façon attrayante.*

IV.19 Centrez verticalement l'exercice suivant sur une feuille P4.
Utilisez le rappel arrière et centrez horizontalement l'en-tête.
Réglez le margeur gauche et dactylographiez l'en-tête. Cha-
que ligne commence à la marge gauche. Double interligne.

```
CONSEIL D'ADMINISTRATION

Président
Vice-président, production
Vice-président, marketing
Vice-président, planification
Directeur du personnel
Chef du service d'information
Chef du service d'entreposage
Chef de bureau
Représentant des ventes, Pacifique
Représentant des ventes, Prairies
Représentant des ventes, Ontario
Représentant des ventes, Québec
Représentant des ventes, Atlantique
```

IV.20 Centrez verticalement et horizontalement l'exercice IV. 19 sur
une feuille P4. Double interligne.

*Notez bien: L'exercice IV.21 mon-
tre une autre méthode qu'on peut
utiliser pour centrer une colonne
d'une façon attrayante.*

IV.21 Centrez verticalement l'exercice suivant sur une feuille P4.
Centrez horizontalement et dactylographiez l'en-tête. Utilisez
le rappel arrière et centrez la ligne la plus longue de la
colonne. Réglez le margeur gauche à cet endroit. Dactylographiez chaque ligne de l'exercice en commençant à la marge
gauche. Double interligne.

```
CONSEIL EXECUTIF

Solange Beauparlant
Raymonde Carter
Louise Charron-Poliquin
Anne Denis
Gabrielle Filion
Jeanne Fortin
Charlotte Goulard, présidente
Guy Goulard
Rita Lacelle
Nicole Lussier
Marcelle Maheu
Thérèse Paiement
Yvan Tanguay
```

IV.22 Centrez verticalement et horizontalement l'exercice IV. 21 sur
une feuille P4. Double interligne.

Caractéristiques du bâton

L'angle, la longueur, la forme de la palette et le poids sont autant de caractéristiques qui déterminent le choix du bâton. Ces caractéristiques sont elles-mêmes influencées par la taille du joueur, son poids, son âge, son style de patinage et sa position au jeu.[2]

La pente de la palette. Il existe des bâtons droitiers, gauchers et neutres. Les bâtons neutres sont de moins en moins utilisés mais sont conseillés par certaines entraîneurs qui ont des joueurs ayant de la difficulté à maintenir la rondelle à une hauteur raisonnable lors des lancers. Le bâton gaucher indique une pente de la palette vers la gauche et le droitier vers la droite.

L'angle. L'angle du bâton est l'ouverture créée par la rencontre de la palette avec le manche. L'espace angulaire est indiqué en chiffres qui varient entre 4 et 7. Plus le chiffre est élevé, plus le manche se rapproche de la position verticale lorsque le dos de la palette repose à plat sur la glace.

Le plupart des joueurs emploient un numéro 5 ou 6. Certains professionnels utilisent des bâtons 8 ou 9 et d'autres 3$\frac{1}{2}$ ou 4. Le style personnel de chacun détermine le choix du bâton.

L'équipement de protection

Le casque

Fort heureusement pour les enfants, l'Association canadienne de hockey amateur a rendu obligatoire depuis quelques années le port du casque. Qui plus est, tout casque vendu doit avoir reçu l'approbation de l'Association qui fait tester tout nouveau modèle par des équipes de spécialistes. Afin d'éviter une foule de problèmes aux consommateurs, toutes les pièces d'équipement devraient être approuvées par l'A.C.H.A.[3]

Depuis deux ou trois ans, certains jeunes joueurs portent des casques auxquels s'ajoute un masque en broche, ce qui est fortement recommandé surtout quand on sait que l'an dernier, 58 jeunes ont perdu un oeil en jouant au hockey et que plus de 50 pour cent des blessures se produisent à la tête. L'A.C.H.A. a rendu cet équipement obligatoire pour la saison 1978-79.[4]

La culotte

La culotte doit donner une protection maximale. Pour ce faire, la région corporelle où sont situés d'une part le sacrum et le coccyx et, d'autre part, l'os iliaque et le col du fémur seront protégés par des lamelles de fibre. L'extrémité des pantalons rejoindra la rotule afin de bien protéger la partie basse de la cuisse et permettra une grande amplitude de mouvements.

IV.23 Centrez l'exercice suivant sur une feuille P5 en insérant la partie la plus large dans la machine à écrire. Disposez le texte d'une façon attrayante.

```
            INVITATION SPECIALE

            Vous êtes invitée à la
            PAUSE-CAFE DES ANCIENS
            Le samedi, 22 novembre
            - vers 10:30 -

            Au domicile de Marianne Fortin
            250, chemin Bordeleau
```

IV.24 Centrez l'exercice suivant sur une feuille P5 en insérant la partie la plus large dans la machine à écrire. Disposez le texte d'une façon attrayante.

> Dactylos bénévoles:
> L'association des Acadiens est à la
> recherche de personnes pouvant
> dactylographier à une vitesse
> minimale de 40 mots/minute.
> Rendez-vous au Centre Évangéline
> le 26 novembre à 20:00.

IV.25 Centrez l'exercice suivant sur une feuille P5 en insérant la partie la plus large dans la machine à écrire. Disposez le texte d'une façon attrayante.

> Avis
> La dégustation de vins et fromages
> qui devait avoir lieu le 2 octobre
> est remise au 9 octobre au
> Salon Bourgogne.

IV.26 Centrez l'exercice suivant sur une feuille P5.

> La Corporation Beau-Tan
> Réunion annuelle des actionnaires
> Le 19 juin à 10:30
> Salon Alexandre
> Club du souvenir
> 371, avenue Hennepin
> Welland, Ontario

Les patins

Pivoter, exécuter des feintes, freiner, changer de direction, tous ces mouvements font partie du hockey.[1] Mais est-il besoin de vous dire que pour bien les effectuer, il faut porter des patins qui chaussent à la perfection les pieds. Des patins de qualité et bien ajustés améliorent considérablement le coup de patin et permettent un rendement efficace en toute occasion.

Malheureusement, beaucoup de jeunes utilisent des patins inadéquats. Trop souvent, leurs parents, par manque de connaissances, les équipent mal. L'achat, tout comme l'entretien et l'aiguisage, méritent certaines considérations.

Avant tout, tenez compte de l'ajustement des patins et non du coût. N'oubliez pas que l'habileté technique dépendra en bonne partie du choix des patins.

Les bas. On chausse des patins avec une paire de bas minces. A l'essayage, il faut utiliser les mêmes bas que pour un partie ou une pratique. N'ayez crainte, votre enfant ne gèlera pas des pieds avec des bas légers. Je connais même des joueurs de hockey qui évoluent pieds nus dans leurs bottines. Règle générale, la sensation du froid est le résultat de chaussures trop petites ou mal lacées.

L'essayage. Surveillez bien si le talon appuie au fond la bottine et si les orteils bougent aisément. Il est indispensable de retenir ce dernier détail, puisque ce sont les orteils qui contrôlent l'équilibre, qualité essentielle à tout bon patineur.

Faites essayer les deux patins. Prenez la peine de les lacer et faites marcher un peu. N'oubliez pas que le volume des pieds varie selon le moment de la journée. Les activités de la journée provoquent une circulation sanguine plus intense au niveau de tous les segments corporels et influencent grandement l'aspect des membres qui ont tendance à accroître leur dimension. En essayant une chaussure le matin, on risque donc qu'elle soit trop petite.

La rigidité. La rigidité est une qualité essentielle de la bottine afin que le pied reçoive une bonne protection et que la cheville soit bien supportée. Il est faux de croire que la plupart des enfants ont des chevilles faibles. Généralement, le problème est causé par des patins trop grands ou des bottines manquant de rigidité.

Le bâton

Le bâton de hockey est sûrement la pièce d'équipement la plus importante après les patins. Il joue un rôle primordial dans l'apprentissage du hockey et influence grandement l'acquisition de qualités techniques, dont le coup de patin.

(Suite à la page suivante)

DEPLOIEMENT DES TITRES

IV.27 Déployez et centrez horizontalement les titres suivants. Double interligne entre chaque titre.

ORIENTATION

DACTYLOGRAPHIE

Communications

Autovérification

O R I E N T A T I O N

> *Pour déployer un mot, faire marche arrière du point central pour chaque lettre, sauf la dernière. Dactylographier le mot en laissant un espace entre chaque lettre.*

IV.28 Déployez et centrez horizontalement les titres suivants. Double interligne entre chaque titre.

LE VINGTIEME SIECLE

LE ROUGE ET LE NOIR

Calendrier des événements

Autovérification

Pour déployer le titre LE VINGTIEME SIECLE vous devez reculer 18 espaces.

> *Pour déployer un groupe de mots sur une même ligne, reculer du point central pour chaque lettre sauf la dernière et pour chaque espace entre les mots. Dactylographier la ligne en laissant un espace entre les lettres et trois espaces entre les mots.*

IV.29 Centrez l'exercice suivant sur une feuille P5 en insérant la partie la plus large dans la machine à écrire. Déployez le titre.

L E S   N O R M E S   D ' E M B A U C H E

Le caractère et le comportement

L'efficacité

Le niveau d'instruction

Les besoins et la motivation

Ce qui compte, c'est d'utilise votre crédit à bon esxient. Si vous devez vraiement y recourir, il est nécessaire de tenir compte du plusieur recommendations. Tout d'abord, choisissez votre source de crédit. Les conditons varient. Si on vous considère comme un excellent risque, vous aurez tord de signer un contrat destinée à des emprunteurs dans une situation financière moins solide que la vôtre. Une fois choisie le prêteur à qui vous ferez appel, vous devrez prévoir de le rempouyser dans les plus yrefs délais possible pour éviter des frais administratifs. Pour la raison, faites un premier versement aussi élevé que vous le pourrez. Et renseignez-vous sur la possibjilité d'une remise au cas ou vous liquideriez votre solde avant la date d'échéance.

Une bonne ràgle gnérale à suiver est de ne pas laisser votre crédit courant dépasser 15 à 20 pour cent de votre revenu brut annuel, après déduction de certaines dépenses essentielles comme les hypothèques ou l'utilisation d'une voiture dans l'exercice de votre proyessseon.

RAPPORT COMPLET VI.31 Dactylographiez l'article qui suit dans un rapport non broché. Ce rapport doit contenir une page de titre, une table des matières, des notes au bas de la page et une bibliographie.

LE CHOIX D'UN EQUIPEMENT DE HOCKEY

La saison de hockey vient tout juste de débuter et déjà les parents font face à certains problèmes. Entre autres, ils devront équiper leur enfant. Quoi acheter et combien débourser? Devant les nombreuses réclames commerciales qui leur sont présentées, il leur est très difficile de choisir les articles qui répondent aux besoins de leur rejeton.

A cet effet, j'aimerais vous donner quelques conseils qui vous permettront d'établir un choix judicieux lors de l'achat d'un équipement de hockey.

Tout d'abord, rappelez-vous que la personne le plus qualifiée pour sélectionner un morçeau d'équipement, c'est vous . Ayez confiance, examinez soigneusement le matériel en vente et ne vous fiez pas forcément aux suggestions des vendeurs qui ne s'y connaissent pas nécessairement.

(Suite à la page suivante)

PRESENTATIONS SPECIALES

Notez bien: Centrez le texte verticalement. Ensuite, centrez-le horizontalement. Reculez une fois pour chaque 2 lettres et espaces dans la ligne la plus longue. Réglez le margeur gauche. Espacez en épelant la ligne la plus longue et réglez le margeur droit.

IV.30 Centrez l'exercice suivant sur une feuille P5 en insérant la partie la plus large dans la machine à écrire.

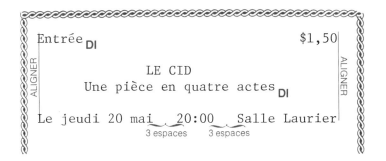

IV.31 Centrez l'exercice suivant sur une feuille P5, la partie la plus large insérée dans la machine à écrire.

SOIREE DU HOCKEY

au

FORUM

Canucks contre Canadiens

le mardi 14 décembre

20:00   Entrée: $6

Notez bien: Alignement de droite—

Il est souvent nécessaire de dactylographier des rubriques, des tableaux et des agencements de manière à ce que la dernière frappe de chaque ligne forme une marge de droite uniforme. Cette technique s'appelle l'alignement de droite. Pour obtenir un alignement de droite, on prend comme point de départ la marge droite et on fait marche arrière une fois pour chacune des lettres et des espaces sur cette ligne à l'exception de la dernière lettre. On procède de la même manière pour chacune des lignes qu'on veut aligner à partir de la marge droite.

IV.32 Centrez l'exercice suivant sur une feuille P5, la partie la plus large insérée dans la machine à écrire. Alignez les deux dernières lignes à partir de la marge droite.

CARTE DE MEMBRE

JEUNES COMMERCANTS
HALIFAX, NOUVELLE-ECOSSE

1979-81

Jean Primeau   Eliane Giroux
Président   Secrétaire

IV.33 Centrez l'exercice IV.32 sur une feuille P5. Remplacez le nom du président par le vôtre et celui du secrétaire par celui de votre professeur. Déployez JEUNES COMMERCANTS au lieu de CARTE DE MEMBRE.

Le crédit est une institution utile. Il est normale qu'il ait un prix. On tend parfois à oublier que le coût final de l'article acheté à crédit comprend à la fois son prix annoncé et le total des frais administratifs. En règle générale, ces derniers incluent son seulement les intérêts mais les dépenses d'exploitation et d'administration, d'enquête, de facturation, de recouvrement et d'écritures, en lus, parfois, d'autres frais. Une aubaine peut donc ne pas être aussi alléchant qu'elle en a l'aire à première vue. Le client avisé devra soupeser la valeur que représentent pour lui son seulement les conditions de paiement qu'on lui consent, mais aussi la réputation du prêteur, y compris les réactions qu'il peut attendre de lui en cas de malchances imprévues.

Cette appréciation est évidemment réciproque. Le céancier éventuel, de son côté, doit se préoccuper de la solvabilité de son client. C'est ainsi, par exemple, qu'un grand magasin vaudra se renseigner sur la réputation financière de l'acheteur, son revenu et son actif, la stabilité de son emploi, et qu'il devra pouvoir faire raisonnablement confiance à la véracité de ses déclarations. Dans le cas d'un prêt d'argent, le prêteur devra être assuré que les obligations de l'emprunteur sont ien telles qu'il les a seclarées et ne risquent pas de lui causer des ennuis.

En général, les décisions à prendre pour l'octroi du crédit reposent sur les trois "C" bien connus: le Capital (la valeur nette de l'emprunteur); la Confiance (inspirée per la façon dont il remplit ses obligations); et les Capacités (la prudence de l'emprunteur dans ses affaires d'argent). On pourraity ajouter un quatrième "C": les Conditions (les perspectives écon-miques au moment de l'emprunt).

(Suite à la page suivante)

COMMENT DACTYLOGRAPHIER SUR UNE LIGNE

IV.34 Pour apprendre à dactylographier sur une ligne suivez les étapes ci-dessous:

1. Dactylographier son nom et le souligner.

2. Remarquer où se situe le texte dactylographié par rapport à la ligne de soulignement (il y a un peu d'espace entre les deux).

3. Remarquer où se situe la ligne de soulignement dactylographié par rapport aux graduations indiquées sur le presse-carte.

4. Dactylographier une ligne en utilisant la touche de soulignement seulement.

5. Remarquer à nouveau où se situe la ligne dactylographiée par rapport aux graduations indiquées sur le presse-carte.

6. Retirer la feuille de la machine à écrire.

7. Ré-insérer la feuille de façon à ce que la ligne dactylographiée soit à la même position qu'auparavant par rapport aux graduations du presse-carte.

8. Dactylographier son nom.

9. Vérification: Cette dernière ligne, est-elle exactement comme la première dactylographiée au début?

COMMENT CENTRER HORIZONTALEMENT SUR UNE LIGNE

1. En utilisant la touche de soulignement, tirer une ligne d'environ 70 mm de long.

2. Trouver le centre de cette ligne selon une des méthodes suivantes:

   a) Déterminer le nombre de frappes qu'on peut dactylographier sur cette ligne et diviser par 2.

   b) Se servir des graduations du presse-papier, du presse-carte ou de tout autre indicateur de mesure sur la machine à écrire pour déterminer le point central.

   c) Mesurer la ligne avec une règle et en indiquer le centre avec un point au crayon.

3. Du centre de la ligne, reculer une fois pour chaque deux lettres dans le texte à centrer y compris les espaces.

SIGNES DE CORRECTION

Les corrections devant être apportées à un texte sont indiquées par des signes typographiques conventionnels.

Signe	Signification	Exemple
⌒	rapprocher	art icle
ℓ	supprimer	articles
∧	à ajouter	celui- est ci
⌂	laisser un espace	cellequi
⌄	ajouter une virgule	riz farine
⌣	ajouter un apostrophe	quelle
⌣ ⌣	ajouter les guillemets	Non, dit-il
⊙	insérer un point	Il est là
⊐	rentrer	⊐ L'été est
⊏	sortir	⊏ L'été est
⊔	descendre	Noter
⊓	monter	Annonce
lc	minuscule	et Si je
cap ou ≡	majuscule	jacynthe
∿	transposer	intéressnat
⌗	paragraphe	⌗ Venez au
⌇	ne pas omettre	et si elle
‾	souligner	chez-nous

VI.30 Dactylographiez l'article qui suit dans un rapport broché à gauche. Faites les corrections telles qu'indiquées.

LE CREDIT—UNE AIDE OU UNE ENTRAVE?

Rien n'est peut-être plus important pour quelqu'un que l'assurance que son crédit est bon. C'est un précieux bien que l'intéressé, sauf circinstance imprévues peu contrôler et amélioré par ses propers décisions. Pour bien tirer partie de son crédit, il faux d'abord co.prendre les éléments qui interviennent dans une tranaction. Les codes civils et pénal protègent les intérêts légaux de l'emprunteur mais aucune loine peut remédié aux conséquances des décisions téméraires.

(Suite à la page suivante)

IV.35 Tirez trois lignes de quelques millimètres de long. Insérez la feuille dans la machine à écrire. Sur la première ligne, dactylographiez votre nom; sur la deuxième, le nom du professeur; sur la troisième, la date.

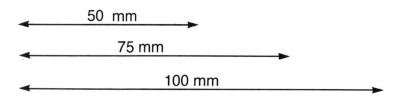

IV.36 Centrez votre nom horizontalement sur une ligne ayant environ 75 mm de long.

IV.37 Centrez le nom de votre école sur une ligne ayant environ 125 mm de long.

IV.38 Centrez le nom de votre ville et province sur une ligne ayant environ 70 mm de long.

APPLICATION INDIVIDUELLE DE DACTYLOGRAPHIE (AID)

Notez bien: Il y a différentes techniques qui peuvent s'employer pour rendre les textes plus attrayants. Par exemple:

Varier les espaces entre les mots.

Déployer les mots.

Varier les espaces entre les lignes.

Mettre certains mots en lettres majuscules.

Centrer le titre et régler le margeur gauche à partir de la première lettre du titre.

Centrer la ligne la plus longue et régler le margeur gauche à partir de la première lettre de cette ligne.

Aligner le texte ou une partie du texte à partir de la marge droite (alignement de droite).

IV.39 Maintenant que vous avez appris les principes du centrage, vous devez pouvoir les utiliser dans des exercices d'application individuelle. Au début, il serait préférable de choisir un exercice ou deux parmi ceux qui requièrent les connaissances élémentaires du centrage. Au fur et à mesure que vous progressez, choisissez des exercices de plus en plus difficiles.

Utilisez toujours la bonne technique dactylographique pour chaque exercice.

AID 1

Composez et dactylographiez un menu pour un souper champêtre.

AID 2

Composez et dactylographiez un menu complet pour un banquet de fin d'année.

AID 3

Composez et dactylographiez une annonce pour vendre un vélo-moteur, une automobile ou un bateau.

VI.28 En utilisant les signes de correction à la page 231, faites la mise au propre du paragraphe qui suit.

L'an dernier, les canadeins ont angeter 600 000 paires de skis de fond. Les fabriquants prédisant qu'ils en vendront encore davantage l'année prochaine et pourquoi pas. Dans un pays comme le nôtre, le ski de fond est une activitée spontané à laquelle s'adonnent le plus en plus de Canadiens, fatigués de s'entendre dire qu'ils sont moins agiles que des septuagénaires Suédois.

Dans les pays nordiques, les skis sont utiliser comme moyens de transport depuis des temps immémorials aux mais au Canada, on fait du ski de fond pour se récréer plutôt que pour se déplacer. Le ski de fond revint en général moins cher que le ski alpine et l'on n'est pas obligé de paser la moitié de son temps à faire la queue pour acheter les billet et prendre le monte-charge.

VI.29 Dactylographiez le texte qui suit en y apportant les corrections indiquées.

A FORCE DEFOUILLER, LES SCIENTIFIQUES ONT FINIT PAR DENICHER UNE VINGTAINE DE VARIETES DE CACAHUETES ADAPTABLES A NOTRE CLIMATA. LES CHERCHQERS ONT ENTRE-PRISE LEURS TRAVAIL IL Y A SEPT ANS ET DEPUIS LORS ILS ONT EXAMINER 3500 ESPECES DE CACAHUETES CULTI-VES AUX 4 CONS DU MONDE. ILS ONT AUSI CONCLUT QU'A CAUSE DE SES LONGUES ETES SHAUDS PROPICES A LA CUL-TURE DE CETTTE PLANTE, LA REGION EN BORDURE DU LAC ERIE SERIAT UNE TERRE D'ELECTION POUR L'ARACHIDE CANDIENNE. MAINTENANT LES PRODUCTQERS BIEN CONNUS ONT UN CONCURENT SERIEUX.

AID 4

Composez et dactylographiez une annonce offrant vos services comme dactylo; disposez cette annonce pour qu'elle puisse servir d'affiche.

AID 5

Composez et dactylographiez, pour mettre au tableau d'affichage, un avis de convocation pour la prochaine réunion du conseil des étudiants.

AID 6

Composez et dactylographiez l'annonce d'une activité sociale de votre école. Tous les détails relatifs à cette activité, tels que l'organisation qui la parraine, la date, l'heure, le lieu, le coût, le thème et la personne à contacter doivent être centrés d'une façon attrayante.

AID 7

Les annonces suivantes ont été publiées dans le journal local. Dactylographiez-les de façon attrayante.

A. Guy Duperreault & Associés, comptables agréés, Toronto.

B. Pharmacien pour Cap-Rouge, poste permanent, composez 621-7112.

C. Ecoutez! Système stéréo de haute qualité. Prix à partir de $247. La maison du son Inc. 525-1423.

D. La compagnie Aciers Atlas Ltée demande des soudeurs spécialisés. Cinq années d'expérience dans le métal en plaque. Se présenter à 750, boul. Saulnierville, 769-2152.

E. Le Dauphin Ltée, piscines de toutes dimensions. Tous les accessoires. Excavation, location de machinerie, pierre, sable, terre. 59, avenue Martin, Moncton, N-B, 855-1088.

F. Le Chenil Nordique. Grand centre d'élevage de bergers allemands. Chiens à vendre. Centre de dressage professionnel. Cours de groupe et privés. 1-705-735-3155.

G. Assemblée spéciale à St-Hyacinthe pour former un nouveau conseil de l'Association provinciale des trappeurs indépendants Inc. Se renseigner en signalant 567-8755.

H. Place Merici, 3 1/2, 4 1/2, grands, luxueux, neufs, tapis mur à mur, entrée privée, laveuse-sécheuse, intercom, thermostat individuel, chauffage, eau chaude, électricité payée. Appelez 326-9911.

I. Compagnie internationale recherche un agent de recouvrement pour son bureau de Régina. Bilinguisme nécessaire, expérience

```
PHARMACIEN
pour
CAP-ROUGE
poste
permanent
Composez
621-7112
```

(Suite à la page suivante)

PAGE DE TITRE

VI.26 Une page de titre doit contenir le titre du rapport, le nom de l'auteur, le nom de l'institution ou de l'entreprise d'où provient le rapport et la date. D'autres renseignements peuvent être ajoutés, si nécessaire. Chaque ligne est centrée horizontalement.

Disposez les renseignements qui suivent en forme de page de titre.

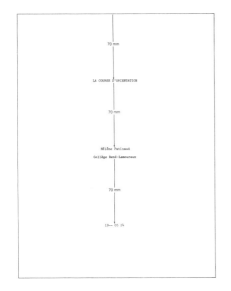

UN BEAU COIN DE PAYS

Micheline Tanguay
Ecole senior Général-Vanier

19___ 05 15

VI.27 Disposez les renseignements qui suivent en forme de page de titre pour un rapport broché à gauche. (Page de titre pour l'exercice VI.13)

La forêt et le Nouveau-Brunswick

Votre nom
Votre école
La date courante

d'agence ou de finance essentielle. Avantages sociaux et salaire intéressant. Agence de collections financières Ltée, Régina, Sask. 584-2041.

J. Vente à commission dans les domaines suivants: quincaillerie, rénovation de maison, machine à coudre et aspirateur, télévision et stéréo, meuble. Lundi au vendredi de 10:00 à 16:00, La maison modèle, 900, boul. Grignon, Sudbury.

AID 8

Centrez la ligne suivante dans un cercle ayant un diamètre de 50 mm.

Club d'échecs

COMMENT CENTRER DANS UN CERCLE

Centrer horizontalement

1. *Trouver le point central du cercle en utilisant une des méthodes suivantes.*

   a) *Déterminer le nombre de frappes possibles au diamètre du cercle et diviser par deux.*

   b) *Mesurer le diamètre du cercle et indiquer le centre par un point au crayon.*

   c) *Utiliser une des graduations de la machine à écrire pour déterminer le point central du cercle.*

2. *Reculer une fois du point central pour chaque deux frappes du mot ou du groupe de mots à centrer.*

Centrer verticalement

1. *Déterminer le nombre de lignes de dactylographie possibles dans le cercle en utilisant une des méthodes suivantes.*

   a) *Insérer la feuille dans la machine à écrire et compter le nombre de lignes possibles dans le cercle.*

   b) *Mesurer le diamètre et calculer le nombre de lignes possibles le long de ce diamètre. Se souvenir qu'une ligne de dactylographie a environ 4,2 mm de haut.*

2. *Suivre les instructions pour le centrage vertical à la page 127.*

AID 9

Centrez la ligne suivante dans un cercle ayant un diamètre de 75 mm.

1979 Année internationale de l'enfant

GUIDE POUR DACTYLOGRAPHIER
LA TABLE DES MATIERES

Sauf pour les rapports très courts, il est de rigueur de joindre une table des matières à un rapport.

1. *Le titre est centré, en LETTRES MAJUSCULES, à 50 mm du haut de la feuille et suivi de trois interlignes (TI).*

2. *Les marges sont les mêmes que pour le rapport.*

3. *Les points de conduite—le point et un espace alternativement— servent à guider l'oeil du lecteur jusqu'aux indicatifs des pages. Ces points de conduite sont alignés verticalement et sont précédés et suivis d'un espace.*

4. *Les titres sont écrits en lettres majuscules et alignés à la marge gauche.*

5. *Les sous-titres sont en retrait de cinq espaces de la marge gauche.*

6. *Laisser deux interlignes (DI) après un sous-titre qui précède un titre. S'il n'y a pas de sous-titre, laisser deux interlignes (DI) entre chaque titre.*

VI.24 Dactylographiez la table des matières qui suit pour un rapport broché à gauche.

13 retours

TABLE DES MATIERES

TI

```
LA SECRETAIRE MODERNE  . . . . . . . . . . . . .   1
LES RELATIONS AVEC LE PUBLIC . . . . . . . . . . 10
LE COURRIER  . . . . . . . . . . . . . . . . . . 19
LES RAPPORTS, LES MANUSCRITS . . . . . . . . . . 32
LE CLASSEMENT  . . . . . . . . . . . . . . . . . 40
LES OPERATIONS BANCAIRES . . . . . . . . . . . . 98
LES ASSEMBLEES, LES REUNIONS . . . . . . . . . 125
L'ORGANISATION DES VOYAGES . . . . . . . . . . 153
EN QUETE D'UN EMPLOI . . . . . . . . . . . . . 180
```

VI.25 La table des matières qui suit a été préparée pour un rapport sur la NUTRITION. Dactylographiez cette table des matières pour un rapport broché à gauche.

(Suite à la page suivante)

AID 10

Centrez l'exercice suivant dans un cercle ayant un diamètre de 100 mm.

GRATUIT notre catalogue SPORTS d'hiver, 194 pages, disponible aux Magasins Plein-Air Toronto, Hamilton, Kitchener. Ouverts tous les jours sauf le dimanche, de 09:00 à 21:30.

AID 11

Préparez une carte de membre (80 mm x 50 mm), grandeur portefeuille, pour un des clubs de l'école.

AID 12

Le club dramatique prépare la pièce Auberge des morts subites de Félix Leclerc. L'entrée sera de $2,00 pour les adultes et de $1,00 pour les étudiants. La pièce sera jouée au théâtre de l'Université du Québec, le premier vendredi de mai. Préparez le billet d'entrée.

AID 13

Préparez trois tableaux donnant les informations qui suivent. Tableau I, les capitales des provinces et territoires du Canada. Tableau II, douze exportations en ordre décroissant d'importance. Tableau III, douze importations en ordre décroissant d'importance. Utilisez deux lignes pour les titres, un double interligne entre la première et la deuxième ligne et un triple interligne entre le titre et la reste de l'exercice. La première ligne est écrite toute en lettres majuscules, la deuxième ligne est au choix.

AID 14

Préparez et dactylographiez, d'une façon attrayante, une liste de cinq émissions télévisées que vous offre un poste de télévision de votre région. Ce centrage devrait avoir un titre et un sous-titre.

AID 15

Préparez une liste d'au moins 15 maisons d'affaires de votre ville. Disposez et dactylographiez cette liste dans l'ordre alphabétique.

Autovérification

TABLEAU

Exportations du Canada

ou

EXPORTATIONS DU CANADA

Le Parc des Laurentides

Les hectares de forêt, les innombrables lacs et les rivières, la vie sauvage abondante du Parc des Laurentides en font un incomparable asile pour qui est en quête de paix et de tranquillité, en même temps qu'ils constituent le paradis du pêcheur.

Le Parc des Laurentides est situé au coeur du plateau Laurentien, et s'étend vers le sud jusqu'à 48 km de la ville de Québec même. Dans cette immense solitude boisée se trouvent les lacs et les rivières les plus pittoresques.[3]

A cause de son altitude variant de 360 à 1 050 m, le climat y est merveilleux tout l'été. Pendant les mois les plus chauds, le thermomètre indique rarement plus de 22°C. Le Parc, dont les nombreux cours d'eau fourmillent de truite pesant jusqu'à quatre on cinq kilogrammes, attire tout particulièrement le pêcheur. Jamais, dans le parc, il ne fait assez chaud pour que la truite cherche la fraîcheur des endroits profonds; c'est pourquoi le pêcheur, durant toute la saison, peut être certain de faire une pêche fructueuse à la mouche.

[1]Albert Rozon, La voie maritime, Montréal: Fides, 1970, p. 72.
[2]Frère Jean-Ferdinand, Connaissons-nous le Québec, Montréal: Editions des Frères Maristes, 1955, p. 101.
[3]Ibid. p. 128.

13 retours

BIBLIOGRAPHIE

Farley et Lamarche. Histoire du Canada. Montréal: Editions du Renou-
Sfrap. veau Pédagogique, 1960.
Frère Jean-Ferdinand. Connaissons-nous le Québec. Montréal: Editions des Frères Maristes, 1955.
Office Municipal du Tourisme. La ville de Québec. Québec, 1967.
Rozon, Albert. La voie maritime. Montréal: Fides, 1970.

| TABLE DES MATIERES | VI.23 Consultez le guide à la page suivante; ensuite dactylographiez la table des matières qui suit pour un rapport non broché. |

13 retours

TABLE DES MATIERES

T 1

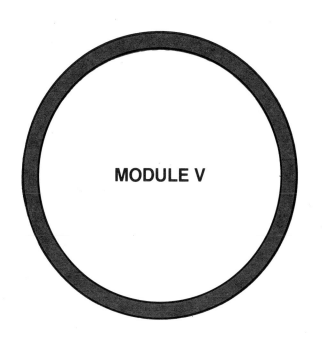

MODULE V

LETTRES D'AFFAIRES

OBJECTIFS

1. Apprendre et mettre en application les règles relatives à la dactylographie des lettres et des enveloppes.

2. Apprendre la signification et la disposition des mentions spéciales d'une lettre.

3. Maîtriser la dactylographie des lettres bien disposées et attrayantes.

4. Apprendre à se servir du papier carbone.

ACTIVITES QUOTIDIENNES

Préliminaire:

La date courante. Dactylographiez trois lignes de la date courante comme suit:

			↓ taquet			↓ taquet	
19__	05 21	19__	05 21	19__	05 21
19__	05 21	19__	05 21	19__	05 21
19__	05 21	19__	05 21	19__	05 21

Principales:

1. L'identification de votre travail. Dactylographiez votre nom, le titre du cours et la date courante.

2. La vitesse et la précision. Choisissez et dactylographiez quelques phrases contenant les chiffres, les signes et les symboles aux pages 104 à 112.

3. Les lettres d'affaires. Les exercices du Module V.

Supplémentaire:

La composition. Choisissez et dactylographiez un certain nombre des exercices AID aux pages 190 à 197.

CONTENU

Le Module V initie l'étudiant à la dactylographie de différents modèles de lettres d'affaires et personnelles/d'affaires. L'apprentissage de quelques règles permettra à l'étudiant de produire des lettres bien disposées et attrayantes. L'étudiant apprendra aussi à dactylographier une enveloppe et à se servir du papier carbone.

Notez bien: Les notes au bas de la page—

Si plus d'une note au bas de la page provient de la même source, l'abréviation Ibid. (au même endroit) au Op. cit. (dans l'ouvrage cité) peut être utilisé.

Ibid. est utilisé pour indiquer l'ouvrage cité qui précède immédiatement. Op. cit. est utilisé pour indiquer un ouvrage cité précédemment.

Exemple:

[8]*Bernard Séguin et Georges Dupuis, Les soucoupes volantes, Montréal: Holt, Rinehart et Winston Ltée, 1971, pp. 112-114.*

[9]*Ibid.*

[10]*Ibid., p. 117*

[11]*Jean Cousineau, Amitié, Toronto: McClelland et Stewart, 1969, p. 141*

[12]*Séguin et Dupuis, Op. cit., pp. 120-121*

VI.22 Dactylographiez l'article et la bibliographie qui suivent dans un rapport broché à gauche. Consultez le "Guide pour dactylographier les notes au bas de la page" si nécessaire.

UN BEAU COIN DE PAYS

Immense et ancienne contrée, le Québec porte sur son sol même, sur la surface de ses plaines, le flanc de ses montagnes, les rives de ses fleuves, les marques de son long passé géologique. Le bouclier canadien, terme géographique empreint de force et de puissance; les plaines, vastes et douces, d'accès facile et donc ouvertes aux entreprises des hommes; les montagnes, dont le profil harmonieux et serein fait le charme des horizons québécois; les rivières enfin, qui, toutes, paient leur tribut au grand fleuve, l'imposant Saint-Laurent, véritable artère de l'est canadien: voilà quelques-uns des aspects si variés de cette vieille terre généreuse. Sa richesse est plus grande qu'on ne le croyait jadis; son pittoresque et sa beauté, eux, sont déjà bien connus.

Le Saint-Laurent

Long de 3 000 km, le Saint-Laurent prend sa source à Saint-Louis (Minnesota). Le vaste réservoir d'eau douce des Grands Lacs lui assure dès le départ un débit abondant et régulier. Coupé de rapides entre le lac Ontario et Montréal, il n'était pas navigable à cet endroit avant l'ouverture de la Voie maritime. A Québec, le fleuve se transforme en un large estuaire, puis en golfe à partir du brusque élargissement de la Pointe des Monts.

La marée se fait sentir jusqu'à Trois-Rivières. Les glaces empêchent la navigation quatre mois par an, mais aujourd'hui les brise-glaces, ouvrant un chenal dans les masses compactes de glace, permettent à Québec d'accueillir les cargos l'hiver, tandis que la saison morte va en se raccourcissant pour Montréal.[1]

La plaine de Québec

Les abords de Québec sont d'un grand intérêt touristique. A 15 km au nord de la ville, le centre de villégiature du lac Beauport, enchâssé dans les monts environnants qui s'élèvent à 400 m d'altitude, accueille les visiteurs dans ses jolies auberges rustiques.

A 25 km à l'est de Québec, se dresse, non loin du Saint-Laurent, la célèbre basilique de Sainte-Anne-de-Beaupré, et les chutes Montmorency, plus hautes que celles du Niagara, déversent leurs eaux dans un nuage de vapeur. Juste en face, un pont, dont on peut admirer l'esthétique, conduit à l'Ile d'Orléans, riche en traditions de l'ancien temps.

Les mots, préservés de l'évolution des temps modernes, y ont une signification souvent différente de France: la "berline", un traîneau de fabrication locale; un "bidon", un petit tonneau; une "carriole", un traîneau d'hiver de luxe.[2]

(Suite à la page suivante)

RESUME DES EXERCICES DU MODULE V

APPLICATIONS PRINCIPALES

Genres de lettres
D'affaires	2 à 4, 8 à 30, 32 à 40
Personnelle	47 à 49
Personnelle/d'affaires . .	41 à 46, 50

Modèles de lettres
Un alignement	14 à 24
Deux alignements	2 à 4, 8 à 13, 30, 39, 41
Trois alignements	25, 26, 37
Lettre simplifiée	27 à 29, 32
Non spécifiés	33 à 36, 38, 42 à 50

Ponctuation
Ouverte	14 à 24
Courante	2 à 4, 8 à 13, 25, 30, 37, 39, 41
Fermée	26
Non spécifiée	33 à 36, 38, 42 à 50

APPLICATIONS SPECIALES

Copie au carbone	10 à 30, 32 à 46, 50, 51
Copie manuscrite	20, 21, 23, 29, 35, 36, 38, 44, 45
Dossier personnel	51
Enveloppe	5, 8 à 30, 31, 32 à 50
Exercices non disposés . .	8 à 13, 17 à 24, 28, 29, 32 à 36, 38, 40, 42 à 49
Insertion serrée	7
Lettre avec citation	40
Lettre avec énumération . .	39
Lettre d'offre de services	50
Lettre de 2 pages	18, 24
Ligne d'attention	30, 38
Ligne d'objet	30, 32, 36
Mention copie conforme . .	30, 34
Mention de caractère et/ou d'acheminement .	30 à 32, 34

(Suite à la page suivante)

NOTES AU BAS DE LA PAGE

*Notez bien: Dans la **note au bas de la page**, le **nom de l'auteur** s'écrit comme suit: prénom, initiales, nom de famille, le tout suivi d'une virgule. Viennent ensuite le **titre** du livre, souligné et suivi d'une virgule; le **lieu de publication,** suivi de deux points; la **maison d'édition,** suivie d'une virgule; l'**année de publication,** suivie d'une virgule; la ou les **page(s)** de référence, précédée(s) d'un p. (ou pp.) et suivie(s) d'un point.*

VI.21 Lisez attentivement le "Guide pour dactylographier les notes au bas de la page" ci-dessous. Ensuite, dactylographiez les notes au bas de la page qui suivent ce guide.

GUIDE POUR DACTYLOGRAPHIER
LES NOTES AU BAS DE LA PAGE

Les notes au bas de la page sont également employées pour indiquer les sources de références d'un rapport.

1. *Le renvoi—marque invitant le lecteur à se reporter aux notes au bas de la page—est indiqué par un chiffre arabe, dactylographié à un demi-interligne au-dessous de la ligne de texte, immédiatement après la citation et sans espace.*

2. *Les notes au bas de la page correspondent aux renvois de la même page.*

3. *Généralement, une note au bas de la page requiert trois lignes— deux dactylographiées et un interligne. Pour chaque renvoi sur la page, augmenter la marge au bas de la page de trois lignes. De cette façon, il y aura suffisamment d'espace au bas de la page pour les notes.*

4. *De la marge gauche, tirer une ligne de 38 mm à simple interligne après la dernière ligne dactylographiée du texte (cette ligne s'appelle le filet); faire suivre de deux interlignes (DI).*

5. *Faire un retrait de cinq espaces, surélever le chiffre correspondant au renvoi sans laisser d'espace, revenir à la ligne de texte et dactylographier la première ligne de la note. Commencer les lignes subséquentes à la marge gauche.*

6. *Les notes sont à simple interligne (SI), mais deux interlignes (DI) doivent séparer chaque note.*

Filet
DI

[1]Lothar Kampmann, <u>Couleurs opaques</u>, Paris:H. Dessain & Tolra, Editeur, 1969, p. 59.

[2]Rolf Hartung, <u>Couleurs et tissus</u>, Paris:H. Dessain & Tolra, Editeur, 1971, p. 191.

[3]Henri Pfeiffer, <u>L'harmonie des couleurs</u>, Paris:Dunod, 1972, p. 73.

[4]A. Jami, <u>Papier collé</u>, Paris:Editions Fleurus, 1969, p. 83.

partie du bouclier ne convient pas à l'agriculture à cause de la présence de formations rocheuses, de marais, de sols pauvres et du climat défavorable. (4) Il n'existe pas de ferme typiquement canadienne, mais il y a plusieurs types de ferme, depuis les quasi-usines de poulets à griller établies sur moins qu'un hectare jusqu'au grands ranchs d'élevages occupant plusieurs cantons. Entre ces deux extrêmes se rangent divers genres d'exploitation.

Bibliographie

Fréchette, Joseph. L'Agriculture au Canada. Montréal: Les Éditions du Jour, 1968.

Laverdure, Andrée. Mon pays, ses ressources. Québec: Les Éditions françaises, 1975.

Nault, Jean-Guy. Le Canada. Toronto: Ministère de l'Agriculture et de l'Alimentation, 1972.

Rozon, Albert. Les provinces maritimes. Montréal: Fides, 1970.

Saint-Denis, Roger. Le Canada de demain. Montréal: Les Éditions de l'Homme, 1976.

Santerre, Donald. Les ressources de l'Ouest. Scarborough: Les Éditions Gage, 1970.

LA DISPOSITION
LES PARTIES
LA PONCTUATION
LES MODELES
DE LETTRES

*Une lettre d'affaires est une lettre écrite au nom d'une entreprise ou d'un organisme à l'intention d'un individu, d'une autre entreprise ou d'un autre organisme. **Une lettre personnelle/d'affaires** est une lettre écrite par un individu à l'intention d'une entreprise ou d'un organisme. **Une lettre personnelle** est une lettre écrite par un individu à l'intention d'un autre individu.*

V.1 Etudiez les illustrations qui suivent. Elles vous indiquent différentes façons de disposer une lettre et différentes façons de la ponctuer. Portez une attention particulière aux

1. différentes parties d'une lettre et à la disposition de ces parties selon les trois modèles illustrés

2. signes de ponctuation selon les différents modèles

3. différentes façons de disposer une lettre selon qu'il s'agit d'un texte court, moyen ou long.

Date
(courante)

Adresse du destinataire
(Nom et adresse de celui
à qui on envoie la lettre)

Appel
(Nom de la personne
à qui on écrit)

Corps ou texte

Salutation ou
formule de courtoisie
Nom de l'entreprise
Nom du signataire
Titre
Initiales
d'identification
(de la personne qui a composé
la lettre et de celle qui l'a
dactylographiée)

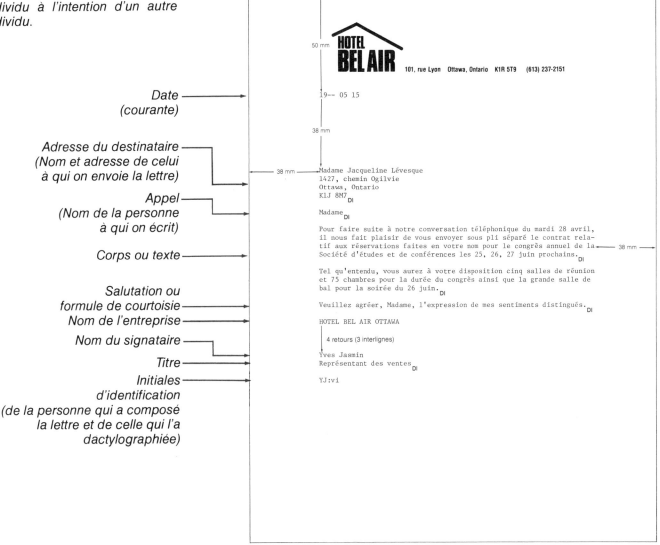

de la mer est généralement doux et humide. La région convient à l'agriculture mixte et d'importantes étendues sont consacrées à la culture de la pomme de terre et à l'arboriculture. (¶) Dans la région montagneuse à l'extrême ouest, les terres agricoles n'occupent que les vallées et les plateaux à pente douce. Les vents dominants de l'ouest qui soufflent du Pacifique tempèrent les hivers et attiédissent les étés sur le littoral. A l'intérieur, les écarts de température s'accentuent et les précipitations diminuent. (¶) Les multiples genres d'exploitation — depuis l'élevage en pâturages libres jusqu'à la culture des pêches — reflètent la grande diversité des sols et des climats. (¶) La région s'étend vers le nord jusqu'au Territoire du Yukon où l'on trouve de grandes étendues de terres arables. (¶) Dans le nord, la longueur des jours d'été stimulent la végétation, mais la courte période sans gel, le manque d'habitants et l'abondance de produits cultivés dans les provinces sises au sud, retardent le progrès de l'agriculture (Fréchette, 1968, p. 201). (¶) Le bouclier canadien, qui couvre presque la moitié de tout le pays, forme une vaste région en forme de V entourant la baie d'Hudson et s'avançant vers le sud. Les terres agricoles se rencontrent seulement sur les sols d'alluvion déposés dans la partie méridionale. La majeure

(Suite à la page suivante)

Notez bien: Modèles de lettres—

Un alignement: *Toutes les lignes commencent à la marge gauche.*

Deux alignements: *L'adresse de l'expéditeur (s'il y a lieu), la date, la salutation finale (la forme courte), le nom du signataire et son titre commencent au point central. Le reste de la lettre est aligné à partir de la marge gauche.*

Trois alignements: *Tout comme la lettre à deux alignements mais chaque paragraphe débute avec un retrait de cinq espaces.*

Notez bien: La ponctuation—

La ponctuation du corps de la lettre suit les règles habituelles de la ponctuation. Pour ce qui est des différentes parties de la lettre, on peut choisir une des trois formes de ponctuation qui suivent.

Courante: *Seuls l'appel et la salutation finale (la forme courte) sont suivis d'une virgule. L'adresse de l'expéditeur, la date, le nom et l'adresse du destinataire ne comportent aucune ponctuation à la fin des lignes. La salutation finale (la forme longue) est suivie d'un point.*

Ouverte: *Il n'y a aucun signe de ponctuation à la fin des lignes des différentes parties de la lettre, sauf pour le point qui suit la forme longue de la salutation finale.*

Fermée: *Une virgule suit chaque ligne de l'adresse de l'expéditeur, de la vedette et de l'appel. Un point suit la date et la dernière ligne de la lettre, soit le nom dactylographié du signataire, soit son titre. Cette forme de ponctuation ne s'emploie guère aujourd'hui.*

LETTRE MOYENNE
Deux alignements
Ponctuation courante

LETTRE LONGUE
Trois alignements
Ponctuation fermée

de l'agriculture canadienne. (¶)
La région des basses terres, où habite plus de la moitié de la population du pays, se trouve sur les bords du fleuve Saint-Laurent. Elle s'étend vers l'ouest, à travers le sud de l'Ontario jusqu'au lac Huron. Les zones à sol fertile où le climat est tempéré par les masses d'eau sont spécialisées dans la culture des fruits, du tabac et des légumes, en plus des grandes cultures traditionelles. L'élevage et l'industrie laitière constituent les principales productions de la région; la proximité des grandes villes leur assure des marchés faciles d'accès. (¶) La région du Manitoba, de la Saskatchewan et de l'Alberta, communément appelées les provinces des Prairies, compte 75% des terres agricoles du Canada (Santerre, 1970, p. 101). "Les hivers y sont rigoureux et longs; les étés chauds et ensoleillés. Les précipitations sont faibles, surtout dans le sud," précise Santerre (p. 103). Le sol et le climat sont propices à la culture des céréales, surtout du blé vitreux roux du printemps. La région comprend aussi de grands pâturages où l'élevage constitue l'une des principales industries. (¶) La région montagneuse des Appalaches acadiennes englobe les provinces de l'Atlantique (le Nouveau-Brunswick, la Nouvelle-Écosse, l'Île du Prince-Édouard et Terre-Neuve) et une partie du Québec, au sud du fleuve Saint-Laurent. (¶) Les vallées des rivières et les hautes terres non accidentées comprennent des étendues considérables de terres agricoles," (Rozon, 1970, p. 83). Le climat tempéré par le voisinage

(Suite à la page suivante)

LETTRE D'AFFAIRES SIMPLIFIEE

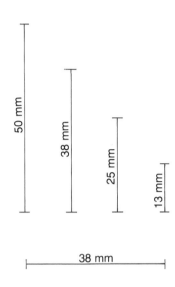

38 mm

DISPOSITION D'UNE LETTRE

Souvenez-vous que

21,5 cm = 215 mm
28 cm = 280 mm

ESPACEMENT

TABLEAU DE DISPOSITION

LETTRE D'AFFAIRES

(Papier P4: 21,5 cm x 28 cm)

LONGUEUR DE LA LETTRE	ESPACE DU HAUT DE LA FEUILLE A LA LIGNE DE LA DATE	MARGES	ESPACE ENTRE LA DATE ET L'ADRESSE DU DESTINATAIRE
Courte	50 mm	38 mm	38 mm
Moyenne	50 mm	38 mm	25 mm
Longue	50 mm	38 mm	13 mm

ESPACEMENT

Vertical
  Une ligne dactylographiée est d'environ 4,2 mm.
  Six lignes dactylographiées sont d'environ 25 mm.

Horizontal
  Une machine à écrire à caractère élite compte
  12 frappes au 25 mm.
  Une machine à écrire à caractère pica compte
  10 frappes au 25 mm.

Dactylographiez l'article qui suit dans un rapport broché à gauche.

L'AGRICULTURE CANADIENNE

Le Canada est le plus grand pays de l'hémisphère occidental et le deuxième en étendue du globe. Il ne le cède en superficie qu'à l'Union des républiques socialistes soviétiques. Ses voisins sont les États-Unis d'Amérique, l'URSS et le Groënland. La plus grande distance sud-nord, depuis le lac Érié jusqu'à l'île d'Ellesmere, est 4800 km; sa superficie est de 9 976 000 km² (Laverdure, 1975, pp.20-21), mais la plupart des terres sont impropres à l'agriculture à cause de la présence de forêts, de lacs, de montagnes et de roches et aussi en raison des rigueurs du climat. Les fermes occupent néanmoins 686 000 km et les terres améliorées 438 000 km²; pour cette raison "le Canada compte parmi les principaux pays producteurs et exportateurs de denrées alimentaires" (St.Denis, 1976, p. 70). (¶) Presque toutes les fermes sont situées à moins de 480 km de la frontière sud. Irrégulièrement réparties à travers les dix provinces, elles sont formées d'une variété de sols. (¶) Le climat est presque aussi varié que les sols. Les Prairies sont caractérisées par une faible pluviosité et des températures extrêmes. Les Maritimes bénéficient de précipitations plus abondantes et de températures plus modérées. L'Ontario et le Québec tiennent le milieu entre ces deux extrêmes. Dans la région montagneuse de la Colombie-Britannique, les conditions varient beaucoup de proche en proche (Nault, 1972, pp.72-76). (¶) Un bref coup d'oeil sur chacune des cinq principales régions géographiques du Canada donnera une idée

(Suite à la page suivante)

Notez bien: Même si toutes les lettres n'exigent pas toutes les étapes de l'organigramme ci-contre, il est bon de les connaître et de les maîtriser afin de pouvoir dactylographier les lettres de toutes sortes.

Notez bien: La date numérique—

*L'année, le mois et le jour, en ordre décroissant, peuvent être exprimés au moyen de 8 chiffres.
Exemple: le 3 septembre 1979 peut être dactylographié comme suit: 1979 09 03*

V.2 Référez-vous à l'organigramme ci-dessous pour apprendre à disposer une lettre. Ensuite dactylographiez la lettre à la page 148; faites-la à deux alignements et avec ponctuation courante.

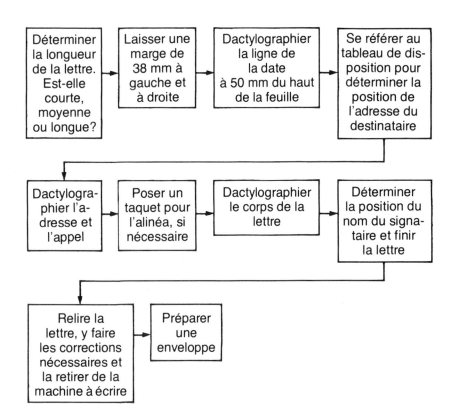

V.3 Dactylographiez la lettre à la page 149; faites-la à deux alignements et avec ponctuation courante. L'organigramme ci-haut vous aidera à disposer la lettre d'une façon attrayante.

V.4 Dactylographiez la lettre à la page 150; faites-la à deux alignements et avec ponctuation courante. L'organigramme vous aidera à la bien disposer.

L'eau d'érable contient de 2 à 6% de sucre. Pour la recueillir, on pratique dans l'arbre, à l'aide d'un vilebrequin, à un mètre du sol environ une entaille d'à peu près 2,5 cm de profondeur. On y introduit une goutterelle, sorte de petit tube de métal, d'où la "douce liqueur" coulera goutte à goutte dans un seau suspendu. En réduisant cette eau dans d'immenses chaudrons ou des évaporateurs modernes, on obtient le sirop, la tire ou le sucre, selon le degré de concentration.

C'est pour savourer ces produits, tout chauds et tout vivants, que l'on organise les parties de sucre à la "cabane," où les vapeurs capiteuses du chaudron et la chaleur odorante du feu de bois grisent jusqu'aux moins romantiques et contribuent à créer une ambiance d'intimité et de solidarité vraiment extraordinaires.

Comme la saison des coulées est courte—quelques semaines seulement—, et que les fervents sont nombreux, les cabanes à sucre ont dû s'agrandir, tout en gardant leurs pratiques traditionnelles: accès à pied ou par traîneau, feu de bois, aménagements sommaires, trempette en commun etc.

A propos de tradition justement, l'origine de la fabrication du sucre et du sirop remonterait à Michel Sarrazin, arrivé de France en 1685. "Dès le printemps suivant, ce médecin, voué à l'étude des plantes, aurait fait bouillir de l'eau d'érable dans le dessein de l'analyser, et découvert de la sorte le principe à la base de l'industrie" (Sulte, 1921, p. 48). Sulte estime que les Indiens, ne connaissant pas la chaudronnerie, ne pouvaient fabriquer de sucre.

De son côté, M. Pierre Dansereau affirme que "c'est des Indiens que nous tenons cet art" (1944, p. 11).

Quoi qu'il en soit, la partie de sucre est profondément enracinée dans les coutumes canadiennes-françaises. Elle est intéressante à ce titre pour qui aime observer les usages des peuples, et passionnante pour tous les bons vivants à la recherche de la camaraderie, de la chaleur humaine et des festivités en pleine nature.

BIBLIOGRAPHIE

Dansereau, Pierre. Les érablières de la Gaspésie et les fluctuations du climat. Montréal: Institut botanique, 1944.

Gouvernement du Canada. Annuaire du Canada—1977-78. Ottawa: Ministère des Approvisionnements et Services, 1978.

Poissant, Jacques. "La partie de sucre," Montréal. Volume 3, Numéro 4, avril 1966.

Sulte, Benjamin. Mélanges historiques. Montréal: Ducharme Ltée, 1921.

HOTEL BEL AIR

101, rue Lyon   Ottawa, Ontario   K1R 5T9   (613) 237-2151

50 mm

19-- 05 15

38 mm

←— 38 mm —→ Madame Jacqueline Lévesque
1427, chemin Ogilvie
Ottawa, Ontario
K1J 8M7 DI

Madame DI

Pour faire suite à notre conversation téléphonique du mardi 28 avril,
il nous fait plaisir de vous envoyer sous pli séparé le contrat relatif aux réservations faites en votre nom pour le congrès annuel de la ←— 38 mm —→
Société d'études et de conférences les 25, 26, 27 juin prochains. DI

Tel qu'entendu, vous aurez à votre disposition cinq salles de réunion
et 75 chambres pour la durée du congrès ainsi que la grande salle de
bal pour la soirée du 26 juin. DI

Veuillez agréer, Madame, l'expression de mes sentiments distingués. DI

HOTEL BEL AIR OTTAWA

4 retours (3 interlignes)

Yves Jasmin
Représentant des ventes DI

YJ:vi

**LETTRE D'AFFAIRES
COURTE
Un alignement
Ponctuation ouverte**

REFERENCES   VI.19 Dactylographiez l'article et la bibliographie qui suivent dans un rapport non broché. Le guide ci-dessous indique comment dactylographier les citations et les références.

LES REFERENCES DANS UN RAPPORT

Citations: Une citation de plus de trois lignes est dactylographiée dans un paragraphe à simple interligne. Ce paragraphe est en retrait de la marge gauche et de la marge droite de cinq espaces. On n'utilise pas les guillemets.
Les sources des citations et des références peuvent être indiquées par un renvoi ou par une référence à la bibliographie.

Références à la bibliographie: Une référence à la bibliographie dans un texte est mise entre parenthèses et comprend le nom de l'auteur (à moins que ceci ne se trouve dans le texte), l'année de publication et la page ou les pages de référence. Exemples:

Une étude toute récente (Mitivier, 1972, pp. 22-40)...
St-Laurent (1970, p. 151) affirmait...
L'exposé de Grenville (1973, p. 10)...

LE BON SUCRE DU PAYS

Le Québec est renommé pour son sucre d'érable, comme l'Ontario pour ses pêches, les Prairies pour leur blé, la Colombie-Britannique pour son saumon et les provinces de l'Atlantique pour leur homard.

Le sirop et le sucre d'érable occupent une place respectable dans l'économie québecoise: d'après les statistiques officielles, il s'en vend pour quelques $16 millions par année, dont une partie va pour l'exportation, surtout aux Etats-Unis.

Ces chiffres ne sont pas négligeables mais le sucre du pays est cher aux Canadiens-français pour des raisons autres qu'économiques. Il a pris une valeur symbolique où l'association au terroir est profondément ressentie. La "partie de sucre" est une occasion extraordinaire de réjouissances et de bonne camaraderie et la fête canadienne–française du printemps, de la vie et de la nature.

Comme le disait Benjamin Sulte:

Une partie de sucre est pour tous, jeunes et vieux, un divertissement fort apprécié. La marche en forêt, par un jour de printemps, l'arôme qui se dégage des bouilloires en ébullition, le sirop prêt à se solidifier qu'on se partage, chacun armé d'une palette, autour d'une pelle de bois plongée dans le liquide, dont on fait la tire en le versant sur la neige toute blanche, toutes ces choses ont un charme particulier et laissent à ceux qui les ont vécues d'inoubliables souvenirs. (1921, p. 52)

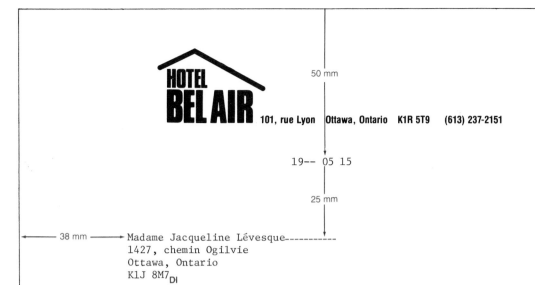

HOTEL BEL AIR   101, rue Lyon   Ottawa, Ontario   K1R 5T9   (613) 237-2151

50 mm

19-- 05 15

25 mm

← 38 mm → Madame Jacqueline Lévesque----------
1427, chemin Ogilvie
Ottawa, Ontario
K1J 8M7 _{DI}

Madame, _{DI}

Pour faire suite à notre conversation téléphonique du mardi 28 avril,
il nous fait plaisir de vous envoyer sous pli séparé le contrat relatif aux réservations faites en votre nom pour le congrès annuel de la
Société d'études et de conférences les 25, 26, 27 juin prochains. _{DI}

Tel qu'entendu, vous aurez à votre disposition cinq salles de réunion ←— 38 mm —→
et 75 chambres pour la durée du congrès ainsi que la grande salle de
bal pour la soirée du 26 juin. _{DI}

Nous vous remercions de l'intérêt que vous démontrez à l'égard de
l'Hôtel Bel Air d'Ottawa et espérons avoir le plaisir de vous rencontrer bientôt pour discuter de l'organisation de votre congrès dans tous
les détails. _{DI}

Veuillez agréer, Madame, l'expression de mes sentiments distingués. _{DI}

       HOTEL BEL AIR OTTAWA

        4 retours (3 interlignes)

       Yves Jasmin
       Représentant des ventes _{DI}

YJ:vi

LETTRE D'AFFAIRES
MOYENNE
Deux alignements
Ponctuation courante

VI.17 Dactylographiez les renseignements qui suivent et qui font partie de la bibliographie d'un rapport broché à gauche.

L'alimentation, François Lery, Paris: Editions du Seuil, 1962.

L'homme et les aliments, Lord Boyd Orr, Paris: Hachette, 1959.

Le budget, Christiane Tremblay, Montréal: Les Editions de l'homme, 1970.

L'alimentation: ses multiples aspects, Marielle Préfontaine, Mariette Blais, Montréal: Guérin Editeur, 1970.

La cuisine du bonheur, Raymond Olivier, Paris: Castermann, 1964.

VI.18 Dactylographiez la bibliographie qui suit et qui fait partie d'un rapport non broché.

BIBLIOGRAPHIE

BLAIS, MARIE-CLAIRE. PAYS VOILES. MONTREAL: LES EDITIONS DE L'HOMME, 1967.

DESBIENS, JEAN-PAUL. SOUS LE SOLEIL DE LA PITIE. MONTREAL: LES EDITIONS DU JOUR, 1965.

FERRON, JACQUES. LES GRANDS SOLEILS. MONTREAL: LES EDITIONS D'ORPHEE, 1956.

FRANCE, CLAIRE. AUTOUR DE TOI, TRISTAN. PARIS: LIBRAIRIE ERNEST FLAMMARION, 1962.

LECLERC, FELIX. CARCAJOU OU LE DIABLE DES BOIS. MONTREAL: LES EDITIONS DU JOUR, 1973.

MARTIN, CLAIRE. LES MORTS. MONTREAL: LE CERCLE DU LIVRE DE FRANCE, 1970.

ROY, GABRIELLE. CET ETE QUI CHANTAIT. QUEBEC: LES EDITIONS FRANCAISES, 1972.

SIMARD, JEAN. LA SEPARATION. MONTREAL: LES EDITIONS HURTUBISE-H.M.H., 1970.

SYLVESTRE, GUY. PANORAMA DES LETTRES CANADIENNES-FRANCAISES. QUEBEC: MINISTERE DES AFFAIRES CULTURELLES, 1964.

HOTEL BEL AIR 101, rue Lyon Ottawa, Ontario K1R 5T9 (613) 237-2151

50 mm

19-- 05 15

13 mm

38 mm

Madame Jacqueline Lévesque------------
1427, chemin Ogilvie
Ottawa, Ontario
K1J 8M7 DI

Madame, DI

    Pour faire suite à notre conversation téléphonique du mardi 28 avril, il nous fait plaisir de vous envoyer sous pli séparé le contrat relatif aux réservations faites en votre nom pour le congrès annuel de la Société d'études et de conférences les 25, 26, 27 juin prochains. DI

    Tel qu'entendu, vous aurez à votre disposition cinq salles de réunion et 75 chambres pour la durée du congrès ainsi que la grande salle de bal pour la soirée du 26 juin. DI

    Nous vous remercions de l'intérêt que vous démontrez à l'égard de l'Hôtel Bel Air d'Ottawa et espérons avoir le plaisir de vous rencontrer bientôt pour discuter de l'organisation de votre congrès dans tous les détails. DI

    Si d'ici là vous avez besoin de renseignements supplémentaires au sujet de la tenue de votre congrès, n'hésitez pas à nous téléphoner. Nous serons heureux de pouvoir vous être utiles en tout temps. DI

    Veuillez agréer, Madame, l'expression de mes sentiments les plus distingués. DI

                HOTEL BEL AIR OTTAWA

                4 retours (3 interlignes)

                Yves Jasmin
                Représentant des ventes DI

YJ:vi

LETTRE D'AFFAIRES
LONGUE
Trois alignements
Ponctuation fermée

50 mm

BIBLIOGRAPHIE **TI**

Taquet

←25 mm→ Bousquié, Georges. <u>Comment rédiger vos rapports</u>. Paris: Editions de l'entre-
→ prise moderne, 1957.**DI**
5 espaces

Dagenais, Gérard. <u>Dictionnaire des difficultés de la langue française au
Canada</u>. Montréal: Pédagogia, 1967.

Darbelnet, Jean. <u>Regards sur le français actuel</u>. Montréal: Beauchemin, 1963.←25 mm→

Desonay, Fernand. <u>Le rapport--Comment l'élaborer, comment le rédiger</u>.
Bruxelles: Boude, 1949.

Desseaux, Pierre. <u>Rapports et comptes rendus</u>. Paris: Editions Hommes et
techniques, 1959.

Dupriez, Bernard. <u>Apprenez seul l'orthographe d'usage</u>. Montréal: Editions
du Jour, 1966.

Genest, Françoise. <u>Initiation au travail de bureau</u>. Montréal: McGraw-Hill,
1966.

Mauger, G. et J. Charon. <u>Le français commercial</u>. Paris: Larousse, 1958.

Poirier, Léandre. <u>Au service de nos écrivains</u>. Montréal: Fides, 1966.

ENVELOPPES

Notez bien: Les formats d'enveloppes—

Seules les enveloppes de grandeurs standard peuvent être triées à la machine.

Ces enveloppes mesurent environ

89 mm × 140 mm
105 mm × 241 mm
121 mm × 235 mm
152 mm × 254 mm

Notez bien: L'adresse—

Sur l'enveloppe l'adresse doit être une copie exacte de celle qui apparaît sur la lettre.

V.5 Dactylographiez une enveloppe pour chacune des lettres des exercices V.2 à V.4. Suivez l'organigramme ci-dessous et consultez l'illustration à la page 152 pour voir comment disposer les différentes parties de l'enveloppe.

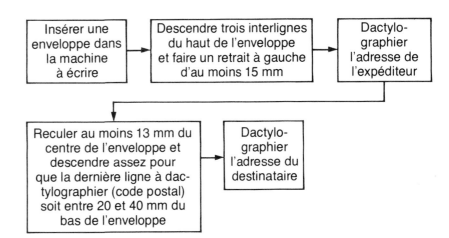

V.6 Pliez chacune des lettres que vous avez dactylographiées aux exercices V.2 à V.4 et mettez-les dans les enveloppes que vous avez dactylographiées à l'exercice V.5. Suivez les étapes ci-dessous et référez-vous aux illustrations qui suivent.

Notez bien: Les abréviations des noms des provinces—

S'il est nécessaire d'employer une abréviation dans l'adresse de l'expéditeur et du destinataire, le Guide du Code postal du Canada recommande d'utiliser les abréviations suivantes:

Alberta	*Alb.*
Colombie-Britannique	*C.-B.*
Ile du Prince-Edouard	*I.P.-E.*
Labrador	*Lab.*
Manitoba	*Man.*
Nouveau-Brunswick	*N.-B.*
Nouvelle-Ecosse	*N.-E.*
Ontario	*Ont.*
Québec	*Qué.*
Saskatchewan	*Sask.*
Terre-Neuve	*T.-N.*
Territoire du Yukon	*Yuk.*
Territoires du N.-O.	*T. N.-O.*

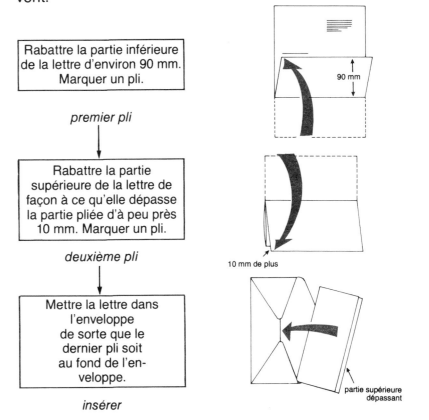

Devoirs envers les autres membres

Un membre doit accorder la préférence à un autre membre de l'association dans ses relations en affaires, à moins qu'il n'ait de raisons valables pour ne pas se conformer à cette règle.

Infractions - Sanctions

L'association doit, par son Conseil d'administration, recevoir toute plainte d'un membre à l'égard d'un autre membre, en rapport avec une infraction possible au code d'éthique ou à un manquement à un usage de la profession non spécifiquement mentionné au présent code. Lorsque le Conseil le jugera à propos, le plaignant et le membre concerné pourront donner leur version des faits. Des sanctions allant de la suspension à l'exclusion d'un membre pourront être décrétées par le Conseil d'administration s'il le juge à propos, sans préjudice aux droits de l'association.

BIBLIOGRAPHIE

La **bibliographie** à la fin d'un rapport ou d'un essai donne les sources consultées ou des références additionnelles qui pourraient être consultées.

Notez bien: Dans une bibliographie, le nom de **l'auteur** s'écrit comme suit: le nom de famille, le prénom et les initiales, le tout suivi d'un point.
Exemple: St-Germain, Jeanne.
S'il y a deux auteurs ou plus, seul le nom du premier s'écrit comme l'exemple ci-haut; les autres s'écrivent dans l'ordre habituel.
Exemple: Babin, Robin, R.-H. Hardy et Gérard Tanguay.

S'il s'agit d'un livre, le **titre** est souligné et suivi d'un point; s'il s'agit d'un article, celui-ci est mis entre guillemets. Le **lieu de publication** est suivi de deux points; la **maison d'édition,** d'une virgule et **l'année de publication,** d'un point.

VI.16 Dactylographiez la bibliographie à la page 217 et qui fait partie d'un rapport non broché.

GUIDE POUR DACTYLOGRAPHIER
UNE BIBLIOGRAPHIE

Papier:	Utiliser le papier standard P4.
Titre:	Centré et en LETTRES MAJUSCULES à 50 mm du haut de la feuille. Triple interligne (TI) après le titre.
Marges:	Les mêmes que pour le rapport.
Numérotation:	La page de bibliographie peut être numérotée à la suite des pages du rapport, à 13 mm du haut de la feuille. Elle peut aussi ne pas être numérotée.
Sources:	Les sources de référence sont mises en ordre alphabétique selon les noms des auteurs. Chaque source est dactylographiée à simple interligne à partir de la marge gauche.

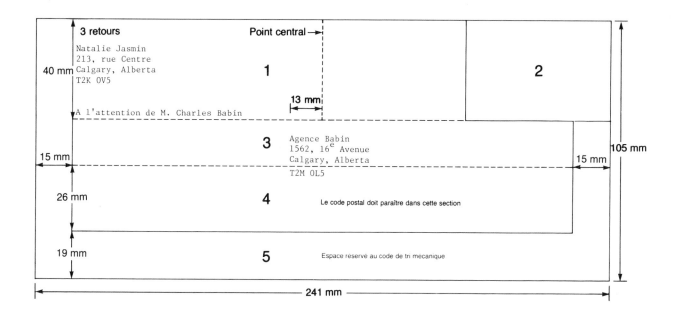

A la **section 1** on met l'adresse de l'expéditeur et les étiquettes postales (PAR AVION, PAR EXPRES etc.).

A la **section 2** on met les timbres.

A la **section 3** on met l'adresse du destinataire. Cette adresse peut se continuer dans la section 4.

A la **section 4** on doit mettre le code postal.

Le code postal est dactylographié directement sous la ligne de la ville et la province. Un espace sépare les deux parties du code.

La **section 5** est réservée au code de la machine à trier du bureau de poste et doit être libre de toute écriture.

Toute mention de caractère et/ou d'acheminement spécial (RECOMMANDE, CONFIDENTIEL etc.) est dactylographiée dans la section 3, à gauche, en ligne avec l'adresse de l'expéditeur.

<u>Tarifs de l'âge d'or</u>
Les personnes âgées de 65 ans et plus peuvent bénéficier de ce tarif lorsqu'elles voyagent au Canada seulement.

Devises

En général, les billets doivent être payés dans la monnaie du pays de départ (conformément aux règlements gouvernementaux). Si vous modifiez vos plans pendant que vous êtes à l'étranger, on recalculera le coût total de votre voyage. Le nouveau prix doit être calculé dans la devise du pays d'origine mais peut être payé dans toute devise qu'accepte le transporteur qui vend le billet.

VI.15 Dactylographiez l'article qui suit dans un rapport broché à gauche.

CODE D'ÉTHIQUE PROFESSIONNELLE

Généralités

L'éthique constitue l'ensemble des principes moraux et sociaux qui sont à la base du comportement de chaque membre de l'association envers la société et ses semblables.

Devoirs envers la société

Un membre de l'association doit consacrer ses efforts, son expérience et sa compétence à l'acquittement des engagements qu'il prend en tenant compte des conséquences que pourrait avoir sur le bien-être de la société, la qualité de son travail.

Devoirs envers l'Association

Un membre doit collaborer en vue de la réalisation de l'idéal de l'Association, qui est la défense et le développement des intérêts économiques, sociaux et moraux de ses membres, la promotion de la compétence et de l'honnêteté professionnelle. Son adhésion à l'association doit également avoir pour but la valorisation de sa profession en général. Le concours qu'il est en mesure d'apporter à l'association doit favoriser l'intérêt de l'ensemble des membres avant son intérêt particulier.

(Suite à la page suivante)

INSERTION SERREE   V.7   Aux pages 120 à 122 du Module IV on trouve les instructions générales pour corriger une erreur de frappe. Souvent on ne découvre ses erreurs qu'une fois la copie terminée. Dans ces circonstances et selon la nature de l'erreur il est plus facile et plus rapide d'insérer une lettre omise que de redactylographier toute la copie.

Sur une feuille P4 dactylographiez une copie exacte du paragraphe qui suit. Utilisez une ligne de 50 frappes et un retrait de 5 espaces.

Ne soulignez pas les mots. Les mots soulignés indiquent qu'il y a une erreur à corriger.

```
     A l'heur actuelle au Canada et dnas le reste

du mond on es en train de fair des recherches

techniques qui permetront éventuelement d'acumuler

l'énergie solair et de lutiliser pour chauffer les

maisons.
```

Lisez les indications au bas de la page et ensuite corrigez votre copie. Certaines des erreurs peuvent être corrigées en effaçant, d'autres en insérant une lettre et d'autres encore en effaçant et en insérant. La copie corrigée devrait être semblable à celle qui suit.

```
     A l'heure actuelle au Canada et dans le reste

du monde on est en train de faire des recherches

techniques qui permettront éventuellement d'acumuler

l'énergie solaire et de l'utiliser pour chauffer les

maisons.
```

---

*COMMENT INSERER UNE
LETTRE DANS UN MOT*

Selon la machine à écrire qu'on utilise, on peut insérer une lettre d'une des façons suivantes.

1. Pousser manuellement le chariot ou la tête d'impression mobile jusqu'à la position désirée (électrique ou manuelle)

2. Peser sur le rappel arrière pour revenir à la position désirée (manuelle)

3. Utiliser la touche demi-espace (sur certaines machines à écrire électriques)

Excursion

Le transporteur fixe un prix aller-retour réduit afin d'encourager les voyages sur certaines lignes ou à certaines périodes de la journée, de la semaine ou de l'année. Les conditions imposées peuvent comprendre l'achat du billet à l'avance, une durée limite de séjour et un nombre restreint d'escales.

Groupe

Lorsque plusieurs personnes voyagent en groupe vers la même destination, elles peuvent bénéficier d'une réduction qui varie selon le nombre de personnes et le transporteur.

Jeunesse

Ce tarif est réservé aux passagers âgés de 12 à 21 ans. Certaines compagnies aériennes exigent l'achat à prix minime d'une carte d'identité et d'attestation d'âge qu'on doit présenter en achetant le billet.

Enfants

Il existe un tarif réduit pour les enfants de 11 ans et moins. Dans certains cas, les enfants de moins de 2 ans peuvent voyager gratuitement.

Voyages forfaitaires

Nombre de transporteurs aériens offrent des voyages qui, outre le logement, peuvent comprendre certaines commodités ou attractions comme la location de voitures, les repas, des excursions et des spectacles, le tout comportant un prix minimal et une limite de durée de séjour.

Vols intérieurs

Quoique les vols intérieurs offrent moins de choix de tarifs, ceux qu'ils offrent sont fort intéressants.

Classe économique avec réductions

Il s'agit d'un tarif moins élevé que celui de la classe économique ordinaire. Par exemple, le voyage aller-retour avec départs en fin de semaine ou les vols entre points déterminés avec départs le samedi et le dimanche.

Vols intérieurs d'affrètement

Quelques sociétés offrent ces vols de genre excursion entre des destinations canadiennes distantes d'au moins 600 km. Les réservations doivent être faites bien en avance et le paiement entier est exigé dans un délai déterminé. Ce genre de vol comporte cependant des frais d'annulation.

Le plan familial

On offre un tarif réduit aux membres d'une même famille qui voyagent ensemble au Canada. Le chef de famille (père ou mère) doit payer le plein prix en classe économique ou en première, selon le cas, alors que les autres membres de la famille ne paient qu'une partie du plein prix.

(Suite à la page suivante)

V.8 Dactylographiez la lettre qui suit; faites-la à deux alignements et avec ponctuation courante. Corrigez toute erreur de frappe. Indiquez que vous avez dactylographié cette lettre en ajoutant vos initiales d'identification. Préparez l'enveloppe.

Adresse du destinataire: Monsieur Yvan Robineau
           36, rue Nipissing
           Sturgeon Falls, Ontario
           P0H 2G0

Appel: Monsieur

Corps:
 La Chambre de commerce débute présentement ses activités pour l'année 19--.

 Les registres indiquent que vous étiez membre de la Chambre l'année dernière. Nous sommes confiants que nous pourrons vous compter parmi nos membres encore cette année.

Salutation:
 Veuillez agréer, Monsieur, l'expression de nos meilleurs sentiments.

Nom du signataire: Guy Cantin

Titre: Préposé au recrutement

V.9 Dactylographiez la lettre qui suit; faites-la à deux alignements et avec ponctuation courante. Corrigez toute erreur de frappe. Indiquez que vous avez dactylographié cette lettre en ajoutant vos initiales d'identification. Préparez l'enveloppe.

Adresse du destinataire: Madame Ginette Cyr
           212, rue Wilson
           Lachute, Québec
           J8H 3J3

Appel: Madame

Corps:
 Le principe de la location d'un four à micro-ondes nous paraît excellent car il permet aux indécis de se familiariser avec ce nouveau mode de cuisson avant de faire cet achat coûteux.

 Cependant, nous ne pouvons pas garantir l'innocuité totale de ces fours car un appareil que l'on transporte fréquemment a plus de tendances à avoir des fuites de radiation qu'un four qui reste à la même place à la cuisine. Si vous songez à en louer un, vous feriez bien de le faire soigneusement vérifier au moment de l'installation.

Salutation:
 Agréez, Madame, mes salutations respectueuses.

Nom: Guy Taillefer

Titre du signataire: Préposé aux ventes

d'une source qui fournissait l'eau pour boire et pour la cuisine. Il n'y avait pas de femmes dans ces camps-là et les hommes devaient faire leur propre lavage. Mais comme il n'y avait aucune commodité, les hommes négligeaient souvent de laver leur linge et leurs draps de lit.

<u>Les bons moments</u>

La vie au camp avait quand même ses bons moments. Il y avait toujours, dans un groupe semblable, des farceurs, des conteurs, des joueurs de violon et des danseurs. Les soirs et surtout le dimanche, ces hommes s'amusaient ensemble. Les uns jouaient aux cartes. D'autres chantaient des chansons ou racontaient des histoires. Souvent le "violonneux" sortait son violon et il se trouvait toujours quelques "gigueux" pour sauter sur le plancher et exécuter une danse. Comme les bûcherons venaient d'un peu partout, même des provinces voisines, chacun rapportait chez soi de nouvelles chansons et des contes appris au camp.

VI.14 Dactylographiez l'article qui suit dans un rapport non broché.

LES TRANSPORTS AERIENS REGULIERS

Lorsque vous élaborez des plans de voyage, vous devriez d'abord vous renseigner sur les nombreux tarifs offerts. Chaque compagnie aérienne offre sa propre échelle de tarifs qui, eux, sont soumis à diverses conditions comme la durée du séjour, le jour de la semaine ou l'heure de la journée où s'effectue le voyage, le paiement anticipé du billet ou des services au sol fournis dans le cadre du transport aérien, les frais d'annulation etc.

Types de tarifs

Avant de déterminer quel tarif convient le mieux, on peut obtenir des compagnies aériennes ou des agents de voyages les renseignements les plus récents sur les divers tarifs.

Vols internationaux et intérieurs

Les vols internationaux et intérieurs offrent une variété de tarifs dépendant de la qualité du service et du confort qu'on désire pendant le vol.

<u>Première classe</u>
Le prix plus élevé comprend un service de qualité supérieure.

<u>Classe économique</u>
Le prix est moins élevé mais il ne donne pas droit aux commodités supplémentaires de la première classe, c'est-à-dire sièges larges, boissons alcoolisées gratuites etc.

(Suite à la page suivante)

COPIE AU CARBONE

Il est d'usage, dans la correspondance commerciale, de faire au carbone une copie (ou un double) de toute lettre qui est envoyée et de garder cette copie aux dossiers.

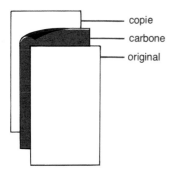

copie
carbone
original

V.10 Dactylographiez la lettre qui suit. Faites-la à deux alignements et avec ponctuation courante. Faites-en une copie au carbone pour vos dossiers et préparez l'enveloppe. Corrigez toute erreur de frappe.

PREPARATION D'UNE COPIE AU CARBONE

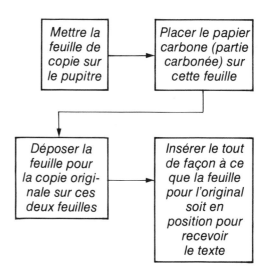

Mettre la feuille de copie sur le pupitre

Placer le papier carbone (partie carbonée) sur cette feuille

Déposer la feuille pour la copie originale sur ces deux feuilles

Insérer le tout de façon à ce que la feuille pour l'original soit en position pour recevoir le texte

Notez bien: L'adresse du destinataire—

L'adresse du destinataire, *également appelée la* **vedette**, *comprend le nom et l'adresse complète.*

Ecrivez au long les mots **Monsieur, Madame, Mademoiselle** *etc.*

Le **titre** *du destinataire, s'il y en a, est dactylographié sur la deuxième ligne de l'adresse. (Si ce titre est court, il peut être écrit sur la même ligne que le nom)*

Exemples:
Madame Louise Vézina
Coordonnatrice des programmes

Monsieur Jacques Cyr, Editeur

Adresse du destinataire: Madame Estelle Veilleux
Conseil de planification et
de développement du Québec
385, Grande Allée est
Québec, Québec
G1R 2H8

Appel: Madame

Corps:
Tel qu'entendu lors de notre conversation téléphonique, vous recevrez sous pli séparé trois copies du "Rapport sur le marché des produits laitiers."

Ce rapport contient les données statistiques sur la production, la consommation, les prix etc. Si vous désirez recevoir d'autres renseignements, n'hésitez pas à communiquer avec moi.

Salutation:
J'espère que le tout est à votre satisfaction et je vous prie d'agréer, Madame, l'expression de mes salutations distinguées.

Nom: Lise Beauparlant
Titre du signataire: Agent agricole

Le bois: une richesse nouvelle

Durant les années 1820 et 1830, l'Angleterre avait un grand besoin de bois non seulement pour des mâts mais aussi pour la planche qu'on utilisait dans la construction de maisons et de bateaux. Pour répondre à cette demande, le Nouveau-Brunswick était bien placé.

La plus grande partie de son territoire était couverte d'arbres de toutes les espèces: pin, sapin, chêne, bouleau. En plus d'être en très grande quantité, le bois était facile à obtenir car de nombreuses rivières et des lacs sillonnaient le territoire et permettaient le transport à bon marché.

De nombreux ouvriers, attirés par la possibilité de s'enrichir rapidement, vinrent s'établir au Nouveau-Brunswick. Parmi ceux-ci se trouvaient des bûcherons et des travailleurs spécialisés pour les moulins à scie. De nombreux fermiers de la province, d'autres de Terre-Neuve et de l'Ile du Prince-Edouard, venaient durant l'hiver travailler à l'abattage du bois.

Les bûcherons et la vie des camps

Autrefois, les bûcherons montaient au bois pour l'hiver. Ils ne revenaient chez eux qu'au printemps pour travailler leurs terres ou faire la pêche. Pendant tout l'hiver, ils logeaient dans des camps en bois rond et y prenaient leurs repas.

La nourriture

Ordinairement, la nourriture était bonne, meilleure qu'aux maisons. Il y avait toujours un homme, bon cuisinier, dont le travail était de préparer les repas. Les bûcherons après de longues heures de marche et de labeur pénible avaient beaucoup d'appétit. Aussi, le cuisinier leur préparait une nourriture solide et appétissante, de la viande, des fèves au lard, des légumes en abondance. Pour le dessert, il leur donnait des gâteaux ou des tartes.

Le coucher

Les hommes couchaient tous dans un même camp, un grand dortoir. Les couchettes n'avaient rien de moelleux. C'était un hamac rempli de paille ou de branchages de sapin ou de cèdre. Mais après une journée de travail au grand air, les bûcherons dormaient bien.

Le camp était toujours installé près d'un lac ou d'un ruisseau ou

(Suite à la page suivante)

V.11 Dactylographiez la lettre qui suit; faites-la à deux alignements et avec ponctuation courante. Faites-en une copie au carbone pour vos dossiers et préparez l'enveloppe. Corrigez toute erreur de frappe, si nécessaire.

Adresse du destinataire: Groupe de recherches sur le futur
326, avenue Castor
Banff, Alberta
T0L 0C0

Appel: Messieurs

Corps:

Je vous remercie de votre lettre du 16 janvier dernier proposant la tenue l'été prochain d'une journée d'étude consacrée aux recherches les plus récentes dans le domaine de la futurologie.

Comme notre compagnie désire se tenir au courant de tous les développements dans ce domaine, nous comptons y participer par l'envoi de deux de nos cadres comme délégués officiels. Je vous ferai parvenir leurs noms aussitôt que cela sera décidé.

Je me permets également de vous suggérer l'ajout, à l'ordre du jour, d'une question qui a trait aux besoins énergétiques des pays en voie de développement. Puisque plusieurs de nos membres y travaillent, c'est un sujet qui nous intéresse particulièrement. Je crois, cependant, que d'autres délégués pourront aussi en tirer profit.

Je vous serais bien obligée de nous tenir au courant de l'évolution de ce projet et de nous signaler, au besoin, la façon dont nous pourrons le mieux y contribuer.

Salutation:

Veuillez recevoir, Messieurs, l'expression de mes sentiments distingués.

Nom: Henriette Ouimet

Titre du signataire: Agent de liaison

Notez bien: L'appel—

*L'**appel** est la formule de salutation qu'on place avant le corps de la lettre. Sa forme varie selon la personne à qui on s'adresse.*

*Quand on écrit à des inconnus ou à de simples connaissances d'affaires, on utilise l'appel **Monsieur, Madame** ou **Mademoiselle**. (Quand on écrit à une dame dont on ignore l'état civil, la formule d'appel à utiliser est Madame.)*

*Quand on écrit à une entreprise ou à une maison d'affaires, on utilise l'appel **Messieurs, Mesdames** ou **Mesdames et Messieurs**, selon le cas.*

V.12 Dactylographiez la lettre qui suit; faites-la à deux alignements et avec ponctuation courante. Faites-en une copie au carbone pour vos dossiers et préparez l'enveloppe. Corrigez toute erreur de frappe, si nécessaire.

Adresse du destinataire: Monsieur André Bédard
Bédard & Leblanc Ltée
116, rue St-Paul
Alexandria, Ontario
K0C 1A0

(Suite à la page suivante)

Américains cette année-là. (4) Ce mode de communication à lui seul a exercé une influence énorme sur notre genre de vie et notamment la vie de la communauté. Autrefois, celle-ci se limitait au voisinage immédiat. Aujourd'hui, étant instantané-ment à portée de voix, n'importe où, elle est infiniment plus dispersée et tend d'abord vers la communauté d'intérêts. C'est ainsi qu'une enquête effectuée dans une grande ville canadienne a révélé que, pour plus d'un quart des répondants, les personnes qu'ils considéraient comme des proches vivaient en dehors de la région métro-politaine, parfois jusqu'à cent kilomètres de là. Seulement 13 % de ces "proches" habi-taient à distance de marche. La forma-tion de ces "communautés sans proximité," comme on les a nommées, aura un effet sans cesse plus prononcé sur notre société à mesure que les télécommuni-cations nationales et internationales modifieront de plus en plus les rap-ports dans le temps et l'espace.

VI.13 Dactylographiez l'article suivant dans un rapport broché à gauche. Indiquez les titres, les sous-titres et les intertitres.

LA FORET ET LE NOUVEAU-BRUNSWICK

Au début le Nouveau-Brunswick était couvert d'une immense forêt. Pour le nouveau colon, ces arbres étaient une présence qu'il fallait faire reculer le plus possible pour pouvoir cultiver un champ. Malgré tout, il trouvait dans la forêt ce dont il avait besoin pour se bâtir une maison, pour la meubler modestement avec une table et des bancs. Pour se garder au chaud durant l'hiver, il lui suffisait de couper, assez tôt pour qu'il puisse sécher, du bois qu'il fendait en plusieurs morceaux. Chaque maison avait son bûcher de bois. Bien souvent on confiait aux enfants le soin d'empiler ou de corder les bûches.

(Suite à la page suivante)

Corps:

C'est avec plaisir que, dès réception de votre lettre, nous vous avons expédié les échantillons que vous nous demandiez.

Nous avons trouvé sous le même pli le chèque que vous nous avez envoyé pour acquitter votre dernière facture. Nous vous remercions de la promptitude que vous mettez pour vous libérer de vos obligations.

Si vous désirez recevoir notre nouveau catalogue du printemps, vous n'avez qu'à nous en faire la demande et nous vous l'expédierons par retour du courrier.

Salutation:

Veuillez agréer, Monsieur, l'assurance de nos sentiments distingués.

Nom: Georges Paradis

Titre du signataire: Agent de publicité

Notez bien: La salutation—

*La **salutation** est la formule de politesse qui termine la lettre. Elle varie selon le ton de la lettre et selon les relations qui existent entre les correspondants. Dans la salutation, on reprend l'appel et on le met entre virgules.*

Relations d'affaires
Agréez, (Recevez, Croyez,)...
Veuillez agréer,...
Je vous prie d'agréer,...
   Monsieur,...
   Madame,...
   Messieurs,...
   l'assurance de...
   l'expression de...
      mes meilleures salutations.
      mes sincères salutations.
      mes sentiments distingués.
            dévoués.
            les meilleurs.

Relations amicales
Agréez l'assurance de mes senti-
      ments cordiaux.
      amicaux.
   les meilleurs.
      de ma cordiale salutation.

Amicalement,
Votre tout dévoué,
Cordialement,

V.13 Dactylographiez la lettre qui suit; faites-la à deux alignements et avec ponctuation courante. Faites-en une copie au carbone pour vos dossiers et préparez l'enveloppe. Corrigez toute erreur de frappe, si nécessaire.

Adresse du destinataire: Monsieur Jacques Beauregard
                             Directeur des finances
                             La Compagnie Legros Ltée
                             774, boul. La Salle
                             Sudbury, Ontario
                             P3A 4V4

Appel: Monsieur

Corps:

Il nous fait plaisir d'accepter le renouvellement du mandat de vérification de votre entreprise pour l'exercice financier devant se terminer le 31 décembre 19-- .

Comme vous désirez connaître notre opinion sur les états financiers de votre entreprise, notre examen sera effectué selon les pratiques de vérification généralement reconnues au Canada. Cette vérification comprendra l'examen du système comptable, du contrôle interne et des autres renseignements s'y rapportant. L'étendue de notre vérification sera établie en fonction des résultats de notre évaluation du système comptable et du contrôle interne.

(Suite à la page suivante)

coureur ou du cheval le plus rapide. Il est certain que l'homme primitif ne tarda pas à inventer des moyens de communication sous forme de signaux relayés de colline en colline. (¶) Ce n'est cependant qu'entre 1790 et 1795 qu'un ingénieur français, Claude Chappe, inventa un genre de sémaphore qui fut mis en service sur la voie ferrée de Paris à Lille. Sans doute faut-il voir là le véritable précurseur du télégraphe électronique. En 1845, Samuel Morse devait inaugurer la première ligne télégraphique des États-Unis, et les journaux ne tardèrent pas à profiter de cette invention pour la transmission télégraphique des nouvelles. Le 10 mars 1876, à Brantford, Ontario, Graham Bell prononçait ses mots célèbres: "Watson, venez ici, j'ai besoin de vous," utilisant pour cela un appareil mis au point par lui après des expériences avec un télégraphe à harmoniques multiples. Son assistant, de la pièce voisine où il se trouvait, entendit clairement ses paroles: le téléphone était né. (¶) Il est amusant de constater aujourd'hui comment cette révolution dans la transmission des communications fut d'abord accueillie. Certains évitaient de parler trop haut en passant à côté des poteaux téléphoniques qui jalonnaient les rues, les soupçonnant de capter la parole. Lors de l'épidémie de variole de 1885, à Montréal, tous les employés du téléphone avaient été vaccinés par mesure de précaution, car le bruit courut que la maladie était transmissible par les fils. Des émeutes éclatèrent quand des citoyens alarmés voulurent prendre d'assaut le bâtiment central. (¶) De toute évidence, ces craintes sont aujourd'hui disparues, si l'on en juge d'après la vogue actuelle du téléphone. De fait, les Canadiens ont été jusqu'en 1968 les plus grands bavards téléphoniques du monde, titre qu'ils ont dû céder aux

(Suite à la page suivante)

MODULE VI/Plans et rapports

Notez bien: Le nom dactylographié du signataire—
*Le **nom du signataire** est dactylographié à la fin de la lettre, à trois interlignes après la salutation finale. Dans les lettres d'affaires, ce nom est dactylographié au-dessous de la signature manuscrite. De plus, le **titre ou fonction** du signataire peut être indiqué après la signature.*

Notre travail de vérification sera conçu et exécuté avant tout dans le but de nous permettre d'exprimer une opinion sur les états financiers annuels; il ne saura pas nécessairement déceler les détournements et d'autres irrégularités éventuelles car tel n'est pas son objet. Bien entendu, il se peut quand même que notre examen révèle des irrégularités et dans ce cas, nous vous en informerons.

Nous sommes toujours disponibles si vous désirez nous consulter dans d'autres domaines relevant de notre compétence.

Nous vous prions d'accepter, Monsieur, l'expression de nos sentiments les meilleurs.

Nom: Yvan Tanguay

Titre: Comptable

DIFFERENTS MODELES DE LETTRES ET DE FORMES DE PONCTUATION

V.14 Dactylographiez la lettre à la page 159; faites-la à un alignement et avec ponctuation ouverte. Faites-en une copie au carbone pour vos dossiers et préparez l'enveloppe. Corrigez toute erreur de frappe, si nécessaire.

V.15 Dactylographiez la lettre à la page 160; faites-la à un alignement et avec ponctuation ouverte. Faites-en une copie au carbone pour vos dossiers et préparez l'enveloppe. Corrigez toute erreur de frappe, si nécessaire.

V.16 Dactylographiez la lettre à la page 161; faites-la à un alignement et avec ponctuation ouverte. Faites-en une copie au carbone pour vos dossiers et préparez l'enveloppe. Corrigez toute erreur de frappe, si nécessaire.

Notez bien: *Quand un rapport est broché à gauche, le point central est à 3 espaces de plus vers la droite.*

VI.11 Dactylographiez cet article dans un rapport de deux pages brochées à gauche.

LE CHARME DES CALECHES

Bien qu'elle vive au rythme trépidant et exaltant des métropoles modernes, Montréal conserve jalousement une oasis de tranquillité: c'est le Mont-Royal, un parc de 200 ha aux pieds duquel s'étend la ville. A quelques minutes du centre financier et commercial, le citadin peut s'offrir le luxe d'un coin de campagne, parmi les milliers d'arbres, dans les sentiers et les routes interdites aux automobiles. Comme pour accentuer le contraste avec la ville, seuls les calèches et les fiacres ont accès au parc et le pas lent des chevaux évoque les liens de Montréal avec son passé. (¶) Ces calèches conduisent les visiteurs jusqu'au Chalet de la montagne ou à l'observatoire du sommet, situé à 233 m au-dessus du niveau de la mer. Leurs propriétaires peuvent, l'hiver venu, remplacer les calèches par des traîneaux que louent des groupes de festoyants pour les randonnées dans la montagne enneigée. (¶) On trouve de ces calèches à Montréal, à Québec et à Percé, dans la péninsule gaspésienne. Au cours des fêtes d'hiver dans les petites villes des Laurentides, à quelques kilomètres au nord de Montréal, on se ballade souvent en traîneaux, mais il n'existe pas beaucoup de grandes villes en Amérique du Nord qui aient conservé ces touchantes reliques du passé. (¶) Les automobilistes montréalais, peu tendres d'habitude à l'égard de leurs confrères, sont plus indulgents lorsqu'ils suivent une calèche qui n'a pas l'air de prendre au sérieux l'affolement des heures de pointe et s'en va son petit bonhomme de chemin sans se soucier de la nervosité des passants. (¶) Les cochers sont fiers de leurs calèches et les entretiennent avec un soin jaloux. Ils frottent et polissent le coche et ses lanternes jusqu'à les faire briller. La plupart des véhicules ont deux roues, sont légers et ont un toit escamotable. Le cocher est assis sur le tablier du pare-boue. Il existe aussi ce qu'on appelle les "victoria," véhicules à quatre roues qui peuvent accueillir quatre ou six personnes. (¶) A tant vivre en plein air, les cochers en viennent à posséder la sagesse des vieux campagnards. Ils ont souvent pour leurs passagers une tendresse bourrue et sont les alliés des amoureux.

VI.12 Dactylographiez l'article qui suit dans un rapport non broché de deux pages.

La communication

La communication orale, même si elle a pu nous déconcerter parfois, a servi de trait d'union entre les hommes, et les moyens mis à son service n'ont pas cessé de nous fasciner. Le téléphone en est un bon exemple. (¶) L'histoire du téléphone témoigne du désir constant de l'homme de communiquer plus facilement avec ses semblables. Bien que les messages écrits eussent permis aux hommes depuis très longtemps de communiquer entre eux dans l'espace et dans le temps, leur transmission n'a pu s'effectuer, pendant de longs siècles, qu'à la vitesse du

(Suite à la page suivante)

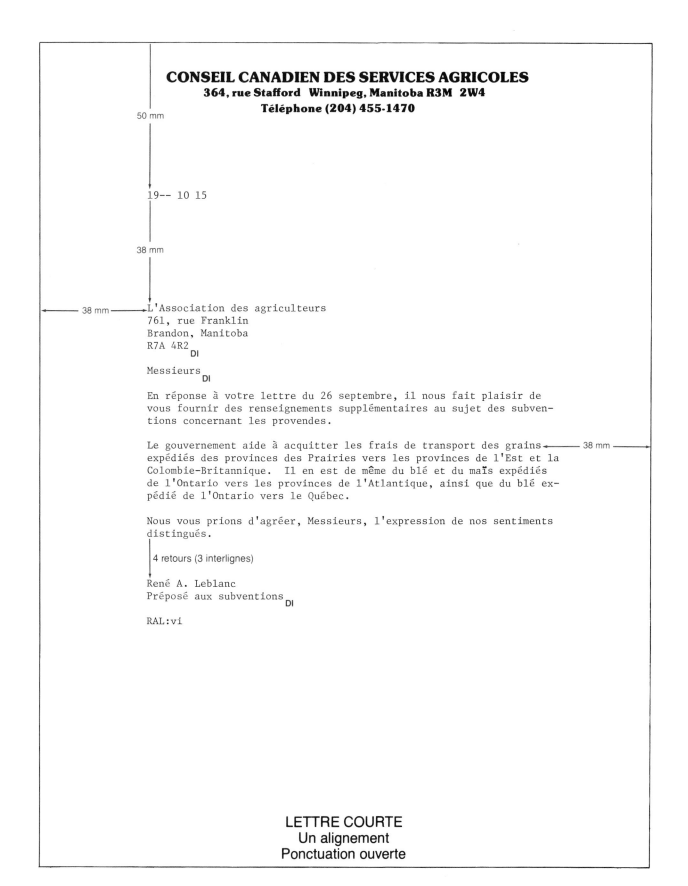

CONSEIL CANADIEN DES SERVICES AGRICOLES
364, rue Stafford   Winnipeg, Manitoba R3M 2W4
Téléphone (204) 455-1470

50 mm

19-- 10 15

38 mm

←— 38 mm —→ L'Association des agriculteurs
761, rue Franklin
Brandon, Manitoba
R7A 4R2 DI

Messieurs DI

En réponse à votre lettre du 26 septembre, il nous fait plaisir de
vous fournir des renseignements supplémentaires au sujet des subventions concernant les provendes.

Le gouvernement aide à acquitter les frais de transport des grains ←—— 38 mm ——→
expédiés des provinces des Prairies vers les provinces de l'Est et la
Colombie-Britannique. Il en est de même du blé et du maïs expédiés
de l'Ontario vers les provinces de l'Atlantique, ainsi que du blé expédié de l'Ontario vers le Québec.

Nous vous prions d'agréer, Messieurs, l'expression de nos sentiments
distingués.

4 retours (3 interlignes)

René A. Leblanc
Préposé aux subventions DI

RAL:vi

LETTRE COURTE
Un alignement
Ponctuation ouverte

entre 23 et 25°C. D'autres déclarent que l'air sec cause des problèmes respiratoires et que nous sommes en meilleure santé lorsque l'humidité relative est à 40% au maximum et la température de 21°C. (¶) Le débat sur l'humidité a pris récemment une signification financière, car certaines personnes ont suggéré qu'en augmentant le taux d'humidité dans la maison, nous pourrions maintenir confortablement une température plus basse. Cette pensée signifie un confort froid pour la plupart des Canadiens qui, dans un but d'économie, ont déjà baissé leurs thermostats. Il est probable que toute maison bien humidifiée est plus confortable et que nous pouvons nous habituer à des températures plus froides en modifiant certaines de nos habitudes et non le taux d'humidité.

RAPPORT NON BROCHE DE DEUX PAGES

Notez bien: La marge au bas de la page—

Laissez 25 mm au bas de la page. Indiquez cette marge par une marque au crayon ou en utilisant une feuille guide.

Notez bien: L'en-tête de la deuxième page et des pages subséquentes—

Notez bien: Un exemple d'une feuille guide se trouve à la page 373. Ce guide est utile pour dactylographier des rapports de plus d'une page.

VI.10 Dactylographiez le texte suivant dans un rapport non broché de deux pages.

L'ILE D'ORLEANS

L'île d'Orléans, que poètes, écrivains, artistes et photographes ont rendu célèbre, est un site romantique situé en aval de Québec. Elle est symbole des débuts du Canada français, ainsi que de l'indomptable courage des pionniers de la Nouvelle-France. (¶) Ses habitants sont restés fermement attachés à leurs traditions ancestrales malgré tout le confort moderne dont ils se sont entourés. C'est presqu'un pèlerinage que d'effectuer le tour de cette petite île où de vénérables maisons et l'authentique caractère du vieux Canada français charment le touriste. Il est probable que celui-ci ne peut entrer en contact plus intime, nulle part ailleurs sur ce continent, avec la vie rurale d'antan. (¶) Jacques Cartier, le découvreur du Canada, donna à ce joyau le nom d'île de Bacchus, à cause des vignes qu'il y trouva en quantité. Plus tard, cette appellation fut changée en île d'Orléans, en l'honneur du duc de ce nom. (¶) La longueur de l'île d'Orléans est de 34 km et sa largeur d'environ 8 km. Le chemin qui ceinture l'île a un parcours total de 68 km. Le pont qui relie l'île à la terre ferme a été construit en 1935. Auparavant, les seules communications se faisaient par bateau en été et au moyen d'un pont de glace pendant la saison froide. (¶) L'île d'Orléans est renommée pour la culture des fruits. Celle-ci constitue la principale source de revenu de la population. La récolte y est évaluée annuellement à plus d'un quart de million de dollars. Les fraises de l'île sont particulièrement recherchées. On y trouve également des prunes et des pommes en abondance. Beaucoup de fruits y croissent grâce à des arbres et des plantes dont l'origine remonte à des graines apportées de France par les premiers colons.

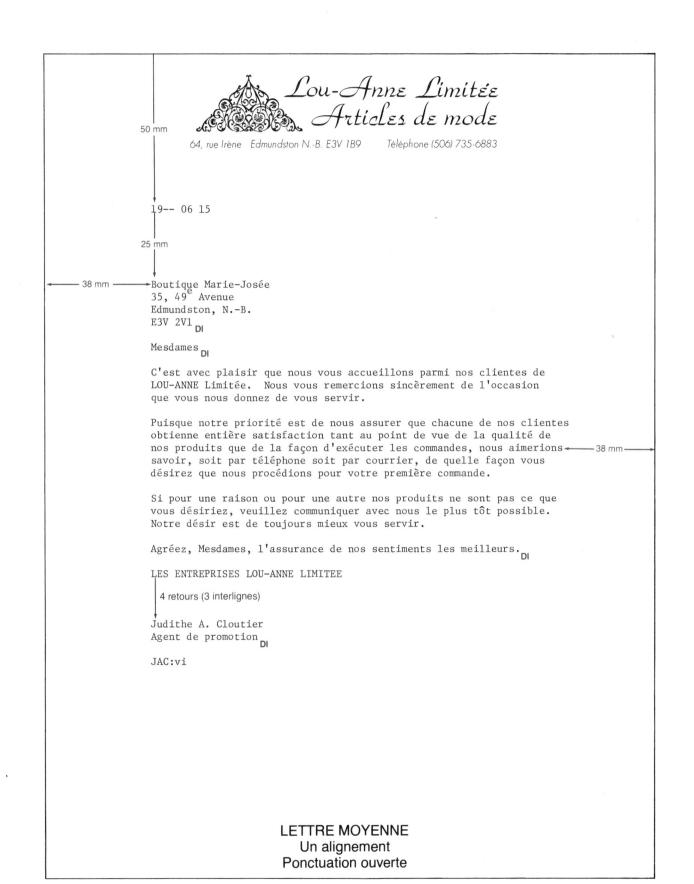

Lou-Anne Limitée
Articles de mode

64, rue Irène   Edmundston N.-B. E3V 1B9   Téléphone (506) 735-6883

50 mm

19-- 06 15

25 mm

38 mm

Boutique Marie-Josée
35, 49ᵉ Avenue
Edmundston, N.-B.
E3V 2V1 DI

Mesdames DI

C'est avec plaisir que nous vous accueillons parmi nos clientes de
LOU-ANNE Limitée. Nous vous remercions sincèrement de l'occasion
que vous nous donnez de vous servir.

Puisque notre priorité est de nous assurer que chacune de nos clientes
obtienne entière satisfaction tant au point de vue de la qualité de
nos produits que de la façon d'exécuter les commandes, nous aimerions
savoir, soit par téléphone soit par courrier, de quelle façon vous
désirez que nous procédions pour votre première commande.   38 mm

Si pour une raison ou pour une autre nos produits ne sont pas ce que
vous désiriez, veuillez communiquer avec nous le plus tôt possible.
Notre désir est de toujours mieux vous servir.

Agréez, Mesdames, l'assurance de nos sentiments les meilleurs. DI

LES ENTREPRISES LOU-ANNE LIMITEE

4 retours (3 interlignes)

Judithe A. Cloutier
Agent de promotion DI

JAC:vi

LETTRE MOYENNE
Un alignement
Ponctuation ouverte

VI.8 Dactylographiez l'article qui suit dans un rapport non broché d'une page.

L'INFOR-MOBILE

Tous les consommateurs ont besoin de conseils, ou tout au moins d'information, pour faire judicieusement leurs achats; des conseils du genre sont à la disposition de tous pourvu qu'ils habitent une grande agglomération. (¶) Les services d'information se demandent par quels moyens ils pourraient pénétrer dans les campagnes et communiquer avec les habitants des régions isolées. La Nouvelle-Ecosse a essayé de résoudre ce problème d'une manière originale, en transformant un ancien autobus désaffecté en un centre d'information ambulant à l'usage des consommateurs de l'ouest de cette province. (¶) Dans les villages, l'infor-mobile s'arrête le plus près possible de la rue principale. L'intérieur de l'infor-mobile ressemble à un petit bureau. Les consommateurs peuvent s'asseoir et discuter de leurs problèmes avec les employés chargés de les renseigner. A l'arrière, sur des étalages, sont rangés des dossiers contenant des dépliants, des prospectus et toutes autres sources d'information pour éclairer celui qui désire éventuellement acheter des denrées alimentaires, des appareils électro-ménagers, des voitures ou d'autres marchandises, et le conseiller sur la gestion du budget. (¶) Les intéressés ont toute liberté de venir fouiller dans ces dossiers pour y trouver les articles de leur choix. Les employés les aident à trouver ce qu'ils désirent ou à interpréter la documentation qu'ils ont dénichée eux-mêmes et s'efforcent de satisfaire aux besoins de chacun.

VI.9 Dactylographiez l'article qui suit dans un rapport non broché d'une page.

L'humidité et l'hiver

Chaque enfant connaît les ingrédients de cette vengeance inoffensive : caresser d'abord le chat jusqu'à ce que ses poils crépitent d'électricité statique, le frotter ensuite sur le tapis et toucher ensuite le nez de son inconsciente victime. Wow! Les deux ressentent les décharges électriques. Ce truc réussit bien mieux en hiver qu'en été en raison du manque d'humidité. (¶) Même si les hommes de science dans les milieux médicaux et académiques n'ont pas réussi à se mettre d'accord sur le caractère inoffensif d'une faible humidité, beaucoup d'entre nous avons eu des mains gercées et des cheveux électrisés et les avons attribués au manque d'humidité. Une école de pensée scientifique déclare que les humains sont heureux lorsque l'humidité relative se situe entre 25 et 60 % et la température

(Suite à la page suivante)

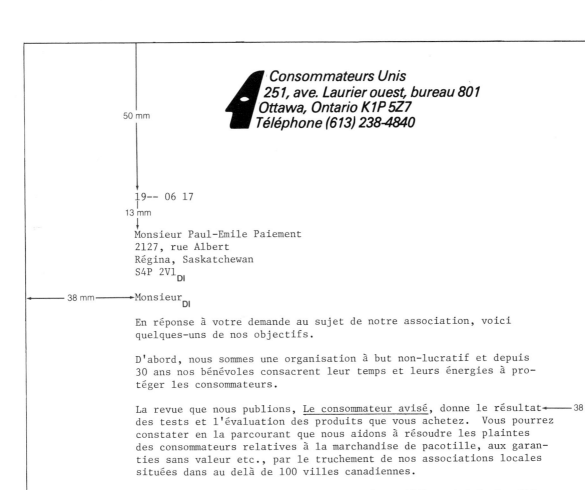

50 mm

19-- 06 17

13 mm

Monsieur Paul-Emile Paiement
2127, rue Albert
Régina, Saskatchewan
S4P 2V1 DI

←——— 38 mm ———→ Monsieur DI

En réponse à votre demande au sujet de notre association, voici
quelques-uns de nos objectifs.

D'abord, nous sommes une organisation à but non-lucratif et depuis
30 ans nos bénévoles consacrent leur temps et leurs énergies à protéger les consommateurs.

La revue que nous publions, Le consommateur avisé, donne le résultat ←—— 38 mm ——→
des tests et l'évaluation des produits que vous achetez. Vous pourrez
constater en la parcourant que nous aidons à résoudre les plaintes
des consommateurs relatives à la marchandise de pacotille, aux garan-
ties sans valeur etc., par le truchement de nos associations locales
situées dans au delà de 100 villes canadiennes.

Nous nous opposons aux hausses des tarifs de l'électricité, du téléphone et de la câblodiffusion. Nous faisons connaître les besoins
des consommateurs aux responsables des décisions tant au niveau fédéral
que provincial.

Nous espérons que ces quelques renseignements au sujet de notre association sauront vous satisfaire.

Veuillez agréer, Monsieur, l'expression de nos sentiments les plus
distingués.

4 retours (3 interlignes)

Hélène M. Carrière
Agent de publicité DI

HMC:vi

LETTRE LONGUE
Un alignement
Ponctuation ouverte

50 mm

LA LOI ET LE CITOYEN_{TI}

Taquet

Le citoyen canadien doit bien se renseigner avant d'entreprendre quoi que_{DI}
5 espaces

25 mm

ce soit et être sûr de ses droits car il est légalement tenu de connaître la

loi. Le code criminel du Canada stipule que "Nul n'est censé ignorer la loi."

Un contrat qui contrevient à la loi n'est plus exécutoire même si l'infraction

est due au fait que le contrevenant n'était pas au courant de la loi. Et la

loi impose toutes sortes de devoirs aux citoyens--qui sont, par exemple, tenus

de faire leurs déclarations d'impôts, de remplir les formulaires de recensement 25 mm

et, dans certaines villes, d'enlever la neige du trottoir, devant chez eux.

Et pourtant, bien que le citoyen soit légalement obligé de connaître la

loi, il a peu de moyens de se renseigner sur les questions juridiques. Les

trois solutions suivantes méritent d'être envisagées: éduquer le public, créer

un bureau de consultation juridique et publier une encyclopédie à l'usage des

profanes.

Des cours de droit élémentaire devraient figurer dans les programmes sco-

laires. Certaines écoles en ont déjà. Cependant, l'enseignement du droit ne

devrait pas être cantonné dans les établissements scolaires mais s'adresser aussi

aux adultes. Comme les lois changent constamment, le bon citoyen doit, toute sa

vie durant, se tenir au courant de leur évolution.

Pour répondre à ce besoin, des cours de droit se donnent maintenant dans le

cadre des programmes d'éducation permanente de la plupart des grandes villes cana-

diennes.

RAPPORT D'UNE PAGE
(caractère élite)

V.17 Dactylographiez la lettre qui suit; faites-la à un alignement et avec ponctuation ouverte. Faites-en une copie au carbone pour vos dossiers et préparez l'enveloppe.

Adresse du destinataire: Madame Solange Michel
1327, rue des Pins
Wolfville, N.-E.
B0P 1X0

Appel: Madame

Corps:
Nous vous remercions de votre lettre du 23 octobre au sujet de votre bague.

Malheureusement, nous ne pouvons vous donner les renseignements que vous désirez sans avoir, au préalable, examiné la bague en question. Si cette bague a déjà vu plusieurs années, elle perdrait de sa valeur si nous la remontions. Cependant, si cela est votre désir, nous pourrions vous fournir différents modèles de monture.

Dans ce cas, nous vous suggérons de nous faire parvenir votre bague par courrier recommandé.

Salutation:
Agréez, Madame, l'expression de nos meilleurs sentiments.

Entreprise: AU NID DU BIJOU

Nom: Michel M. Dion

Titre: Préposé aux réparations

LETTRE DE DEUX PAGES

V.18 Lisez attentivement les instructions à la page 163 pour dactylographier une lettre de deux pages. Ensuite, dactylographiez la lettre de deux pages qui suit. Faites-en une copie au carbone pour vos dossiers et préparez l'enveloppe.

Adresse du destinataire: Madame Jacqueline Lévesque
1427, chemin Ogilvie
Ottawa, Ontario
K1J 8M7

Appel: Madame

Corps:
Pour faire suite à notre conversation téléphonique du mardi 28 avril, il nous fait plaisir de vous envoyer sous pli séparé le contrat relatif aux réservations faites en votre nom pour le congrès annuel de la Société d'études et de conférences les 25, 26, 27 juin prochains. (¶) Tel qu'entendu, vous aurez à votre disposition cinq salles de réunion et 75 chambres pour la durée du congrès ainsi que la grande salle de bal

Notez bien: Le symbole (¶) indique le début d'un nouveau paragraphe.

(Suite à la page suivante)

MODULE V/Lettres d'affaires

RAPPORT D'UNE PAGE

VI.7 L'organigramme qui suit indique comment dactylographier un rapport. Etudiez-le et, ensuite, dactylographiez le rapport à la page 206 (rapport d'une page, non broché).

Notez bien: Pour savoir préparer une feuille guide, voyez la page 373.

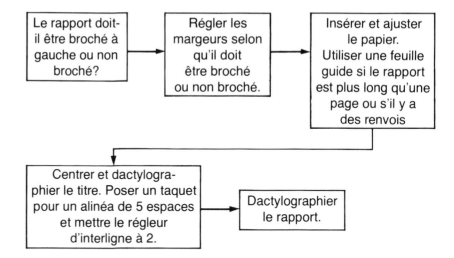

Le rapport doit-il être broché à gauche ou non broché? → Régler les margeurs selon qu'il doit être broché ou non broché. → Insérer et ajuster le papier. Utiliser une feuille guide si le rapport est plus long qu'une page ou s'il y a des renvois

Centrer et dactylographier le titre. Poser un taquet pour un alinéa de 5 espaces et mettre le régleur d'interligne à 2. → Dactylographier le rapport.

GUIDE POUR DACTYLOGRAPHIER UN RAPPORT

Papier: *Utiliser le papier standard P4*

Marges:		Non broché	Broché à gauche
	Droite	25 mm	25 mm
	Bas	25 mm	25 mm
	Gauche	25 mm	38 mm
	1ère page (haut)	50 mm	50 mm
	Pages subséquentes (haut)	25 mm	25 mm

Pagination: *Première page—aucune*
Deuxième page et pages subséquentes—13 mm du haut de la feuille et à la marge droite. Ne pas mettre de point après le chiffre.

Interlignes: *Mettre le régleur d'interligne à 2 et poser un taquet pour un alinéa de 5 espaces.*

Titres:
Majeur—*Centré et tout en LETTRES MAJUSCULES, suivi de trois interlignes (TI), sauf s'il est suivi d'un sous-titre. Dans ce cas, ne laisser que deux interlignes (DI) entre le titre majeur et le sous-titre et trois interlignes (TI) entre le sous-titre et le texte.*

Sous-titre—*Les sous-titres sont centrés, précédés de trois interlignes (TI) et suivis de deux (DI) interlignes.*

Intertitres—*Les intertitres sont dactylographiés à la marge gauche et soulignés. Ils sont précédés de trois interlignes (TI) et suivis de deux interlignes (DI).*

Paragraphes—*L'en-tête d'un paragraphe est en retrait de 5 espaces, souligné, suivi d'un point et de deux espaces.*

pour la soirée du 26 juin. (¶) Veuillez signer les deux copies du contrat et les retourner à notre bureau. Dès que nous aurons reçu ces copies nous vous en retournerons une dûment signée par le directeur de l'hôtel. (¶) Puisque votre congrès aura lieu une fin de semaine, il nous fait plaisir de vous offrir notre tarif spécial de $27 pour une chambre simple et de $32 pour une chambre double. Aussi, puisque vous avez réservé plus de dix chambres, nous vous offrons sans frais une salle de réunion qui peut contenir 20 personnes. Si toutefois vous avez besoin d'une plus grande salle, nous pourrions en mettre une à votre disposition pour $37.50 tel qu'entendu lors de notre conversation de mardi. (¶) Si vous désirez du café, le prix est de 40 cents la tasse. Nous vous enverrons très bientôt quelques suggestions de menus et autres brochures concernant les activités de l'hôtel. (¶) Nous vous remercions de l'intérêt que vous démontrez à l'égard de l'Hôtel Bel Air d'Ottawa et espérons avoir le plaisir de vous rencontrer bientôt pour discuter de l'organisation de votre congrès dans tous les détails. (¶) Si d'ici là vous avez besoin de renseignements supplémentaires au sujet de la tenue de votre congrès, n'hésitez pas à nous téléphoner. Nous serons heureux de pouvoir vous être utiles en tout temps. (¶) Veuillez agréer, Madame, l'expression de nos sentiments les plus distingués.

Nom: Yves Jasmin
Titre: Représentant des ventes

Notez bien: Lettre de deux pages, en-tête de la deuxième page —

Modèle recommandé pour une lettre à deux ou à trois alignements.

Modèle recommandé pour une lettre à un alignement.

LETTRE DE DEUX PAGES

1. *Utiliser les mêmes mesures de ligne et de marges que pour une lettre longue. (Voir le tableau à la page 147.)*

2. *Faire une marque légère, au crayon, à 38 mm environ du bas de la page. (Une feuille guide peut être utilisée. Voir l'Appendice B, page 373.)*

3. *Le dernier paragraphe de la première page doit contenir au moins deux lignes. Le dernier mot ne doit pas être coupé.*

4. *Au moins deux lignes dactylographiées doivent apparaître au haut de la deuxième page.*

5. *Laisser une marge d'au moins 25 mm au haut de la deuxième page. L'en-tête de la deuxième page est suivie d'un triple interligne (TI).*

6. *Employer toujours du papier sans en-tête pour la deuxième page ainsi que pour les pages subséquentes.*

2. 10 à 20 ans
3. 21 à 30 ans
4. 31 à 40 ans
5. 41 à 50 ans
6. 51 à 60 ans
7. 60 ans et plus

B. Le sexe
  1. masculin
  2. Féminin

V. L'analyse des emplois

A. Les mines
B. Le gouvernement
C. Autres

VI.6 Dactylographiez les renseignements qui suivent en forme de plan.

Le hockey LNH

Les joueurs
  Six par équipe : un gardien de but, deux défenseurs, trois avants.

  Règlement pour la substitution des joueurs : aucun arrêt de jeu pour les substitutions, aucune substitution pour un joueur pénalisé.

La patinoire
  Dimensions : 60,96 m x 25,9 m
  Lignes et zones : deux lignes bleues divisent la patinoire en trois zones — défensive, neutre et offensive. La ligne rouge du centre sépare la patinoire en deux.

Le jeu
  Objectif : compter le plus de buts possibles ; empêcher l'équipe adverse de compter.
  Durée : trois périodes de 20 minutes de jeu.
  Pointage : un point par but compté.

V.19 Dactylographiez la lettre qui suit; faites-la à un alignement et avec ponctuation ouverte. Faites-en une copie au carbone et préparez l'enveloppe.

Adresse du destinataire: Monsieur Jean-Yves Legault
Un, rue Grove
Dartmouth, N.-E.
B3A 3C5

Appel: Monsieur
Corps:

Puisque vous n'avez pu vous rendre au dernier congrès de l'Association des gens de la terre, je vous envoie sous pli séparé le dernier rapport annuel. (¶) Ce rapport comprend différents renseignements concernant l'AGT, les états financiers pour l'année 19-- ainsi qu'une liste des membres pour l'année en cours. (¶) J'espère que votre état de santé s'améliorera et que l'AGT aura le plaisir de vous revoir très bientôt. (¶) Je vous prie d'accepter, Monsieur, l'expression de mes meilleurs sentiments.

Nom: Pierre-Paul Voghel
Titre: Service des relations publiques

V.20 Dactylographiez la lettre qui suit; faites-la à un alignement et avec ponctuation ouverte. Faites-en une copie au carbone pour vos dossiers et préparez l'enveloppe.

Adresse du destinataire: Collège communautaire de Red River
2055, avenue Notre Dame
Winnipeg, Manitoba
R3H 0J9

Appel: Messieurs
Corps:

Suite à votre demande, nous vous expédions sous pli séparé cinq copies de notre revue.

Selon notre politique et pour ce qui est des articles généraux, on peut reproduire totalement ou partiellement les textes en autant qu'on fait mention de la source. Cette autorisation comporte néanmoins un paiement minimum de $10.

Pour ce qui est des résultats d'examens, nous ne pouvons en autoriser la reproduction en aucun cas.

(Suite à la page suivante)

Le transport et le stationnement
La protection du citoyen

Les possibilités de développement
Les industries avoisinantes
La concurrence
Le loyer
L'accès aux fournisseurs

Les centres commerciaux
Les centres commerciaux régionaux
Les centres commerciaux locaux
Les petits commerces
Les centres commerciaux de banlieue

L'édifice

Les détails physiques
Les dimensions
La construction
A l'épreuve du bruit
A l'épreuve du feu
A l'épreuve des intempéries

Le chauffage
Les fenêtres
Les entrées et les sorties
L'entrée principale
L'entrée des employés
Les sorties d'urgence
Le quai de chargement

Les amorces
Les allées larges
Les planchers attrayants
L'éclairage
L'air climatisé

VI.5 Dactylographiez le plan qui suit.

La démographie de Yellowknife

I. L'historique de la ville.
II. Le développement de la ville
III. La répartition de la population
A. Les nouvelles villes
B. Les anciennes villes
C. Les villages
D. Les réserves
IV. L'analyse de la population selon l'âge et selon le sexe
A. L'âge
1. 0 à 9 ans

(Suite à la page suivante)

Veuillez agréer, Messieurs, l'expression de nos sentiments distingués.

Nom: Micheline L. Gérard

Titre: Service d'information

V.21 Dactylographiez la lettre qui suit; faites-la à un alignement et avec ponctuation ouverte. Faites-en une copie au carbone pour vos dossiers et préparez l'enveloppe.

Adresse du destinataire: Madame Germaine de Varenne
120, rue Fairford ouest
Moose Jaw, Saskatchewan
S6H 1V6

Appel: Madame

Corps:

Nous vous remercions sincèrement de votre lettre louangeant notre façon d'emballer le fromage Cheddar. (¶) Je peux vous assurer que les employé(e)s préposé(e)s à l'emballage ont grandement apprécié vos remarques. Il nous fait toujours plaisir de recevoir des commentaires aussi élogieux de nos clients. (¶) Veuillez agréer, Madame, l'expression de nos sentiments les plus sincères.

Nom: Raymond L. Mageau

Titre: Service de la publicité

V.22 Dactylographiez la lettre qui suit et qui sera signée par M.–R. Sirois, gérant de la Compagnie Centurion du Canada; faites-la à un alignement et avec ponctuation ouverte. Faites-en une copie au carbone et préparez l'enveloppe.

Adresse du destinataire: Magasin La Liberté et Fils Ltée.
9, rue Fernand
Corner Brook, T.–N.
A2H 1A8

(Suite à la page suivante)

2. Secondaires
   a. livres
   b. questionnaires
   c. interviews
   d. registres
B. La valeur des sources
   1. Exactitude des observations
   2. Renseignements écrits
      a. sur l'auteur
      b. sur l'oeuvre
IV. <u>La rédaction du rapport</u>
A. Complet
B. Concis
C. Clair
   1. Facile à lire
   2. Intellectuellement honnête
D. Style
   1. Simple
   2. Phrases et paragraphes courts

VI.3   Dactylographiez les renseignements qui suivent dans un plan bien disposé.

L'INITIATION A LA CONSOMMATION

<u>L'argent</u>

1. Le budget: le revenu, les dépenses, l'épargne
2. Les épargnes: les banques commerciales, les caisses populaires, les certificats, les obligations, l'assurance sur la vie, les fonds mutuels
3. Les emprunts: le crédit, la solvabilité, les sources de prêts
4. Les caisses de retraite: la pension de vieillesse, le régime des rentes

<u>Les achats</u>
1. Une maison: loyer, neuve, usagée
2. Une automobile: neuve, usagée, familiale
3. Les nécessités: vêtement, nourriture, meubles, appareils ménagers

VI.4   Dactylographiez les renseignements qui suivent dans un plan bien disposé.

L'ETABLISSEMENT D'UN COMMERCE

<u>Le choix de l'emplacement</u>

Le quartier
   Les citoyens
      La population
      Le revenu
      La dimension des familles

   Les services
      Les banques
      La publicité

(Suite à la page suivante)

Corps:

Nous regrettons de ne pouvoir répondre à votre demande. Présentement, nous ne possédons pas de catalogue général. La dernière édition est épuisée depuis longtemps. Des circonstances imprévues nous obligent à retarder la publication de la nouvelle édition malgré les nombreuses demandes qui s'en sont faites. (¶) Cependant, si vous nous indiquez la nature des articles qui vous intéressent, nous nous empresserons de vous fournir la documentation que nous possédons dans un court délai. Il est entendu qu'une telle correspondance ne comporte aucun engagement de votre part. (¶) Nous restons dans l'attente de votre commande. (¶) Veuillez agréer, Messieurs, l'expression de nos sentiments distingués.

Autovérification

La lettre a-t-elle la date, l'adresse du destinataire, l'appel, le corps, la salutation, le nom du signataire dactylographié, son titre et les initiales d'identification?

V.23 Dactylographiez la lettre qui suit et qui sera signée par René J. Cyr, surintendant; faites-la à un alignement et avec ponctuation ouverte. Faites-en une copie au carbone et préparez l'enveloppe.

Adresse du destinataire: Monsieur D.J. Leroux
Agent agricole
Ministère de l'Agriculture
Spruce Grove, Alberta
T0E 2C0

Corps:

L'histoire de la production du fromage au Canada est longue et intéressante. À la fin de la deuxième guerre mondiale, la quantité de lait utilisée pour la fabrication du fromage a diminué, mais depuis une douzaine d'années, elle est de nouveau à la hausse. Environ 94% de cette production provient de l'Ontario et du Québec.

Il est encourageant de constater que, par personne, la consommation du fromage va en augmentant, ce qui en

(Suite à la page suivante)

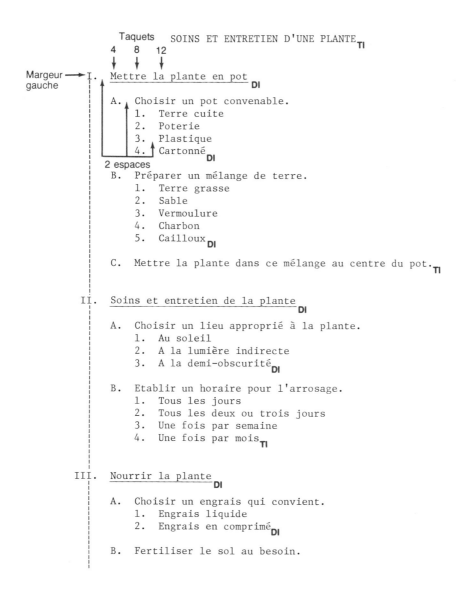

<pre>
                    Taquets   SOINS ET ENTRETIEN D'UNE PLANTE_TI
                     4   8   12
                     ↓   ↓   ↓
Margeur ──→ I. Mettre la plante en pot
gauche   DI

                A. Choisir un pot convenable.
                    1. Terre cuite
                    2. Poterie
                    3. Plastique
                    4. Cartonné_DI
            2 espaces
                B. Préparer un mélange de terre.
                    1. Terre grasse
                    2. Sable
                    3. Vermoulure
                    4. Charbon
                    5. Cailloux_DI

                C. Mettre la plante dans ce mélange au centre du pot._TI

        II. Soins et entretien de la plante
                                              DI

                A. Choisir un lieu approprié à la plante.
                    1. Au soleil
                    2. A la lumière indirecte
                    3. A la demi-obscurité_DI

                B. Etablir un horaire pour l'arrosage.
                    1. Tous les jours
                    2. Tous les deux ou trois jours
                    3. Une fois par semaine
                    4. Une fois par mois_TI

        III. Nourrir la plante_DI

                A. Choisir un engrais qui convient.
                    1. Engrais liquide
                    2. Engrais en comprimé_DI

                B. Fertiliser le sol au besoin.
</pre>

PLAN OU ESQUISSE
(Centré verticalement et horizontalement)

fait l'un des seuls produits laitiers pour lesquels la demande s'accroît. Les nouveaux Canadiens, originaires de pays où le fromage forme une partie importante de l'alimentation, ont conservé la plupart de leurs habitudes alimentaires. Les Canadiens d'origine commencent, eux aussi, à prendre goût à des fromages variés.

J'espère que ces détails sauront vous aider dans votre travail de recherche et vous prie d'agréer, Monsieur, l'expression de mes meilleurs sentiments.

V.24 Dactylographiez la lettre qui suit et qui sera signée par Jacques-M. Martin de la Société Bergeron, Martin, Riel & Associés; faites-la à un alignement et avec ponctuation ouverte. Faites-en une copie au carbone et préparez l'enveloppe.

Adresse du destinataire: Monsieur Serge Thériault
La Compagnie Voie-Rapide
1650, rue Evangeline
London, Ontario
N5W 3G7

Corps:
Nous avons récemment terminé notre vérification des états financiers de La Compagnie Voie-Rapide pour l'exercice terminé le 31 décembre 19--. Au cours de notre travail, nous avons porté une attention spéciale à l'examen du système comptable et du contrôle interne. Nous vous offrons les suggestions suivantes qui, à notre avis, devraient améliorer l'efficacité de votre service comptable. (¶) Les recettes parviennent directement à l'employé responsable des registres de caisse et du grand livre auxiliaire des comptes-clients. Afin de resserrer le contrôle

(Suite à la page suivante)

PLAN OU ESQUISSE

Un **plan** ou une **esquisse** est souvent utilisé pour résumer les grandes lignes d'un sujet ou pour donner des renseignements d'une manière précise et très simplifiée.

Notez bien: La ponctuation—

Si le titre, les sous-titres ou les intertitres sont des phrases complètes, insérez un point. S'ils ne sont pas des phrases complètes, ne mettez aucun signe de ponctuation.

Notez bien: Pour numéroter un plan—

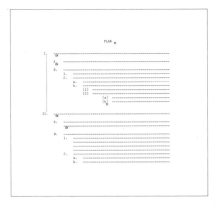

(Ne faites pas de division ou de sous-division à moins que celles-ci ne comportent deux ou trois points.)

VI.1 Dactylographiez une copie du plan SOINS ET ENTRETIEN D'UNE PLANTE qui se trouve à la page suivante.

Centrez ce plan horizontalement et verticalement. (L'organigramme à la page 128 indique comment procéder pour le centrage vertical et horizontal.)

COMMENT DACTYLOGRAPHIER UN PLAN

1. *Centrer le plan verticalement et horizontalement. En centrant la ligne la plus longue, y inclure le premier chiffre romain.*
2. *Mettre le margeur gauche au premier chiffre romain.*
3. *Centrer et dacylographier le titre tout en LETTRES MAJUSCULES et faire suivre d'un triple interligne (TI).*
4. *Les sous-titres sont dactylographiés deux espaces après le chiffre romain et soulignés. Ils sont précédés d'un triple interligne (TI) et suivis d'un double interligne (DI).*
5. *Aligner les chiffres romains en commençant par la droite; utiliser le passe-marges et le rappel arrière pour dactylographier à gauche du margeur gauche. Mettre un point après chaque chiffre romain et chaque lettre et laisser deux espaces après un point.*

VI.2 Dactylographiez le plan qui suit.

LA REDACTION D'UN RAPPORT
- I. L'objectif du rapport
  - A. Information
  - B. Renseignements en vue d'une décision
    - 1. Avec diagnostic
    - 2. Avec recommandations
- II. La forme du rapport
  - A. Narration
    - 1. Chronologique (causes, origine, suite d'épisodes, résultats, conclusion)
    - 2. Episodique (série d'événements)
  - B. Recherche
    - 1. Le but à atteindre
    - 2. Les facteurs influant sur le résultat à atteindre
    - 3. Les moyens
      - a. que l'on peut adopter
      - b. que peut adopter l'adversaire
    - 4. Le plan
  - C. Compilation de données
- III. La collecte des données
  - A. Les sources
    - 1. Primaires
      - a. observation
      - b. expérimentation

(Suite à la page 202)

sur les recettes, nous suggérons deux choses. Premièrement, que la personne qui reçoit le courrier estampille l'endossement de la compagnie sur les chèques reçus avant de les envoyer au service de la comptabilité. Deuxièmement, qu'une personne non reliée aux fonctions recettes, s'assure que le total des montants reçus pour la journée correspond bien au montant du dépôt quotidien tel que reçu par la banque. (¶) Les pièces justificatives (factures) ne sont pas, lors de leur paiement, marquées de façon à éviter qu'elles soient utilisées de nouveau. Les chèques signés sont retournés au service de comptabilité avant d'être mis à la poste. (¶) Nous recommandons que la personne responsable pour l'autorisation du paiement des factures des fournisseurs y appose ses initiales en signe d'approbation. Le deuxième signataire, qui n'est pas relié au service de la comptabilité, devrait s'assurer que les factures et autres pièces justificatives sont marquées, en sa présence, de façon à éviter qu'elles ne soient présentées de nouveau pour paiement. Les chèques signés devraient être postés par la secrétaire du second signataire plutôt que d'être retournés au service de la comptabilité. (¶) Nos sondages de transactions de caisse ont révélé que plusieurs chèques avaient été faits à l'ordre de "la caisse". Afin d'améliorer le contrôle sur cet aspect, la pratique d'émettre des chèques à l'ordre de "la caisse" ou "au porteur" devrait être éliminée. (¶) Il nous fera plaisir de discuter avec vous de toute question que vous pourriez avoir concernant ces suggestions. (¶) Veuillez agréer, Monsieur, l'assurance de nos sentiments les plus distingués.

DIFFERENTS MODELES DE LETTRES ET FORMES DE PONCTUATION

V.25 Dactylographiez la lettre à la page 169; faites-la à trois alignements et avec ponctuation courante. Faites-en une copie au carbone et préparez l'enveloppe.

V.26 Dactylographiez la lettre à la page 170; faites-la à trois alignements et avec ponctuation courante. Faites-en une copie au carbone et préparez l'enveloppe.

3. La continuité. Choisissez et dactylographiez un paragraphe ou deux aux pages 44 à 58.

4. Les esquisses, plans, dissertations et rapports. Les exercices du Module VI.

Supplémentaire:

La composition. Choisissez et dactylographier un certain nombre des exercices AID aux pages 238 à 240.

RESUME DES EXERCICES DU MODULE VI

APPLICATIONS PRINCIPALES

Bibliographie	16 à 20, 22, 31, 32
Page de titre	26, 27, 31, 32
Plan ou esquisse	1 à 6
Rapport (plus d'une page)	10 à 15, 19, 20, 22, 30 à 32
Rapport (une page)	7, 8, 9
Références entre parenthèses	19, 20, 32
Renvois et notes bibliographiques	21, 22, 31
Table des matières	23 à 25, 31, 32

APPLICATIONS SPECIALES

Brouillon	28 à 30
Copie manuscrite	5, 6, 9, 12, 15, 20, 25, 27
Copie mécanographique . .	18, 24, 29
Enumérations	13, 20
Exercices non disposés . .	2 à 6, 8 à 12, 14, 15, 17 à 20, 22, 24 à 27, 30, 31, 32
Rapport broché à gauche .	11, 13, 15, 17, 20, 22, 24, 25, 27, 30, 32
Rapport non broché	7 à 10, 12, 14, 16, 18, 19, 21, 23, 26, 31
Titres	13 à 15, 31, 32

La Banque des Provinces
325, chemin de Montréal
Vanier, Ontario
K1L 6B4

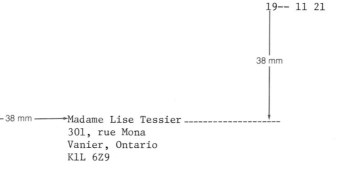

19-- 11 21

38 mm

←── 38 mm ──→ Madame Lise Tessier
301, rue Mona
Vanier, Ontario
K1L 6Z9

Madame,

    Nous accusons réception de votre lettre du 9 novembre dernier.
Malheureusement, il nous est impossible de vous faire parvenir les
pièces que vous avez demandées vu que toute correspondance et/ou
document interne ou externe doivent être gardés strictement confidentiels.

    Nous vous remercions néanmoins d'avoir pensé à la Banque des
Provinces et espérons que votre travail sera couronné de succès.

    Veuillez agréer, Madame, l'expression de nos sentiments les
meilleurs.

                    Jean D. Archambault
                    Service aux clients

JDA:vi

LETTRE COURTE
Trois alignements
Ponctuation courante

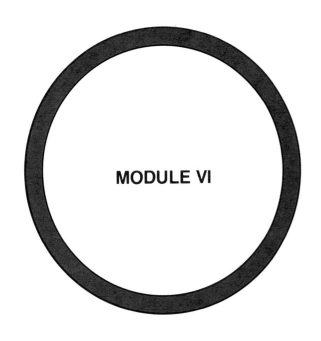

MODULE VI

PLANS ET RAPPORTS

OBJECTIFS

1. Apprendre et mettre en application les règles relatives à la dactylographie des plans et des rapports.

2. Apprendre comment indiquer les sources des citations au moyen des renvois et des notes bibliographiques.

3. Maîtriser la dactylographie des titres et des sous-titres.

4. Maîtriser la dactylographie et la mise au propre d'un brouillon en faisant les corrections indiquées par les signes typographiques conventionnels.

ACTIVITES QUOTIDIENNES

Préliminaire:

La date courante. Dactylographiez trois lignes de la date courante comme suit:

		↓taquet		↓taquet	
19__	05 21	19__	05 25	19__	05 21
19__	05 21	19__	05 21	19__	05 21
19__	05 21	19__	05 21	19__	05 21

Principales:

CONTENU

Le Module VI initie l'étudiant à la dactylographie des plans et des rapports et à la disposition des différentes parties de ceux-là.

1. L'identification de votre travail. Dactylographiez votre nom, le titre du cours et la date courante.

2. La vitesse et la précision. Choisissez et dactylographiez quelques phrases contenant les chiffres, les signes et les symboles aux pages 104 à 112.

**Centre
des services
de la Santé**

572, rue Howe
Vancouver, C.-B.
V6C-2E3

19-- 11 27

38 mm

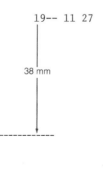

Editions Canadiana Ltée,
1505, chemin Ste-Foy,
Québec, Québec,
G1S 2P1

38 mm

Messieurs,

   Auriez-vous l'obligeance de me faire parvenir une copie de Compré-
hension des mécanismes de défense par R.-H. Leblanc, M.D.

   Il me ferait plaisir de connaître vos autres publications dans le
domaine médical; j'apprécierais, de plus, que mon nom soit ajouté ← 38 mm →
à votre liste d'envoi.

   Agréez, Messieurs, l'assurance de mes sentiments les plus distingués.

                              CENTRE DES SERVICES DE LA SANTE

                              4 retours (3 interlignes)

                              Marie Fournier,
                              Infirmière.

MF:vi

LETTRE COURTE
Trois alignements
Ponctuation fermée

AID 22

Composez et dactylographiez une lettre au bureau des réservations du Chateau Halifax, 1990, rue Barrington, Halifax, N.-E. B3J 1P2, réservant une chambre pour votre patron monsieur Paul Rancourt. M. Rancourt arrivera dans la soirée du 17 avril vers 20:00 et il quittera à midi le 18 avril.

AID 23

Madame Lauriette Lefebvre désire recevoir une copie de la conférence donnée par votre surintendante, mademoiselle Carmen Babin lors de l'assemblée annuelle de l'Association des infirmières du Canada, le 14 janvier. Mlle Babin vous demande de composer et de dactylographier une lettre à Mme Lefebvre la remerciant de son intérêt et lui indiquant que la copie de sa conférence est sous pli. L'adresse de Mme Lefebvre est 34, rue Coronation, St-Jean, T.-N. A1C 5C1.

LETTRE SIMPLIFIEE

V.27 Lisez attentivement les instructions de la dactylographie d'une lettre simplifiée. Dactylographiez la lettre à la page 172; faites-en une lettre simplifiée. Faites-en une copie au carbone et préparez l'enveloppe.

DISPOSITION D'UNE LETTRE SIMPLIFIEE

1. Se référer à la page 146 pour la disposition de la ligne de la date et de l'adresse du destinataire.

2. Supprimer l'appel, la salutation ou formule de courtoisie, le nom de l'entreprise et les initiales du signataire.

3. Dactylographier la lettre à un alignement.

4. Utiliser la ponctuation ouverte.

5. Dactylographier la ligne d'objet en LETTRES MAJUSCULES à trois interlignes de l'adresse du destinataire. Trois interlignes séparent la ligne d'objet du corps de la lettre.

6. Dactylographier le nom du signataire et son titre en LETTRES MAJUSCULES.

Notez bien: La ligne d'objet—

*La mention **objet** résume en quelques mots le sujet de la lettre. Bien que cette mention soit facultative, elle est très utile dans bien des cas.*

V.28 Dactylographiez la lettre qui suit dans la forme simplifiée. Le signataire de cette lettre est Lionel Durant, contrôleur. Faites-en une copie au carbone et préparez l'enveloppe.

Adresse du destinataire: Monsieur Jacques Coulombe
185, avenue Albert
North Bay, Ontario
P1B 7J5

Objet: Police d'assurance numéro 6689

Corps:

Nous désirons vous aviser que le versement annuel sur votre police d'assurance est dû le 30 novembre prochain. (¶) Nous espérons que vous maintiendrez cette assurance en vigueur; si vous désirez y faire quelques changements n'hésitez pas à nous consulter. (¶) Nous vous remercions de la confiance que vous manifestez envers notre entreprise. Nous espérons que nos services sauront toujours vous satisfaire.

Autovérification

La lettre comporte-t-elle la date, l'adresse du destinataire, l'OBJET, le corps, le NOM DU SIGNATAIRE et son TITRE ainsi que les initiales d'identification?

AID 18

Composez et dactylographiez une lettre personnelle à un ami lui racontant une activité de l'école, vos projets de vacances, la dernière joute de hockey ou tout autre événement intéressant. La longueur et le sujet de la lettre sont laissés à l'imagination de chacun.

AID 19

Composez et dactylographiez une lettre personnelle d'invitation à un ami. Choisissez un événement parmi ceux qui suivent ou tout autre au choix.

A. Une partie de ballon panier, de ballon volant ou de hockey.

B. La distribution annuelle des prix.

C. La soirée des finissants—collation des diplômes.

D. La visite d'un groupe musical renommé.

E. Une excursion ou une partie de pêche.

AID 20

En ouvrant le courrier en l'absence de votre patron, monsieur O.-R. Charles, vous prenez connaissance d'une lettre signée par monsieur L.-T. Leroux, éditeur de la section Finances du journal Le Citoyen de votre ville, qui demande à M. Charles de lui faire parvenir ses prédictions sur la situation économique du pays pour l'année qui vient. Répondez à M. Leroux, accusant réception de sa lettre et le mettant au courant de l'absence de votre patron qui se fera sans doute un plaisir de répondre à sa lettre dès son retour, dans deux semaines.

AID 21

Vous êtes dactylo au bureau du personnel d'une entreprise de votre ville. Madame Lise Sirois, 257, rue Lecuyer de votre ville, a demandé une formule de demande d'emploi de votre entreprise. Composez et dactylographiez une lettre à Mme Sirois la remerciant de sa lettre et lui indiquant que la formule demandée est sous pli.

INC. LES PECHEURS

INDEPENDANTS

11, ave. des Marins, Burnaby, C.-B. V5B 1K4 Téléphone (604) 431-5678

19-- 11 28

25 mm

38 mm

L'Association des pêcheurs du Cap
C.P. 4500
Sydney, N.-E.
B1P 6L1

TI

NOUVELLE POISSONNERIE

TI

Nous avons pris connaissance de votre proposition de construire une ← 38 mm →
nouvelle poissonnerie dans votre région. Puisque vous avez travaillé
à ce projet depuis quelques années déjà, vous avez sûrement des détails
qui pourraient nous aider à mieux saisir l'ampleur de votre projet.
Nous aimerions recevoir plus de renseignements sur les points suivants: DI

1. La livraison de pointe
2. Les frais de débarquement
3. L'emplacement de la poissonnerie
4. L'évaluation des coûts de construction
5. La main-d'oeuvre
6. L'évaluation des ventes anticipées
7. Les possibilités de débouchés

DI

Votre visite à notre entreprise lors de votre séjour à Vancouver fut des
plus appréciées. Nous espérons que ce voyage vous a plu et qu'il a répondu à vos attentes.

DI

Il nous fera plaisir d'avoir de vos nouvelles sous peu.

4 retours (3 interlignes)

LAURENT R. BOISVERT, AGENT DE PLANIFICATION DI

vi

LETTRE MOYENNE SIMPLIFIEE

D. Commis à la statistique

Préparation de statistiques; aptitudes pour les mathématiques; dactylographie; compétence en français; temps supplémentaire essentiel.

E. Réceptionniste

Connaissance du standard privé à cordons; appels interurbains; Télex un atout.

F. Vendeur

Professionnel; consciencieux; doigté et entregent; personnalité agréable.

G. Assistant gérant cafétéria

Personne possédant du dynamisme, de l'initiative et de l'expérience dans exploitation de cafétéria, de salles à manger etc.

H. Apprenti gérant

Ambitieux; sait prendre des décisions; connaissance des procédures en administration; possibilité de transfert.

AID 16

Composez et dactylographiez un dossier personnel pour inclure avec la lettre d'offre de services à l'exercice AID 15. Souvenez-vous que ce dossier vous fait connaître à l'employeur.

Indiquez les cours spécialisés que vous avez suivis ainsi que vos aptitudes et intérêts; incluez toute expérience de travail à mi-temps, rémunéré ou non.

Pour les références, donnez le nom de trois personnes: un de vos professeurs, une personne pour qui vous avez travaillé et un ami. La politesse exige que vous demandiez à ces personnes l'autorisation de donner leur nom.

AID 17

Composez et dactylographiez une lettre personnelle à chacune des personnes dont vous avez donné le nom comme référence dans votre dossier personnel à l'exercice AID 16.

V.29 Dactylographiez la lettre simplifiée qui suit et qui sera signée par Jérémie Desgagné, président. Faites-en une copie au carbone et préparez l'enveloppe.

Notez bien: Les noms très longs d'entreprises, de ministères, d'organisations etc. peuvent être dactylographiés sur deux lignes. La deuxième ligne a un retrait de deux ou de trois espaces.

Adresse du destinataire:

Monsieur Georges Ducharme
Surintendant de l'enseignement
technique et professionnel
Conseil scolaire de la Rive Nord
164, rue Strathcona
Sept-Iles, Québec
G4R 4L6

Objet: L'assemblée générale annuelle de l'enseignement technique et professionnel

Corps:

Conformément à l'article 4.2 du chapitre IV de notre constitution, j'ai le plaisir de vous convoquer à l'assemblée générale annuelle de l'Association provinciale de l'enseignement technique et professionnel qui se tiendra le 15 octobre 19-- à 10:30 à l'hôtel Loews Le Concorde à Québec, 1225, place Montcalm. (¶) Nous comptons sur la présence de tous les professeurs du secteur technique et professionnel afin de participer activement à toutes les délibérations du colloque qui précédera cette assemblée générale les 13, 14 et 15 octobre. (¶) Au plaisir de vous rencontrer à Québec.

V.30 Dactylographiez la lettre à la page 174 qui illustre toutes les parties qu'on peut retrouver sur une lettre d'affaires ou personnelle/d'affaires.

AID 14

Le ministère de la Jeunesse et des Loisirs de votre province demande des nominations pour la médaille dite "Jeunesse Vaillante". Composez et dactylographiez une lettre à Monsieur J. C. Rancourt, ministre, lui suggérant le nom d'un ami. Donnez vos raisons pour cette nomination.

AID 15

La Compagnie de construction des capitales du Canada offre huit emplois dans les usines et les bureaux de la capitale de chaque province et territoire. Composez et dactylographiez une lettre d'offre de services pour un poste dans la capitale de votre province ou territoire. Le destinataire est le directeur du personnel.

ADRESSES DES CAPITALES
COMPAGNIE DE CONSTRUCTION DES CAPITALES
DU CANADA

Victoria—C.P. 4001, Succursale "A", V8X 3X4
Edmonton—C.P. 6001, Succursale "C", T5B 4K5
Régina—C.P. 2001, S4P 3E6
Winnipeg—C.P. 3501, Succursale "B", R2W 3R4
Toronto—C.P. 1101, Succursale "D" M6P 3K2
Québec—C.P. 3001, Succursale, St-Roch, G1K 6X9
Frédéricton—C.P. 4569, E3B 5G3
Saint-Jean—C.P. 8001, Succursale "A", A1B 3M7
Halifax—C.P. 1501, B3J 2Y3
Charlottetown—C.P. 1051, C1A 7M4
Yellowknife—C.P. 101, X1A 2N1
Whitehorse—C.P. 2701, Y1A 3V5

EMPLOIS DISPONIBLES

A. Commis aux douanes

Onzième année; dactylographie; savoir répondre au téléphone; bonnes relations avec le public.

B. Commis comptable

Onzième année; connaissance de l'électronique et des ordinateurs; bon dans les chiffres.

C. Dactylo

Connaissance de la routine de bureau; ambitieux; bonnes relations interpersonnelles.

Les Assurances Lavigueur Inc.

50 mm

19-- 05 24   Date

4 retours (3 interlignes)

Mention spéciale   RECOMMANDE--------------------------------

| 4 retours (3 interlignes)

Adresse du destinataire   Gagnon Electronique Enr.
390, boulevard Central
Granby, Québec
J2B 1L4 ᴅᴵ

Ligne d'attention   A l'attention de M. Donald Gagnon ᴅᴵ

Mention "objet"   Objet: Plan d'épargne ᴅᴵ

Appel   Messieurs, ᴅᴵ

Corps   Vous trouverez ci-inclus le contrat S 30 C1239756 pour votre
employé, M. Wilfred Martin Patrick. Vous vous souviendrez que
monsieur Patrick s'est inscrit à ce plan d'épargne lors de son

← 38 mm →   embauche chez vous il y a deux mois. ᴅᴵ

Afin de permettre l'enregistrement de ce contrat en dedans des
délais imposés, je vous serais reconnaissant d'en accuser réception ← 38 mm →
par retour du courrier. ᴅᴵ

Salutation   Veuillez agréer, Messieurs, l'expression de mes meilleurs sentiments. ᴅᴵ

LES ASSURANCES LAVIGUEUR INC. Nom de compagnie
(Facultatif avec en-tête)

| 4 retours (3 interlignes)

Maurice B. Côté, Président
Secteur Québec ᴅᴵ

Signature et titre
dactylographiés
Secteur ou Section

Initiales d'identification   MBC:vi ᴅᴵ

Mention "pièce jointe"   pièces jointes ᴅᴵ

Copie conforme   cc M. Robert T. Thomas
tc M. Antoine Michel* ᴅᴵ

Post-scriptum   P.-S. Une brochure décrivant les nouveaux certificats est annéxée à
la présente.

*Notez bien: La mention tc ne paraît jamais sur la copie originale. Elle n'apparaît dans cette lettre que pour indiquer où cette mention doit être dactylographiée.

AID 10

Certains postes de radio annoncent les activités locales gratuitement. Composez et dactylographiez une lettre au poste de radio de votre région ou de votre ville demandant d'inclure dans leurs annonces d'activités locales une activité d'un club auquel vous appartenez ou d'une activité de votre école. Cette annonce doit être disposée sous forme de citation dans la lettre. Elle doit être brève mais doit comprendre toutes les informations pertinentes: quel événement, où, quand, le but et le coût.

AID 11

Composez et dactylographiez une lettre à l'éditeur du journal local lui demandant de publier un article sur une activité de votre école. Décrivez cette activité.

AID 12

Composez et dactylographiez une lettre au professeur responsable du conseil des étudiants de votre école lui indiquant certains comportements chez les étudiants qui ne semblent pas refléter l'esprit de corps de votre école. Offrez des suggestions pour améliorer la situation.

AID 13

Dactylographiez une lettre à l'éditeur du journal local ou à l'éditeur d'une revue. Choisissez un sujet parmi ceux qui suivent, ou tout autre sujet de votre choix.

A. Le diplôme à la fin des années de scolarité n'a pas de valeur.

B. Il y a un besoin pressant pour plus de parcs nationaux au Canada.

C. Les avantages du système métrique.

D. Le gouvernement municipal, provincial ou fédéral.

E. Le rôle du Canada dans le commerce international.

LES MENTIONS DE CARACTERE ET/OU D'ACHEMINEMENT

Sur l'**enveloppe,** les mentions de **caractère** et/ou **d'acheminement** sont dactylographiées dans la section 3 (voir à la page 152), à gauche de l'adresse du destinataire et en ligne avec l'adresse de l'expéditeur.

Ces mentions sont habituellement dactylographiées en LETTRES MAJUSCULES. La ligne d'attention peut être écrite en lettres minuscules et soulignée.

Dans une **lettre,** toute mention de **caractère** et/ou d'**acheminement** spécial telle que PERSONNEL, CONFIDENTIEL, RECOMMANDE etc. est dactylographiée en lettres majuscules, à partir de la marge gauche et à quatre interlignes sous la ligne de la date.

Notez bien: Les adresses américaines—

Le **code postal** "zip" (ex: 45227) est dactylographié sur la même ligne et deux espaces après le nom de la ville et de l'état.

LA LIGNE D'OBJET

La mention **objet** résume en quelques mots le sujet de la lettre. Dans la lettre ordinaire, cette ligne est dactylographiée à la marge gauche, à deux interlignes sous l'adresse du destinataire ou la ligne d'attention, s'il y a lieu.

Dans la lettre **simplifiée,** la ligne d'objet est écrite en LETTRES MAJUSCULES, précédée et suivie de trois interlignes. (Voir à la page 171.)

V.31 Préparez des enveloppes pour les trois adresses qui suivent. Référez-vous à la page 367 pour savoir comment dactylographier les mentions spéciales de caractère et/ou d'acheminement, si nécessaire.

Adresse	Mention spéciale
Madame Marguerite Carrière Secrétaire-trésorière a/s Hôtel Belcourt 1277, rue Robson Vancouver, C.-B. V6E 1C4	PRIERE DE FAIRE SUIVRE
Monsieur Fernand Bazinet Comptable La Compagnie Voie-rapide 14, avenue St-Laurent Kingston, Ontario K7L 3T6	PERSONNEL ET CONFIDENTIEL
La Banque Nationale 444, rue Tremont Boston, MA 02112 E.-U.A.	Attention: M. Rhéal Vincent

V.32 Dactylographiez la lettre simplifiée qui suit et qui sera signée par Jean-Paul Michaud, Directeur des ventes. Faites-en une copie au carbone et préparez l'enveloppe. (Sur l'enveloppe, la mention PAR EXPRES peut être dactylographiée dans la section 3 ou une étiquette spéciale peut être apposée dans la section 1.)

Mention: PAR EXPRES

Adresse du destinataire: Transport Beausoleil
130, chemin du Marché
Saint-Jean, N.-B.
E2H 1J4

Objet: Expédition de poisson

Corps: Vous indiquez dans votre lettre du 13 décembre que 61 caisses de saumons et 25 caisses d'esturgeons ne vous sont pas parvenues. (¶) Nous avons vérifié votre commande auprès du directeur de l'entrepôt et il nous dit qu'elle n'a pas quitté l'entrepôt faute d'instructions précises pour sa livraison. (¶) Veuillez nous aviser le plus tôt possible de votre choix de transport pour ces poissons.

MAINTENANT QUE VOUS CONNAISSEZ QUATRE MODELES DE LETTRES ET TROIS FORMES DE PONCTUATION VOUS POUVEZ VOUS SERVIR DU MODELE ET DE LA PONCTUATION DE VOTRE CHOIX DANS LES EXERCICES QUI SUIVENT.

des autres. L'homme est devenu une tortue, dont la carapace d'indifférence le rend capable d'ignorer un mendiant, un aveugle perdu et même le pauvre qui se fait attaquer en plein jour au milieu de la foule. Il se ferme les yeux pour ne pas voir, et surtout pour ne pas s'impliquer.

Et alors, le miracle se produit, très rarement, très peu, mais se produit quand même lors de la Saint-Jean au Québec, lors de la Rencontre en Ontario. Enfin on redevient frères, on se connaît, on se touche avec les mains du coeur, on se reconnaît avec les yeux de l'ancêtre.

AID 8

Répondez aux lettres à l'éditeur de l'exercice AID 7. On peut être en accord ou en désaccord avec les points de vue exprimés.

Si vous avez dactylographié l'exemple de l'exercice AID 7, composez et dactylographiez une lettre personnelle semblable.

AID 9

L'annonce suivante a paru dans le journal local. Composez et dactylographiez une lettre commandant deux articles décrits dans cette annonce. Assurez-vous que l'adresse de cette boutique est exacte.

Boutique PAQUERETTE

Centre Ville: 866-6166
Ste-Catherine et Peel

Rosemère: 621-0160
Boul. Labelle et route 640

Lampe La Trap peut s'étirer jusqu'à une longueur de 5' $12.98
Miroirs "à l'ancienne" magnifiques miroirs de qualité supérieure $29.98-139.50
Chaussettes tricotées à la main idéales pour le ski de fond $7.99
Poncho tricoté 100% laine d'alpaca importé de Bolivie $34.99
Cravates tissées Artisanat $8.00

MENTION
PIECE JOINTE

*La mention **pièce(s) jointe(s)** indique que la lettre s'accompagne d'un ou de plusieurs documents. Cette mention est dactylographiée à la marge gauche, à deux interlignes sous les initiales d'identification.*

MENTION
COPIE CONFORME

*La mention **copie conforme** indique qu'une copie de la lettre sera envoyée à une personne autre que le destinataire principal.*

*On indique qu'il y a copie conforme par l'abréviation **cc** suivie du nom du récipiendaire. Cette mention est dactylographiée à la marge gauche, à deux interlignes après les initiales d'identification ou la mention "pièce jointe," selon le cas.*

Cette copie conforme est faite au carbone, tout comme la copie faite pour les dossiers.

Copie conforme
un alignement

Pièce jointe
Copie conforme
deux alignements

V.33 Dactylographiez la lettre qui suit et qui sera signée par Maurice-J. Drouin, technicien en information. Faites-en une copie au carbone et préparez l'enveloppe. Indiquez qu'il y a un document qui est joint à la lettre.

Adresse du destinataire: La Chambre de commerce
1247, rue Hollis
Halifax, N.-E.
B3J 1T7

Corps:
Le directeur intérimaire de l'information nous a remis votre lettre du 12 octobre.

Il nous fait plaisir de vous faire parvenir, sous pli, un exemplaire de la quatrième édition du Petit manuel des unités SI.

Nous espérons que cette brochure vous aidera à bien écrire et dactylographier le Système international d'unités SI.

Veuillez agréer, Messieurs, l'expression de nos sentiments les plus distingués.

V.34 Dactylographiez la lettre qui suit et qui sera signée par Robert Y. Venne, agent de recherche. Faites-en deux copies, une à l'intention de la Fiducie Américana et une deuxième pour vos dossiers. Préparez l'enveloppe.

Mentions spéciales: PAR AVION
cc Fiducie Américana

Adresse du destinataire: Monsieur R. Gélinas, Directeur
Banque nationale d'Amérique
444, rue Tremont
Boston, MA 02112
E.-U.A.

Corps:
Nous accusons réception de votre lettre du 16 mars. (¶) Nous avons informé la Fiducie Américana de la perte de votre certificat et lui avons fait parvenir une copie de votre lettre. La Fiducie se charge de vous faire parvenir les formules nécessaires pour remplacer le certificat perdu. (¶) Agréez, Monsieur, l'expression de nos salutations distinguées.

V.35 Dactylographiez la lettre qui suit et qui sera signée par Gabriel Forest, préposé aux salaires. Faites-en une copie au carbone pour vos dossiers et préparez l'enveloppe. Indiquez qu'il y a un document qui est joint à la lettre.

Adresse du destinataire: Madame Madeleine Charles
Les chaussures Gimini Ltée
679, rue Churchill
Frédéricton, N.-B.
E3B 1P5

(Suite à la page suivante)

le salaire me plaisent beaucoup, je songe à accepter ce poste. Cependant, avant de prendre une décision j'aimerais connaître davantage votre région.

Pourriez-vous me renseigner sur les questions suivantes:

1. La population de votre ville est de combien?
2. Y a-t-il des moyens de transport en commun?
3. Quelles sont les possibilités de logement à proximité de l'école?
4. Quelles sont les activités récréatives qu'offre votre ville?

Si vous pouviez me faire parvenir ces quelques renseignements d'ici deux semaines, je vous en saurai gré.

AID 6

Composez et dactylographiez une réponse à la lettre qui suit et qui est signée par Monsieur Joseph Groulx, secrétaire du Conseil des étudiants, école secondaire Atikokan, Atikokan, Ontario, P0T 1C0.

Notre conseil des étudiants fait une étude sur l'organisation des clubs dans les écoles secondaires du Canada. Nous aimerions obtenir des renseignements sur les clubs qui existent dans votre école, qu'ils soient la responsabilité des étudiants ou non. Quels sont leurs buts? Quand ont-ils leurs réunions? Qui en est responsable? etc.

Nous apprécierions votre collaboration en nous faisant parvenir la liste de tous vos clubs et une courte description de la façon dont ils sont organisés.

AID 7

Choisissez et dactylographiez quelques lettres à l'éditeur du journal local ou d'une revue. Utilisez le modèle de lettre et la ponctuation de votre choix.

Si vous n'avez pas de journal ou de revue immédiatement disponible, dactylographiez la lettre à l'éditeur qui suit.

POUR VOUS

La Rencontre...Quelle aventure, surtout si c'est votre première fois. Tous ces gens souriants, qui se donnent la main, s'embrassent allégrement. C'est une "retrouvaille" qui se poursuit et dure depuis des années, et toujours aussi chaleureusement.

N'est-ce pas étonnant, d'ailleurs, de retrouver dans la société de béton que nous avons créée, cette amitié primordiale entre frères d'une même race? Cette société qui se dépersonnalise et engendre des réactions de colère et d'agressivité se traduisant par une pseudo-indifférence et souvent une incertitude douloureuse à propos de soi et

(Suite à la page suivante)

Notez bien: L'assemblage de carbones et de doubles—

1. Mettez le papier pelure (ou feuille pour double) sur le pupitre.

2. Déposez le papier carbone (la partie carbonée) sur cette feuille.

3. Ajoutez un papier pelure et une autre feuille carbone pour chaque copie supplémentaire.

4. Finalement, déposez la feuille originale qui doit recevoir le texte sur le dessus.

5. Insérez le tout dans la machine de sorte que cette dernière feuille soit en position pour recevoir le texte. (En insérant, tenez les feuilles d'une main pour empêcher qu'elles ne glissent. Tournez le cylindre de l'autre main, doucement.)

Corps:

Une inversion de texte s'est glissée par erreur dans la partie de l'annexe 2 qui traite des contributions actuelles de l'employeur et de l'employé au Régime de pension de retraite. (¶) Nous vous faisons tenir, sous ce pli, l'annexe 2 corrigée. Veuillez substituer cette feuille à la dernière page des documents que vous avez reçus. (¶) Veuillez agréer, Madame, l'expression de mes meilleurs sentiments.

V.36 Dactylographiez la lettre qui suit et qui sera signée par Bernard Bouffard, administrateur. Faites-en deux copies et préparez l'enveloppe.

Mention spéciale: *C. C. Directrice du personnel*

Adresse du destinataire: *Mademoiselle Lise Côté*
1056, rue Dahl
Swift Current, Saskatchewan
S9H 3C7

Objet: *Offre de services*

Corps:

Nous accusons réception de votre lettre en date du 12 avril, 19-- relativement à votre offre de services comme secrétaire médicale. (¶) Si vous détenez un diplôme pertinent, veuillez remplir la formule de demande d'emploi ci-jointe, y annexer une copie de votre dossier personnel et nous retourner le tout dans les plus brefs délais. (¶) Nous conserverons votre dossier et s'il est opportun de communiquer avec vous à l'avenir nous nous empresserons de le faire.

**APPLICATIONS
INDIVIDUELLES
DE DACTYLOGRAPHIE**

V.52 Maintenant que vous savez dactylographier la lettre sous toutes ses formes, servez-vous du modèle de lettre et de la forme de ponctuation qui vous plaisent le plus dans les exercices suivants. Faites une copie au carbone de chaque exercice.

AID 1

Composez et dactylographiez une lettre à l'intention de l'Office national du film, 150, rue Kent, Ottawa, Ontario, K1P 5P4, leur demandant de vous faire parvenir le catalogue des films 35 mm.

AID 2

Composez et dactylographiez une lettre à l'intention du Congrès du travail du Canada, 2841, promenade Riverside, Ottawa, Ontario, K1V 8X7, leur demandant une copie de la brochure Le travail au Canada .

AID 3

Composez et dactylographiez une lettre au registraire d'un collège ou d'une université demandant l'annuaire de la faculté de votre choix.

AID 4

Composez et dactylographiez une lettre au registraire du ministère de l'Education de votre province, demandant un relevé de notes de votre dossier scolaire (y inclure les frais de service nécessaires).

AID 5

Vous êtes secrétaire à temps partiel à la Chambre de commerce de votre ville. Le président vous demande de répondre à la lettre qui suit et qui est signée par Mme Thérèse Lortie, 3601, promenade Franklin, Yellowknife, T.N.-O., X1A 2B5.

Le conseil scolaire de votre ville m'a offert un poste comme enseignante à l'école Centrale. Puisque les sujets que j'aurai à enseigner et

(Suite à la page suivante)

LIGNE D'ATTENTION

*Si une lettre est adressée à une entreprise et qu'on veut qu'elle soit remise à une personne en particulier, on indique le récipiendaire par la mention "**A l'attention de M....**" Cette ligne d'attention est dactylographiée à deux interlignes sous l'adresse du destinataire et à la marge gauche. Puisque la lettre elle-même est adressée à l'entreprise, la formule d'appel à employer sera **Messieurs** ou **Mesdames**, selon le cas.*

TRANSMISSION CONFIDENTIELLE

*Il peut arriver que le signataire d'une lettre désire en envoyer copie à quelqu'un d'autre, mais ne trouve pas pertinent d'indiquer ceci au destinataire. Une mention à cet effet est dactylographiée à la marge gauche, deux interlignes après la dernière ligne, mais sur la copie seulement. Insérez un morceau de papier assez épais entre le ruban et l'original. Dactylographiez la mention **t.c.** ainsi que le nom de la personne à qui cette copie est destinée. Ainsi, cette mention ne paraîtra que sur la copie.*

V.37 Dactylographiez la lettre qui suit et qui sera signée par Maurice Glaude, responsable de secteur. Faites-en deux copies et préparez l'enveloppe.

Mention spéciale: t.c. Me Jean-Louis Pitre

Adresse du destinataire:

La Bijouterie Alsace
Edifice Toronto Dominion
6e étage, bureau 601
55, rue King ouest
Toronto, Ontario
M5K   1A2

Ligne d'attention: Monsieur Hector Coutu

Corps:

Notre compagnie fait présentement la mise à jour de ses dossiers et, dans ce contexte, désire mettre ses clients au courant des services qu'elle entend offrir dans un avenir rapproché. (¶) Outre le contact personnel que nous entretiendrons toujours avec nos clients et qui nous a permis de bien les servir dans le passé, nous prévoyons organiser une série de rencontres adressées particulièrement au milieu commercial et auxquelles nous inviterons des personnes ayant des compétences reconnues dans plusieurs domaines. Ces experts feront part de leurs expériences et donneront, au besoin, des consultations individuelles. (¶) Pour bien expliquer en quoi votre participation à ces rencontres pourra vous être profitable, un de nos représentants se mettra en communication avec vous d'ici quelques jours. A la même occasion, il pourra vous renseigner sur l'état de votre dossier-assurances et répondre à toute question concernant vos polices. (¶) Nous sommes fiers de vous compter parmi nos clients et nous entendons continuer à bien vous servir à l'avenir. (¶) Agréez, messieurs, l'expression de nos sentiments distingués.

50 mm

DOSSIER PERSONNEL_{DI}

Madeleine Sauvé
373, rue Dieppe
Welland, Ontario L3B 4V5_{TI}

← 38 mm → Renseignements personnels
5 espaces_{DI}
┌→ Age: 17 ans
   Taille: 160 cm
   Poids: 52 kg
   Santé: Excellente
   Téléphone: (416) 734-7360_{DI}
         └─ 2 espaces

Etudes_{DI}

Cours secondaire: Ecole secondaire Confédération
                   19-- à 19--
                   Douzième année complétée

                   Option: Sciences commerciales   ← 38 mm →
                                dactylographie:
                                51 mots à la minute
2 espaces ─────   sténographie:
                                100 mots à la minute

                   Activités: Club d'art dramatique
                                Equipe de natation
                                Sports intramuraux_{DI}

Expérience_{DI}

        Emploi à temps partiel à la Pharmacie Ledoux: vendeuse,
           19-- à 19--
        Aide bénévole au Y.W.C.A. Welland: surveillante de natation
           pour enfants, 19-- à 19--
        Garde d'enfants occasionnellement pour les voisins, 19--
           à 19--_{DI}

Références_{DI}
5 espaces
┌→ M. Gilbert Ledoux, Pharmacie Ledoux, 23, avenue Champlain,
   ←────→ Welland, Ontario L3G 2L6. Téléphone (416) 647-7250
   Mlle Laura Jérôme, Directrice, Y.W.C.A., Welland, Ontario
10 espaces L3C 1S2. Téléphone (416) 647-1359
        M. Philippe Brodeur, 21, place Dauphine, Welland, Ontario
           L3C 2T3. Téléphone (416) 647-8262

V.38 Dactylographiez la lettre qui suit, signée par Edgar-T. Marois, représentant des ventes. Faites-en deux copies et préparez l'enveloppe.

Mention spéciale: cc Madame Thérèse Sauvé

Adresse du destinataire: Madame Nicole Fortier
1357, rue Collin
London, Ontario
N6K 2H2

Corps:

Conformément à notre politique de service à nos clients, nous aimerions vous aviser qu'au moment de l'achat de votre manteau il y a deux mois, une réduction temporaire de la taxe de vente, soit de 7% à 4%, était en vigueur. Selon les prévisions budgétaires, la taxe remontera à 7% le mois prochain. (¶) Le gouvernement provincial a décrété que la taxe sur les mises de côté sera calculée selon le taux au moment de la livraison et non selon le taux au moment de l'achat. (¶) Pour vous éviter de payer un surplus inattendu de 3%, nous vous conseillons de prendre possession de votre manteau avant cette date. Vous pourrez immédiatement le remettre au magasin pour entreposage et assurance gratuits jusqu'à l'expiration normale de la période de mise de côté. (¶) Si certains points sont obscurs ou si vous désirez des renseignements supplémentaires, veuillez communiquer avec un membre de notre personnel. (¶) Nous vous remercions de votre collaboration et vous prions d'agréer, Madame, l'expression de nos meilleurs sentiments.

**LETTRE AVEC
ENUMERATION**

V.39 Dactylographiez la lettre à la page suivante; faites-en une copie au carbone et préparez l'enveloppe

**LETTRE AVEC
CITATION**

V.40 Dactylographiez la lettre à la page 181. Faites-en une copie au carbone et préparez l'enveloppe.

LETTRE D'OFFRE DE SERVICES

V.50 Dactylographiez la lettre d'offre de services qui suit. Faites-en une copie au carbone et préparez l'enveloppe.

Adresse de l'expéditeur: 435, rue Marier
Vanier, Ontario
K1L 5P8

Adresse du destinataire: Madame Thérèse Poliquin
Directrice du personnel
Laverdure, Riel et Associés
610, rue Malartic
Ottawa, Ontario
K1K 0X3

Appel: Madame

Corps:

Ayant lu dans Le Droit d'aujourd'hui que votre entreprise recherche une sténodactylo, je me permets de poser ma candidature à ce poste. (¶) J'ai dix-neuf ans et je suis en excellente santé. J'ai obtenu mon diplôme d'études de secrétariat du collège Algonquin. Pendant mes études mes notes se sont maintenues au-dessus de 75%. En plus des matières habituelles telles que le français et l'anglais, le programme comprenait les cours suivants: la sténographie française et anglaise, la dactylographie et la tenue de bureau, le droit, l'informatique, l'initiation à la consommation, le marketing, la comptabilité et la mécanographie. En dactylographie, ma vitesse de frappe est de 50 mots à la minute; ma vitesse de sténographie est de 100 mots à la minute. (¶) Pendant mes années d'études j'ai fait preuve d'assiduité puisque je ne me suis absentée de mes cours que 3 jours pour cause de maladie. (¶) Lors de mes deux dernières années au collège j'étais responsable du Coin des étudiants, petit magasin où les étudiants se procurent cahiers, crayons, stylos, livres etc. Deux étudiants travaillaient sous ma surveillance. (¶) Le dossier personnel ci-inclus vous donnera d'autres renseignements qui vous permettront de juger de ma compétence. (¶) Si vous retenez ma candidature, je serai à votre disposition pour une entrevue. Mon numéro de téléphone est 277-1342.

Signature: Carmen Duchesne

DOSSIER PERSONNEL

V.51 Il y a plusieurs façons de rédiger un dossier personnel. Celui de Madeleine Sauvé qui apparaît à la page suivante en est un exemple.

Dactylographiez ce dossier personnel et faites-en une copie au carbone.

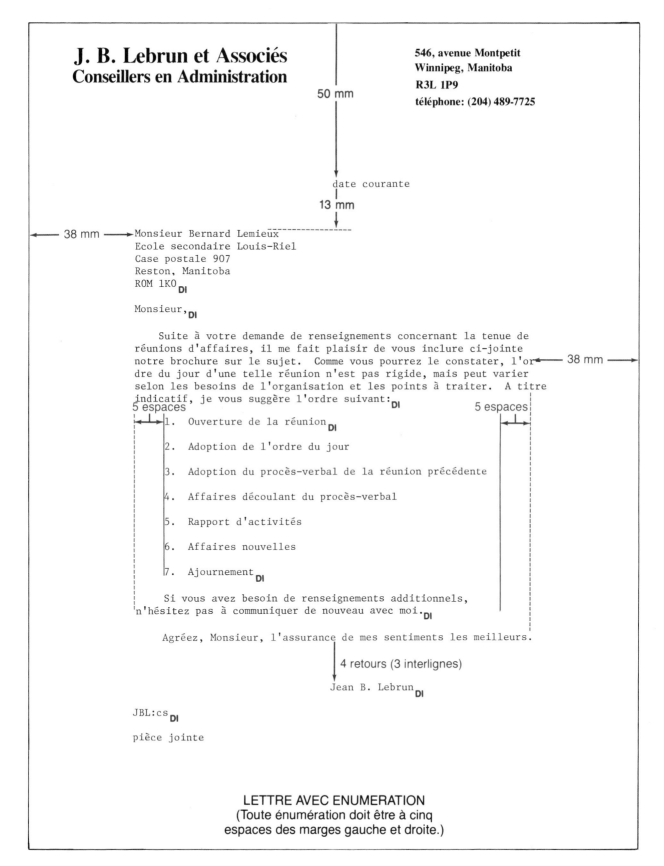

J. B. Lebrun et Associés
Conseillers en Administration

546, avenue Montpetit
Winnipeg, Manitoba
R3L 1P9
téléphone: (204) 489-7725

50 mm

date courante

13 mm

38 mm

Monsieur Bernard Lemieux
Ecole secondaire Louis-Riel
Case postale 907
Reston, Manitoba
ROM 1K0 **DI**

Monsieur, **DI**

    Suite à votre demande de renseignements concernant la tenue de
réunions d'affaires, il me fait plaisir de vous inclure ci-jointe
notre brochure sur le sujet. Comme vous pourrez le constater, l'ordre du jour d'une telle réunion n'est pas rigide, mais peut varier
selon les besoins de l'organisation et les points à traiter. A titre
indicatif, je vous suggère l'ordre suivant: **DI**

38 mm

5 espaces   5 espaces

    1. Ouverture de la réunion **DI**

    2. Adoption de l'ordre du jour

    3. Adoption du procès-verbal de la réunion précédente

    4. Affaires découlant du procès-verbal

    5. Rapport d'activités

    6. Affaires nouvelles

    7. Ajournement **DI**

    Si vous avez besoin de renseignements additionnels,
n'hésitez pas à communiquer de nouveau avec moi. **DI**

    Agréez, Monsieur, l'assurance de mes sentiments les meilleurs.

4 retours (3 interlignes)

Jean B. Lebrun **DI**

JBL:cs **DI**

pièce jointe

LETTRE AVEC ENUMERATION
(Toute énumération doit être à cinq
espaces des marges gauche et droite.)

V.48 Dactylographiez la lettre suivante et préparez l'enveloppe. (Mme Marie Martin, une tante qui demeure au 258, avenue Assiniboine, Saskatoon, Sask. S7K 4A2)

Appel: Chère tante Marie

Texte:

Hier je recevais le livre que tu m'avais envoyé sur les inondations. Je l'ai apporté à l'école et c'est exactement ce qu'il nous fallait. Tu trouves toujours moyen de dénicher ce dont j'ai besoin. Merci beaucoup! (¶) Laurent, mon ami qui demeure à Winnipeg, m'écrivait la semaine dernière. Il décrivait ses vacances d'été en Saskatchewan. Il a visité ses oncles et ses tantes à Lumsden et à Fort Qu'Appelle. Il a pu recueillir des statistiques sur les dommages causés par l'inondation à Lumsden en 1974. Il a trouvé des sacs de sable qu'on avait utilisés pour protéger la ville. (¶) Dernièrement, j'écrivais à tante Lucie à Régina lui demandant quelques détails des inondations qu'ils ont eues dans cette région ces dernières années. (¶) Je t'écrirai la semaine prochaine pour te dire comment j'aurai réussi ce projet sur les inondations. (¶) Merci pour l'aide que tu m'as apportée. Je l'apprécie beaucoup.

Notez bien: La salutation —

Dans une lettre personnelle, la **salutation** *est laissée au choix. Elle peut être très informelle; par exemple: Amitiés, Amicalement, Cordialement etc.*

V.49 Dactylographiez la lettre suivante et préparez l'enveloppe. (Monsieur Gérald Roy, 6432, rue Ash, Vancouver C.-B. V5Z 3F9)

Appel: Cher Gérald

Texte:

Il y a déjà quelques mois que j'ai reçu ta lettre et je me sens coupable de n'y avoir pas encore répondu. Je pourrais mettre la faute sur les nombreux devoirs que mes professeurs me donnent ou encore sur les courses et travaux domestiques que mes parents me font faire, mais ce ne serait pas honnête de ma part. Le fait est que je suis tout simplement paresseux. (¶) Comme la vie semble plus intéressante maintenant j'ai pensé te faire part de ces nouveautés. La plus importante est que mes parents ont acheté un chalet au lac Poisson Blanc. C'est un chalet de 5 pièces, en bois rond, à quelques pas du lac. La plage est sablonneuse. C'est un lieu idéal pour la natation. La pêche est bonne en eaux profondes. Aussitôt les cours terminés, je partirai pour le lac Poisson Blanc où je compte bien passer l'été. (¶) Ma soeur Margot, son mari Robert et leurs trois enfants nous rendront visite au cours de l'été. Robert a six semaines de vacances. Il ira d'abord chez ses parents à Ajax pour quelques jours et passera le reste de ses vacances avec nous au chalet. (¶) Jeanne me disait au téléphone la semaine dernière que ton père avait été muté à Ottawa. Quand déménagez-vous? Passerez-vous par Toronto? Mets-moi au courant de votre itinéraire pour que je puisse vous inviter à venir nous rejoindre au chalet.

C.P. 9, PQ G6G 5S1

19-- 06 12

Monsieur Paul Chartrand
Préposé à la publicité
Conseil de Ville
Case postale 390
Thetford Mines, Québec
G6G 5T1

Monsieur,

|← 38 mm →|Le présent numéro de notre Bulletin marque un anniversaire. Voilà ← 38 mm →|
en effet dix ans exactement que ce travail remarquable se poursuit
sous la plume de M. Claude Lamoureux.

Au cours de ces dix dernières années, ses écrits ont porté principalement sur l'éducation, la jeunesse, la santé, la famille et les relations humaines. L'une des pensées qu'il aime à rappeler est de
Montaigne:

10 espaces   10 espaces

          J'ai cueilli les fleurs aux bords de la route
          le long des ruisseaux et dans les prés, et
          seul le lien qui me sert à les réunir est de
          moi.

Nous souhaitons à M. Lamoureux de découvrir encore et pendant longtemps des fleurs sur son chemin car, il faut le dire, il a cet art
délicat d'en faire de si jolis bouquets.

Veuillez trouver, sous pli, une copie de ce dernier bulletin et agréer,
Monsieur, l'expression de nos sentiments distingués.

                        4 retours (3 interlignes)

                        René A. Langlois
                        Editeur, Journal de Thetford Mines.

RAL:vi

LETTRE AVEC CITATION

LETTRES PERSONNELLES

Les exercices précédents comprenaient la dactylographie de lettres personnelles/d'affaires—lettres d'un individu à une maison d'affaires, au gouvernement ou à une organisation. Les quelques exercices qui suivent sont des lettres personnelles—lettres à des amis ou à des connaissances.

LES PARTIES DE LA LETTRE

La lettre personnelle diffère très peu de la lettre personnelle/d'affaires. L'adresse du destinataire n'y apparaît pas et généralement on n'en fait pas de copie. Si la lettre est courte, laissez environ 38 mm entre la date et l'appel; si elle est moyenne, laissez environ 25 mm; si elle est longue, laissez environ 13 mm.

LA PONCTUATION

V.47 La ponctuation de la lettre personnelle ne diffère en rien de la lettre personnelle/d'affaires.

Dactylographiez la lettre suivante et préparez l'enveloppe (Jeanne Sauvé, 191 rue Robichaud, Saint-Jean, N.-B., E2K 2Y1)

Texte:

Je suis heureuse que tu aies aimé la semaine que tu as passée à Saint-Hilaire avec nous. Josée et moi espérons que tu reviendras en juillet prochain. (¶) Maman est fière de t'envoyer sa recette de rouleaux de boeuf aux légumes.

BOEUF AUX LEGUMES

Beurre, huile
1 oignon moyen tranché finement
2 kg boeuf haché
1 oeuf battu
sel, poivre
1 petit oignon tranché
125 mL carottes râpées
65 mL piment vert tranché
65 mL céleri tranché
12 tranches de lard salé
125 mL de vinaigrette

Autovérification

On peut centrer la ligne la plus longue de la recette. La préparation pourrait alors être en retrait de la marge gauche et de la marge droite.

Chauffez le gras, faites revenir les oignons. Ajoutez au boeuf. Incorporez l'oeuf battu, salez et poivrez. Divisez en 6 rectangles de 15 cm × 10 cm. Chauffez le gras et faites revenir les légumes: oignons, carottes, piment et céleri. Salez et poivrez. Etendez ces légumes sur chacun des rectangles. Roulez. Entourez chaque rouleau de 2 tranches de lard salé. Fixez avec un cure-dents. Placez dans une casserole et y versez la vinaigrette. Laissez mariner au moins une heure à la température de la pièce. Retirez les morceaux de la vinaigrette. Placez-les sur le gril 20 à 25 min en les retournant et en les badigeonnant avec la vinaigrette. Enlevez les cure-dents et servez. (¶) L'année prochaine tu nous feras cette recette et je ferai une tarte au chocolat.

**LETTRES
PERSONNELLES/
D'AFFAIRES**

Les exercices précédents comprenaient la dactylographie de lettres d'affaires—lettres d'une entreprise à un individu ou à une autre entreprise. Les quelques exercices qui suivent sont des lettres personnelles/d'affaires—lettres d'un individu à une entreprise ou à une association.

**LES PARTIES
DE LA LETTRE**

La lettre personnelle/d'affaires diffère très peu de la lettre d'affaires. L'adresse de l'expéditeur est dactylographiée à 50 mm environ du haut de la feuille et remplace l'en-tête. La date suit immédiatement le code postal. Si la lettre est courte, laisser environ 38 mm entre la date et l'adresse du destinataire; si elle est moyenne, laisser environ 25 mm; si elle est longue, laisser environ 13 mm. La lettre simplifiée est habituellement réservée aux lettres d'affaires. Les initiales d'identification sont omises puisque la personne qui écrit la lettre est aussi celle qui la signe.

LA PONCTUATION

V.41 La ponctuation courante et la ponctuation ouverte sont les formes de ponctuation les plus utilisées.

Dactylographiez la lettre à la page 183. Faites-en une copie au carbone et préparez l'enveloppe.

CHOISISSEZ LE MODELE DE LETTRE (A UN ALIGNEMENT, A DEUX ALIGNEMENTS OU A TROIS ALIGNEMENTS) ET LA PONCTUATION (OUVERTE OU COURANTE) QUI VOUS PLAISENT ET DACTYLOGRAPHIEZ LES EXERCICES V.42 A V.46. UTILISEZ VOTRE ADRESSE POUR L'ADRESSE DE L'EXPEDITEUR.

V.42 Dactylographiez la lettre qui suit. Faites-en une copie au carbone et préparez l'enveloppe.

Adresse du destinataire: *Madame Ginette Ouellette, éditeur*
FEMME D'AUJOURD'HUI
341, rue de la Montagne
Moncton, Nouveau-Brunswick
E1C 2M5

Notez bien: Les majuscules—

Le titre d'un livre, d'une brochure, d'un journal, d'une revue etc. peut soit être dactylographié tout en LETTRES MAJUSCULES, soit souligné.

Corps:
La dernière édition de votre revue FEMME D'AUJOURD'HUI contient un article sur la promotion de la femme dans le monde du travail. Cet article souligne le progrès accompli ces dernières années surtout dans le domaine judiciaire. (¶) Serait-il possible de recevoir quelques copies supplémentaires de cette édition? Je me ferai un plaisir de défrayer les frais, le cas échéant.

V.45 Dactylographiez la lettre qui suit. Faites-en une copie et préparez l'enveloppe.

Adresse du destinataire:

Monsieur Marc L. Gérard
Faculté de droit
Université Laurentienne
Sudbury, Ontario
P3E 2M5

Corps:

Les membres du Club des droits de la personne du collège Cambrian se souviennent de votre conférence, l'année dernière, intitulée "La loi et les collets-blancs." (¶) Le 27 janvier nous aurons un séminaire "L'éthique professionnelle et le monde du travail." Auriez-vous l'obligeance d'accepter de participer à un panel qui traitera de ce sujet? Cette séance aura lieu à 09:00 au salon des étudiants du pavillon Cadieux. (¶) Nous espérons que vous pourrez accepter notre invitation et être des nôtres encore cette année. (¶) Veuillez accepter, Monsieur, l'expression de nos meilleurs sentiments.

V.46 Dactylographiez la lettre qui suit. Faites-en une copie au carbone et préparez l'enveloppe.

Adresse du destinataire:

Monsieur Charles Babin
1562, 16e Avenue
Calgary, Alberta
T2K 0L5

Corps:

Lors de notre conversation téléphonique d'hier, vous demandiez une description précise de l'appartement qui sera disponible dans notre immeuble, à compter du 1er juin prochain. (¶) C'est un cinq pièces, au rez-de-chaussée de la Place Chinook, chauffé, tapis fournis, électricité et taxes payées. Le feuillet ci-inclus vous donnera une idée de la disposition des pièces. (¶) Le salon qui donne sur la cour intérieure est spacieux. La salle à manger est plus petite mais bien aérée et on peut y asseoir huit à dix personnes. La cuisinette est fonctionnelle et compacte, la vaisselle et les ustensiles de cuisson et de cuisine sont en très bon état. (¶) Un stationnement est disponible mais le coût de location n'est pas compris dans le loyer. Il y a une buanderie au sous-sol et une piscine chauffée avec sauna pour les locataires. (¶) Le nouveau locataire doit être responsable, propre et sérieux. Un dépôt en cas de détérioration des meubles est exigé avant de louer. (¶) Veuillez agréer, Monsieur, l'expression de mes meilleurs sentiments.

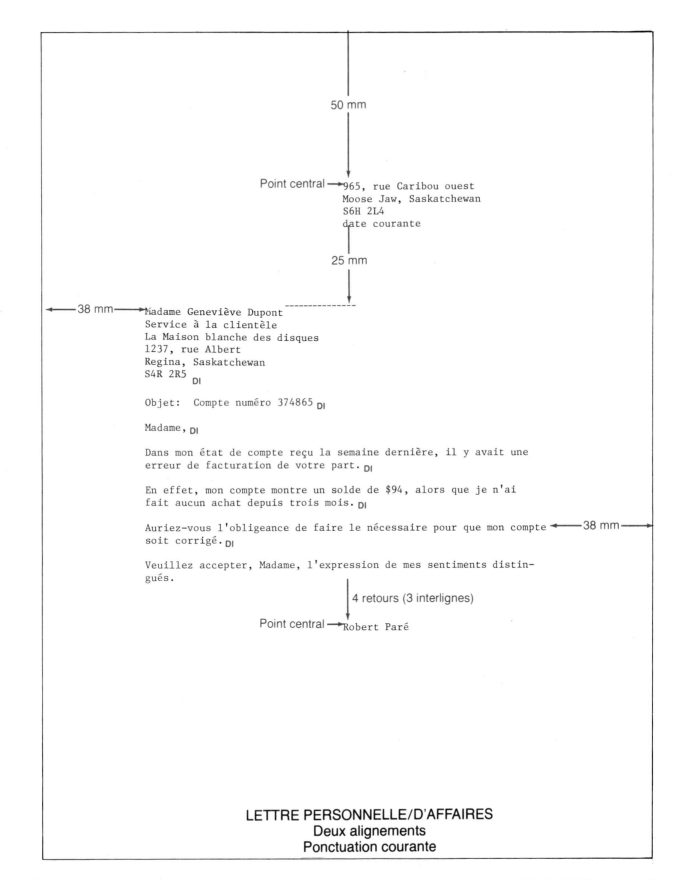

50 mm

Point central → 965, rue Caribou ouest
Moose Jaw, Saskatchewan
S6H 2L4
date courante

25 mm

38 mm → Madame Geneviève Dupont
Service à la clientèle
La Maison blanche des disques
1237, rue Albert
Regina, Saskatchewan
S4R 2R5 DI

Objet: Compte numéro 374865 DI

Madame, DI

Dans mon état de compte reçu la semaine dernière, il y avait une
erreur de facturation de votre part. DI

En effet, mon compte montre un solde de $94, alors que je n'ai
fait aucun achat depuis trois mois. DI

Auriez-vous l'obligeance de faire le nécessaire pour que mon compte ← 38 mm →
soit corrigé. DI

Veuillez accepter, Madame, l'expression de mes sentiments distingués.

4 retours (3 interlignes)

Point central → Robert Paré

LETTRE PERSONNELLE/D'AFFAIRES
Deux alignements
Ponctuation courante

Notez bien: Les enveloppes—

Référez-vous à l'illustration à la page 152. **L'adresse de l'expéditeur** *est dactylographiée à trois interlignes du haut et à trois espaces du bord gauche de l'enveloppe, dans la* **section 1.**

V.43 Dactylographiez la lettre qui suit. Faites-en une copie au carbone et préparez l'enveloppe. Indiquez qu'il y a un document qui est joint à la lettre.

Adresse du destinataire: Hydro Ontario
2762, rue Niagara
Hamilton, Ontario
L8L 6A7

Corps:

Vous trouverez, sous pli, une photocopie de mon compte d'électricité reçu hier pour les mois de juin, juillet et août, indiquant un montant de $43,75, ainsi que de trois chèques annulés aux montants de $12,40, de $16,30 et de $15,05 datés des 20 juin, 1 août et 30 août respectivement. (¶) J'apprécierais une rectification de ce compte dans le plus bref délai.

V.44 Dactylographiez la lettre qui suit en tant que secrétaire du Club Alouette de votre ville. Faites-en une copie au carbone et préparez l'enveloppe. Indiquez qu'il y a un document qui est joint à la lettre.

Adresse du destinataire: Monsieur et Madame Jean Cazabon
848, promenade des Cèdres
Alexandria, Ontario
K0C 1A0

Corps:

La prochaine activité du Club aura lieu le 25 novembre pour fêter la Ste-Catherine. Cette soirée comprendra le souper, la danse et la tire traditionnelle. (¶) Le coût de cette activité sera de $5 chacun(e). Ne manquez pas cette soirée et amenez un(e) ami(e). (¶) Le procès-verbal de la dernière réunion de l'exécutif qui a eu lieu le 27 octobre est inclus. Le projet qui retiendra notre attention lors de la prochaine assemblée générale sera l'installation de la glace artificielle au centre sportif. Le coût approximatif de ce projet est indiqué dans le procès-verbal. (¶) Vous serez avisés très bientôt de la date de cette assemblée où vous pourrez discuter, approuver ou rejeter ce projet. (¶) Amicalement.

Post-scriptum:

Les membres du Club ont offert leurs services pour la préparation de la tire. Pourriez-vous aider?

LE POST-SCRIPTUM

Le **post-scriptum** est un ajout qu'on fait à une lettre. Il est identifié par l'abréviation **P.-S.** et dactylographié à partir de la marge gauche, à deux interlignes après la dernière partie de la lettre.

Référez-vous à la page 175 pour voir la disposition du post-scriptum.